博学而笃志，切问而近思。

（《论语·子张》）

博晓古今，可立一家之说；
学贯中西，或成经国之才。

旦博学·复旦博学·复旦博学·复旦博学·复旦博学·复旦博学

内容提要

　　本书系统阐述了整合营销传播理论体系，对整合营销传播的工作流程、目标战略、战术运作进行了全面论述。在互联网时代，除了传统的广告营销之外，社交媒体营销、电商直播带货、内容营销、粉丝社群营销、会员制营销、路径营销等成为新兴的营销方式。本书融入了更多互联网时代新型营销模式的构建和重构流量法则的内容，让读者更深地理解"消费者导向""用户至上"等整合营销传播的底层逻辑。本书阐述了胖东来、拼多多、小红书、星巴克、小米、Costco、亚马逊等在互联网背景下深度运用整合营销传播理念的成功范式。本书融理论演绎、操作规范与案例剖析于一体，侧重于整合营销传播理论的完整性与可操作性，逻辑严谨，文笔洗练流畅，展示出清晰的思维和充满实践性的视角。另外，全书附有约580分钟的精讲视频，对每章有深入浅出的讲授，读者可扫码观看。本书不仅适合高校广告学、营销学、电子商务等专业做教材使用，同时也可供企业从业人员参考使用。

广告学系列

Advertising Series

整合营销传播
原理与实务

（第二版）

黄 鹂 著

复旦大学出版社

作者简介

　　黄鹂：传播学博士，高级编辑，任职于中央广播电视总台创新发展研究中心。美国康奈尔大学传播系和加拿大卡尔加里大学文化与传播系访问学者。主要研究方向有国际传播、传播学理论与研究方法、整合营销传播等。曾主持和参与中央广播电视总台多项研究课题，也是美国唐·伊·舒尔茨教授《全球整合营销传播》和《整合营销传播——创造企业价值的五大关键步骤》的主译者。

专家推荐

在数字经济浪潮中,整合营销传播(IMC)已经成为中国经济转型升级的"战略引擎"。它精准连接供需两端,推动传统产业从"规模扩张"转向"价值深耕",打造用户心中的品牌乌托邦。在互联网时代,本书的再版修订恰逢其时,它在完整的 IMC 理论和模型基础之上融入新时代互联网企业全新案例,深刻诠释了整合营销传播与互联网思维息息相通的内在逻辑,为高校学子提供了兼具理论视野与实践路径的学习指南。

盘和林 知名数字经济学者、工信部信息通信经济专家委员会委员

互联网不仅扩展了 IMC 的战术工具箱,更颠覆了其战略逻辑——当传统传播渠道裂变为社交平台、搜索引擎、短视频等多元接触点,"全渠道协同效应"从理念向实践真正落地;基于用户行为数据的动态画像技术,将传统广告的单向输出转向数据驱动的精准触达与关系营销;而演变为生产要素的流量入口正在把用户注意力转化为新的争夺资源,用客户终身价值替代传统固定资产。从经济学的角度看,互联网时代的 IMC 正在重构市场交易模式。希望黄鹂博士的这本书能为广大学子带来全新的思考动力,推动营销学及相关学科在互联网时代的快速转型和变革。

欧阳日辉 中央财经大学中国互联网经济研究院副院长、中国市场学会副会长、教授
博士生导师

本书首次将社交媒体、大数据、AI 等新兴技术引进整合营销传播研究中,阐述了互联网科技在数据驱动、协同传播、精准营销、构建全域智能体系方面的重大作用,为读者提供了去中心化时代实现"品效销一体"的新思路。

韦　路 浙江传媒学院党委副书记、院长、博士生导师
浙江大学求是特聘教授

互联网时代的整合营销传播通过多渠道协同、数据整合与用户行为的全链路追踪，催生了新型测量指标与技术，向跨生态的用户体验价值评估体系发展。从这个角度看，IMC确实打造了高效、务实的现代传播效果评估体系，值得我们去深入了解。

张天莉　中国广视索福瑞媒介研究公司融合传播部总监

我曾在软件、硬件和互联网等多个行业任职，无论在任何行业，我都深刻感受到整合营销传播对于提升企业营销效率所起到的重大作用。它通过技术、数据和创意的结合，帮助企业在用户注意力碎片化的环境中实现精准触达、高效转化与品牌增值。未来，随着 AI、元宇宙等技术的渗透，IMC 将进一步向智能化、沉浸式体验升级，成为中国企业增长的核心引擎。希望这本书的再版不仅让高校学子们受益，也能对中国企业的发展实践起到推动作用。

赵奕松　京东集团前副总裁

第二版序言

 整合营销传播（Integrated Marketing Communications，简称 IMC）是企业通过整合广告、公共关系、促销和直销等各种传播工具，以一致的信息和形象向消费者进行沟通的战略过程。其核心理念在于利用协同效应提高传播效果，从而在消费者心中建立统一的品牌认知。而在数字化浪潮席卷全球的当下，互联网的多元化渠道，促使消费者从被动接收者转变为内容共创者；互联网的实时化数据，实现数据驱动下的用户精准触达；互联网的深化式互动，强化品牌与消费者之间的情感链接。互联网通过赋能用户参与、驱动精准营销、强化情感链接，显著重塑了 IMC 的理论内涵与实践外延。

 IMC 的理论内涵呈现出系统化的重构。整合营销传播超越"统一声音与形象"的传统框架，更强调跨平台内容适配、数据驱动优化和用户共创价值。互联网提升了品牌触达效率，也促使企业在信息碎片化的环境下，重新思考如何以用户为中心讲好品牌故事，平衡个性化营销与隐私保护，并将短期流量转化为长期品牌资产。

 IMC 的实践外延实现了多维度的拓展。互联网帮助企业通过用户画像与行为分析精准把握用户需求，实现个性化营销。多样化的媒介形式和即时反馈的互动特性，促进营销与传播的深度融合，助力营销策略及时调整。大数据、人工智能等技术赋能企业整合历史行为、预测未来趋势，并通过量化评估为营销决策提供支持。

 理论与实践的融合，是检验 IMC 价值的关键。互联网的技术特性与整合营销传播的底层逻辑高度契合，使得该理论在数字化时代展现出更强的适应性与生命力。本书所列举的星巴克、小米、拼多多、亚马逊、胖东来、小红书等品牌正是互联网背景下深度运用整合营销传播理念的成功范例。

 距离上一版《整合营销传播：原理与实务》出版至今已十三年，该书共印刷七次，得到了 IMC 学子和读者们的一致认可。在全球营销环境剧变之际，作者始终秉持初心，持续探索 IMC 领域，将学术前沿与实践成果积极回馈社会。本质上，IMC 是一场关于"人性洞察"与"机器智能"的共谋，它要求从业者和研究者既要精准捕捉代际更迭中的欲望变迁，又要在理性分析中激发情感共鸣。希望作者继续深耕，与时代同行，不断推动互联网时代整合营销传播领域的思想创新与实践突破。

武汉大学经济与管理学院　甘碧群教授

第二版自序

2002 年 7 月,我和何西军博士接受中国财经出版社的邀请,开始翻译唐·伊·舒尔茨博士的《全球整合营销传播》(*Communicating Globally*),这正式开始了整合营销传播在中国的传播之旅。2005 年 1 月,再译唐·伊·舒尔茨博士的《整合营销传播——创造企业价值的五大关键步骤》,它将整合营销传播的理念与实践结合起来。随着这两本书市场积累效应的显现,整合营销传播的理念开始真正深入人心。整合营销传播在 21 世纪初期的中国迅速风靡开来,成为中国市场营销和传播学的最热、最经典的概念、术语和理论。

一时间,学界开展了对整合营销传播理论的推广,对整合营销传播人才的需求不断增长,一些重点大学在广告、公关等专业开设了整合营销传播相关课程,一些读者给我们写信,表达了他们对于整合营销传播的热爱,并诉说要攻读硕士学位的愿望。2012 年,应当时的市场需求,我和何西军博士联合撰写了《整合营销传播:原理与实务》一书,旨在弥补当时整合营销传播方面高校教材的缺失。这本书涵盖了整合营销传播的完整理论体系,结合中国实际情况进行案例剖析,并融入了在当时我们对于整合营销传播的所有理解,是一本系统的、完整的探讨整合营销传播理论和实践的教科书。该书问世后虽仅仅在高校相关专业的本科生中传播,但十年来共印刷七次,销量突破 2 万册,陆续不断有学生和老师来订购此书,市场需求一直很旺盛。

理论似乎走在了实践的前面。虽然营销业界也纷纷开始对整合营销传播的实践进行探讨,但在当时的中国,人们对于该理论及其应用在中国的广泛推行还存在着不少的质疑。中国在整合营销传播理论的实施中面临着很多问题,比如市场还在转型期,市场发展不规范、不成熟,缺乏相应监管机制和法律法规等。与此同时,中国的企业主对全新的整合营销理论的认识不够,很多企业主难以掌握和运用营销传播手段。最后,技术条件的限制导致数据库等多种媒介手段融合的不成熟,整合营销传播在应用中缺乏相应的硬件和渠道支持。这些问题导致整合营销传播在中国的实施困难重重。

十多年过去了，时代的变化和发展之快令我们始料未及。中国的互联网迅速崛起并进入快速发展通道。互联网带来的全新的理念和技术已经深入到各行各业并带来颠覆性的变革。营销学和传播学毫无疑问也受到了巨大的冲击。十多年后的今天，当笔者再次回顾当年的整合营销传播理论时，不得不被舒尔茨博士当年的预判和远见深深折服。他在当时就似乎已经预料到伴随着一种新科技的诞生而必将产生的未来的时代变革，因为这些变革的思想在当年的整合营销传播理念中早有体现。

在笔者看来，唐·伊·舒尔茨对于整合营销传播的预判至少与互联网的发展有以下几个不谋而合之处：

（1）互联网的"用户至上"思维与整合营销传播的"以顾客为导向"理念不谋而合。互联网思维是指在移动互联网、大数据、云计算等科技不断发展的背景下，对市场、用户、产品、企业价值链，乃至对整个商业生态进行重新审视的思考方式。这种思维方式的核心理念是以人为本，强调用户的核心地位，注重用户的体验和反馈。而唐·伊·舒尔茨的整合营销传播也恰巧提出"以顾客为导向"的理念。"顾客导向"这一因素是整合营销传播与传统营销传播的本质区别，因为只有将顾客置于主导地位，企业才能够建立与顾客间的良性沟通，从而设计符合顾客需求的产品，策划让顾客满意的营销活动，并获得顾客反馈。这正是符合互联网思维的全新营销模式。

（2）互联网让不同的传播渠道进行了更好的"整合"。唐·伊·舒尔茨的整合营销传播理念，强调单一传播渠道的局限性，主张利用多种传播渠道统一打造品牌，塑造客户心智中的IP。但在过去多年的传统营销模式中，这一"整合"的思路始终没有得到进一步发展。正如笔者在2008年对中国众多企业主进行调研时所发现的，大多数企业并不具备实施整合营销传播的条件，虽然有一些企业运行了"混媒"的战术（他们认为整合营销就是多种媒体的混合），但多种媒介只是被同时运用而已，并未真正实现"融合"或"整合"。

而互联网的诞生真正催生了媒体的有效融合。在过去十多年中，中国的媒体行业经过艰难的转型和蜕变，新旧媒体从"你就是我""我就是你"走到"你中有我""我中有你"，终于发展到了"你就是我""我就是你"的制高点，真正实现了新旧媒体的互通互融。这种真正的"互融"就像催化剂，推动整合营销传播快速发展。它使得企业主们在互联网上对各种营销传播渠道的利用和各种矩阵的打造驾轻就熟、融会贯通，塑造"一个品牌、多个渠道"的整合营销传播渠道。

（3）互联网时代更加强调IP的作用。整合营销传播的目的就是要塑造品牌，所有在营销传播过程中的整合活动,都是以建造品牌为最终目的。整合营销传播之所以不同于传统营销传播,就是因为它所要追求的不仅仅是短期的销售利润,而是要形成长期的品牌定位,而且这种品牌定位并不仅仅是一味追求产品的特质所带来的,它更强调的是品牌与消费者之间的一种长期、持久、稳定的关系。整合营销传播强调在不同媒体平台上使用相同的品牌标识、口号和形象,确保消费者对品牌的认知和记忆一致。这有助于建立品牌认知和信任,并提升品牌形象和故事的传播效果。

而互联网时代,企业同样追求的是品牌的 IP 化。一方面,多种媒体的融合传播持续不断打造品牌,强化头部品牌在人们心中的地位。另一方面,随着人们的时间越来越碎片化,今天的企业也必须要对碎片化的媒体进行整合,其品牌传播才会有效。

(4)互联网时代更容易实现整合营销传播强调的"互动"。互动是 IMC 的精髓,也是整合营销传播中一种新兴的策略。通过互动营销,企业可以吸引消费者的参与,建立与消费者的情感联系,提高他们对品牌的兴趣和好奇心,并增加他们对品牌的忠诚度。此外,互动营销还可以通过收集消费者的反馈和数据,来改进产品和营销策略,它强调营销传播的实际效果。这些互动行为在传统的营销活动中由于渠道不畅难以实现,但互联网实现了这种"互动"的可能性,社交媒体、网络直播为消费者提供了各种各样的反馈渠道,不仅畅通而且及时。

(5)互联网和整合营销传播都注重用户行为数据分析。曾几何时,数据库的建立是营销传播的痛点也是期待,技术条件的限制导致数据库的建立缺乏硬件和软件支持,这使整合营销传播在中国的实施困难重重。而互联网的发展改变了这一切。在互联网时代,用户数据成为核心竞争力。与传统的思维方式相比,互联网思维更加注重用户的体验和反馈,通过数据和技术的支持来优化产品和服务。通过收集、分析和利用消费者的行为数据和偏好信息,品牌方可以更加准确地了解消费者的需求和兴趣,为其提供个性化的产品推荐和定制化的营销活动。整合营销传播可以将数据分析与各种营销手段和渠道结合起来,实现精准营销和投放效果的最大化。

基于互联网与整合营销传播的共通之处,新的时代出现一种声音,认为在互联网时代整合营销传播没有用了。因为互联网络带来的变化已经完全覆盖了传统营销方式应有的变革。但我们恰恰认为,在互联网时代,整合营销传播显得更为重要了,因为互联网成为整合营销传播的催化剂,它强化了营销传播中的品牌概念,催生了多种传播渠道的整合和诞生,强调了用户导向和用户至上的销售理念,注重实际营销和传播效果。十多年前在中国,很多企业认为实行整合营销传播的条件并不成熟,但现在这种条件成熟了。

　　为此，当复旦大学出版社再次向笔者发出修订本书的邀约时，笔者爽快答应了。为与时俱进，相比第一版教材，本版在以下方面进行了调整和修改。

　　一是重新梳理了互联网时代整合营销传播的崭新的营销方式。在21世纪初期，尽管整合营销传播已经有一些前沿意识，但所采用的营销方式大部分仍然是传统的营销方式，因为许多新的营销方式还没有诞生。比如21世纪初期盛行一时的"直邮广告"或"电话促销"已经成为当下人们十分反感的营销方式；由于网络意见领袖和大V的介入，公共关系的重要性也大不如从前。虽然它们仍然存在，但已不是互联网时代最受欢迎的营销方式。因此本书在对新型营销方式进行系统梳理后，增加了网络时代最受欢迎的新型营销方式，例如"众筹营销""内容营销""社群营销"等。相信这也是当下读者最感兴趣的几种营销方式。

　　二是对整合营销传播的最新理论成果进行了梳理。在第一版中，笔者将国内外学者的相关成果和贡献梳理到2010年左右，第二版对这之后的研究成果继续进行了梳理。主要相关成果体现在学者们对互联网时代的整合营销传播做了一些理论和实践的探索研究。在此版中一并补上。

　　三是对互联网时代整合营销传播所采用的媒体进行了更新。传统媒体如纸媒虽然没有完全被淘汰，但已不在营销活动中发挥主要作用。电波媒体诸如广播和电视的大部分功能和作用在当下也发生了改变，取而代之的社交媒体成为新时代媒体主流。因此本书中侧重讨论互联网时代下的社交媒体、短视频、直播等新形态如何在整合营销传播中发挥作用。

　　我们深信，在互联网时代，中国的企业更加需要整合营销传播理论。那些深谙互联网生态和整合营销传播理念的具有巨大潜力和优势的企业，更容易致力于构建高效、信息化的品牌整合营销传播体系，并在这一体系下快速传递品牌价值，更好地进行品牌建设和推广，显著提升其品牌影响力和市场竞争力。

　　是为序。

黄鹂

第一版序

黄鹂博士和她的丈夫何西军博士对我的书《全球整合营销传播》和《整合营销传播——创造企业价值的五大关键步骤》翻译得如此地好,我甚至都不明白他们对我的思想的理解为何会如此到位。

在过去的几年中,黄鹂博士在整合营销传播领域的学习非常刻苦。我们在中国和美国都曾一起探讨过学术问题,她也经常参加我在中国的讲座。她非常聪明、好学,给我留下了深刻的印象。她做了一些课题并出了一些成果。我从她的学术成果中看到了她对于 IMC 的理解是非常正确的,她的观点能够代表 IMC 研究中的一些核心思想。我印象最为深刻的是她在 2008 年通过中国广告主协会所做的一项调查,非常有意义。同样,她和何西军博士所撰写的《整合营销传播:原理与实务》也是一本系统、完整地阐述整合营销传播理论的书,对中国的 IMC 理论的传播和发展会有很大帮助。

唐·伊·舒尔茨

目录

第一部分　整合营销传播理论体系构建

第三部分　整合营销传播实践

第一部分

整合营销传播理论体系构建

第一章　整合营销传播理论体系构建

第一节　整合营销传播的定义

"整合营销传播"一词,来自英文的"Integrated Marketing Communications"。这一术语兴起于 20 世纪 80 年代的美国。我们将它翻译成"整合营销传播"。

"Integrated Marketing Communications"在国内有不同的译法。有的译成"整合营销沟通"[①]。取"沟通"之意者认为:"Communications"是买家和卖家之间的平等的交流与对话,是平等关系的信息分享,是基于发送者和受众之间的平等对话;"沟通"的过程更强调双方之间的互动,沟通的信息更重视受众本身的接受能力和需求。而"传播"一词则更侧重于以传播者为主体向受众发布信息,更加强调传播者的主体地位。对于这一阐释笔者表示赞同。

另外,与英文"Marketing"对应的词语,我国港台等地通常用"行销",而大陆则用"营销"。在此我们以"营销"为通用说法。

由于国内约定俗成的译法是"整合营销传播",因此在全书中我们仍以"整合营销传播"(即 IMC)作为全书的核心词语。

IMC 的定义经过了学者们几十年的研究。自 1989 年以来,学者们对它的定义、原则以及应用都有各种各样的说法,在对概念的辨析上很少达成一致。被誉为整合营销传播之父的美国西北大学的唐·伊·舒尔茨教授在评价整合营销传播的理论构建时曾经说过:几十年来,整合营销传播的大部分研究都是在实务和应用的领域,IMC 的理论建设尤其是它的定义发展仍然存在着很大的空间[②]。

---

① 这一译法见孙斌艺和张丽君所译的《整合营销沟通》,上海人民出版社 2006 年版。

② Schultz, D. & Kitchen, P. 1997. "Integrated Marketing Communications in US Advertising Agencies: An Exploratory Study." *Journal of Advertising Research*. 37(5), pp. 7 - 17.

我们审视各种各样的定义,发现学者们大致从以下几个方面进行研究[1]:

对 IMC 定义和研究视角的不同看法的研究。

对"IMC 既是一种观念又是一个过程"的看法的理解研究(从一些文献来看,学者们对这一说法的理解仍有一些困难)。

对"IMC 仅仅是一种时尚追求还是一种管理新潮流"的争议研究。

对评估 IMC 项目上所应用的测量方法的争论。

对"企业界谁来引领这种整合过程"的争议。

对广告代理变化的争议;对客户的关系、企业内部组织结构的变化和有关赔偿金的问题等的研究。

另外,目前大量关于 IMC 的文献资料更多地集中在整合营销传播过程中的各个要素、技巧手段、使用工具、过程以及应用等方面的研究。这些研究都能从各个方面给企业带来各种各样的指导。

在这里,我们展示了五种对于 IMC 的定义,对这五种定义的选取参考了众多的学术文献以及实践者们在实际运用中的体验。其中三个定义来自西北大学研究 IMC 的先驱,即唐·伊·舒尔茨、汤姆·邓肯(Tom Duncan)、诺瓦克(Nowak)和菲尔普斯(Phelps)。

一、美国 4A 协会 1989 年的定义

这是第一个关于 IMC 的正式定义。来自美国西北大学发起的、由 4A 协会赞助的在 1989 年对于全美广告代理公司所进行的"关于 IMC 的定义被理解程度和被应用程度"调查。目前文献显示这项调查中对 IMC 所下的定义已经被研究者们广泛采用。这个定义是:

"IMC 是一个营销传播计划概念,它认可企业通过完整的营销传播计划所带来的增加值,即通过评估和使用广告、直接邮寄、人员推销和公共关系等传播手段的战略规则,来提供明确的、一致的和最大的传播效果。"(Integrated Marketing Communications is a concept of marketing communications planning that recognizes the added value of a comprehensive plan that evaluates the strategic roles of a variety of communications disciplines, e. g., general advertising, direct response, sales promotion and public relations and combines these disciplines to provide clarity, consistency, and maximum communications impact.)

这个定义可借鉴的地方在于:

(1) 它强调了在营销传播计划中综合协调使用各种营销传播工具能最大限度地达到有效的传播效果。传统的营销传播往往只使用广告等一两种营销传播工具,而这个定义

---

[1] Jerry Kliatchko. 2005. "Towards a New Definition of Integrated Marketing Communications." *International Journal of Advertising*. 24(1), pp. 7 - 34.

认为有效地协调使用多种传播工具比单一地使用一种营销传播工具效果要好得多。

（2）这个定义揭示了由综合使用多种传播工具所带来的"一种精神、一种声音、一种形象（One Spirit，One Voice，One image）"的结果；更进一步的是，它暗示在使用各种传播工具的过程中祛除了对不同传播手法的偏见：各种传播手段应该被平等地使用，任其各自发挥不同的作用。这个观点使不同的传播手段有了既不丧失自己的规则，又能协同作战的机会。

不过，西北大学的舒尔茨教授和凯奇（Kitchen）教授也指出这个定义有一些不足之处，主要是它缺乏一些重要元素，例如测量方案、量化分析、顾客导向、成本效率等。邓肯和凯伍德（Duncan and Kaywood）教授也认为这个定义有些缺陷，例如缺乏顾客导向的因素与测评营销有效性的因素等。

笔者认为，具体说来，这个定义存在以下几个重要缺陷：

（1）这个定义仅仅定位在多种营销工具的综合运用，忽视了营销传播中那些传播者所起到的作用；

（2）这个定义缺乏对消费者以及其他相关公众的注意，而这却是 IMC 区别于传统营销传播的一个重要因素；

（3）随着 IMC 的广泛应用，对于 IMC 效果测量的问题应该被重视，学者们需要去探讨最终的财务模型、测量工具及数据库的使用等问题，才能够对 IMC 的最终应用起到作用。

二、西北大学唐·伊·舒尔茨教授的定义

1991 年，美国西北大学的唐·伊·舒尔茨教授和他的同事们为 IMC 下了一个定义：

IMC 是一个管理营销传播中所有产品和服务的信息资源，使消费者或潜在消费者的地位突出并能保持消费者忠诚度的过程。（IMC is the process of managing all sources of information about a product/service to which a customer or prospect is exposed which behaviorally moves the consumer toward a sale and maintains customer loyalty.）

这个定义增加了前一个定义没有的因素："顾客导向"揭示了 IMC 主题的核心，同时也暗示了品牌与顾客之间的关系。另外它也关注了"品牌的各种信息来源"，认为品牌与顾客关系不再仅仅局限于使用广告和公关等手段来维护，而是存在着各种各样的接触点。但这个定义的不足之处在于它漏掉了"IMC 不仅仅是一个过程，同时也是一种观念"的事实，它同样也漏掉了 IMC 在实施过程中具有战略性的思考与可测量性意义的因素。

三、汤姆·邓肯和凯伍德 1996 年的定义

IMC 是一个为了创建和培养有效益的品牌与客户间的关系以及品牌与其他股东之间的关系而进行的控制和影响各种信息以及促进有目的沟通的战略性的操纵过程。

（IMC is the process of strategically controlling or influencing all messages and encouraging purposeful dialogue to create and nourish profitable relationships with customers and other stakeholders.）

这个定义的成功之处在于更加注重构建一种厂家与客户之间的长期关系,而不仅仅是局限于短期的营利性的关系。它同时也扩展了另一个观点,就是目标市场除了客户之外,所有的雇员、行为规范者以及利益群体都与 IMC 的行为息息相关。

不过,这个定义中的"控制和影响"容易引起歧义。虽然一定的"控制和影响"是需要的,但容易让人误解成与传统营销传播中意义相同的"由市场营销人员来决定和控制所有的传播信息",因为"控制"一词暗示了一种单向的过程。正如舒尔茨在 1991 年提到的,IMC 是一个由外到内的过程,信息传递的过程很可能是被控制的,也有可能是不被控制的,因此必须管理各种各样的信息来源以及它们的流通渠道。

在这个定义中出现的另一个缺陷就是它没有指出要达到"促进有目的沟通"的渠道和办法。当然在"沟通"一词中也可能已经暗示了"渠道"这一因素,但清晰地表述出来会更好一些。另外,关于怎样测量和评估 IMC 成果的问题在这个定义中也没有被显示出来,这与 4A 协会在早些年所做的定义有些相似。

四、诺瓦克和菲尔普斯 1994 年的定义

诺瓦克和菲尔普斯并没有为 IMC 下一个简单直接的定义。他们把 IMC 的定义总结为三个要点,分别为"一种声音"的营销传播(One Voice Marketing Communications)、"整合"的营销传播(Integrated Marketing Communications)和"协同作战"的营销传播(Coordinated Marketing Communications)[①]。

"一种声音"的营销传播指的是整合所有的营销传播工具以营造一种"清晰和持续的形象、立场、信息和主题";"整合"的营销传播指的是综合运用广告等营销手段所塑造出来的品牌形象与顾客的行为反应;"协同作战"的营销传播用"协同"这个词取代了"整合"一词,指的是对各种营销传播工具例如广告、公关、直销等协调使用,以共同创造品牌形象并激起目标受众行为反应的全盘的活动。

虽然诺瓦克和费尔普斯的定义从基本的层面上指出了 IMC 的三种含义,但该定义的局限在于它仅仅停留在这些基本含义上,而未能进行更深刻更细致的研究。

五、唐·伊·舒尔茨和海蒂·舒尔茨夫妇 1998 年的定义

整合营销传播是品牌与消费者、客户、潜在客户、其他目标客户以及相关的外部和内部受众共同完成的一个过程,这个过程可用来计划、发展、执行和评估那些可协调的、

---

① Nowak, G. & Phelps, J. 1994. "Conceptualizing the Integrated Marketing Communications's Phenomenon: An Examination of Its Impact on Advertising Practices and Its implications for Advertising Research." *Journal of Current Issues and Research in Advertising*. pp. 49 - 66.

可测量的、可劝服的品牌传播。(IMC is a strategic business process used to plan, develop, execute, and evaluate coordinated, measurable, persuasive brand communication programs over time with consumers, customers, prospects, and other targeted, relevant external and internal audiences.)

这个定义似乎比较完整地提到了所有与 IMC 相关的要点。舒尔茨夫妇指出：这个定义与别的定义不同之处就在于它对"商业过程"的强调，并提到了"战略"的重要性。它同时也对传统的营销传播渠道进行了改正，认为顾客与品牌的所有接触点都应该算作是营销传播手段，而不仅仅是广告或者公关等。最后，这个定义提到"相关的外部和内部受众"便是把所有的与营销传播项目相关的公众都看作研究对象，而不仅仅是消费者。

马尼拉学者 Kliatchko 2002 年在马尼拉针对广告代理公司和企业高管及资深管理人员所做的一项定性研究表明：大部分人比较认可舒尔茨夫妇的这个定义，认为它比较全面、正确和与时俱进[①]。不过，虽然这个定义看起来比其他定义更为全面，笔者认为它仍然有一个缺陷：IMC 所带来的价值、利益、独特性以及 IMC 与传统营销传播的不同之处并没有被明确地表示出来。另外，Kliatchko 提到：这项定义采用了较为通用的措辞，这使得 IMC 这个词语一旦从句中拿出，便看不出整个定义与 IMC 有多大的联系。

综合上述学者的观点，我们可总结出在 IMC 的定义中含有这么一些要素。我们将舒尔茨在 1991 年所下的定义归纳为"唐·伊·舒尔茨"，而将舒尔茨夫妇在 1998 年所下的定义归纳为"海蒂·舒尔茨"，来看看各个学者所提出定义中要素的相同点与不同点。

（1）各种信息和渠道的合作与协同一致。（4A 协会、唐·伊·舒尔茨、邓肯、诺瓦克）

（2）营销计划的战略方法。（4A 协会、唐·伊·舒尔茨、邓肯、诺瓦克）

（3）顾客的行为反应。（唐·伊·舒尔茨、邓肯、诺瓦克、海蒂·舒尔茨）

（4）培养客户关系和客户忠诚度。（唐·伊·舒尔茨、邓肯、海蒂·舒尔茨）

（5）IMC 是一个过程。（唐·伊·舒尔茨、邓肯、海蒂·舒尔茨）

（6）IMC 的研究目标包括顾客、潜在顾客以及其他利害相关者。（唐·伊·舒尔茨、邓肯、海蒂·舒尔茨）

（7）使用多种传播手段。（4A 协会、唐·伊·舒尔茨、诺瓦克）

（8）可测量性。（4A 协会、唐·伊·舒尔茨、诺瓦克）

（9）延伸到品牌传播。（4A 协会、唐·伊·舒尔茨、诺瓦克）

（10）IMC 是一种商业过程。（海蒂·舒尔茨）

泰国学者 Cathy 和 Schumann 在一篇文章中认为：这些定义中的要素可以被总结为三个方面：第一，有关受众（即消费者）方面的定义；第二，有关信息和媒介整合方面的定

① Jerry Kliatchko. 2005. "Towards a New Definition of Integrated Marketing Communications." *International Journal of Advertising*. 24(1), pp. 7-34.

义;第三,有关 IMC 的评价和效果方面的定义①。

六、笔者为 IMC 所下的定义

综合这些定义中的各个要素,笔者在此提出 IMC 的定义:

整合营销传播是以受众为导向,战略性地整合各种营销渠道,注重对绩效的测量,以期与顾客建立长期品牌联系的观念和管理过程。

这个定义包含了五个要素:第一,IMC 既是一种观念又是一个过程;第二,IMC 是以受众为导向的,这里的"受众"主要指的是消费者;第三,IMC 是对多种营销渠道的综合运用;第四,IMC 注重与顾客建立长期的互动的品牌关系;第五,IMC 注重对于传播效果的测量。以下我们分别来剖析这五个要素。

(1) IMC 既是一种观念又是一个过程。作为观念来说,IMC 是一种新的思路和方法,一种全盘性和战略性的朝着品牌传播方向努力的态度。而作为一个过程来说,它包含了一系列动态的过程和相对独立的步骤,例如数据库的建立、消费者信息的管理、采用不同的营销渠道来营造各种信息,以及对增效的品牌传播的评价与测量等。

(2) IMC 是以受众为导向的。这里采用"受众"一词而不是"消费者",是因为笔者认为消费者仅仅是受众的一部分。具体来说,IMC 的受众包括消费者、潜在消费者、各利益关系群体、内部员工等,这些受众对于 IMC 来说都应该得到同等程度的重视。"受众导向"这一因素是 IMC 与传统营销传播的本质区别,也是企业要与顾客建立长期品牌联系的根本。因为只有将受众置于主导地位,企业才能建立与受众间良性的沟通,从而为建立长期的品牌关系奠定基础。

(3) IMC 是对多种营销渠道的综合运用。例如将广告、公关、直销、人员促销和其他各种营销手段综合起来,另外,产品与顾客的任何接触点也可作为营销方式。首先,对于不同的客户群体需要采用不同的营销手段,例如在推销婴儿奶粉的时候,广告可能对母亲有更大的说服力,而对于儿科医生来说,直销可能更为有效。其次,要将传统的媒介(如印刷品、广播、电视等)与新媒体如因特网等结合起来,以达到最好的品牌传播效果。最后,所有的传播渠道在 IMC 过程中都是平等的,它们各自发挥着不同的效用,而它们之所以能发挥出不同的效用是由客户和相关的利益群体的需求决定的,并不是由营销传播者的主观意愿决定的。

(4) IMC 的目的是品牌与顾客建立长期的互动关系。我们可以说,整合营销传播是一个"品牌传播"的过程。"品牌"的建立是 IMC 的最终目的,IMC 并不是通过一两次营销事件仅仅与顾客建立短暂的关系,而是要通过长期积累与顾客建立稳固的、双向的互动关系。品牌不仅仅是一种形象的诞生,还是顾客与产品间建立感情的一种表征。

---

① Anantachart, S. 2001. "To Integrate or not to Integrate: Exploring how Thai Marketers Perceive Integrated Marketing Communications." in Roberts, M. & King, R., *The Proceedings of the 2001 Special Asia-Pacific Conference of the American Academy of Advertising*, University of Florida, Gainesville, Florida, pp. 66 - 73.

（5）IMC注重对传播效果的测量。IMC的营销传播效果应该是可以测量并且可以量化表现的。这种量化测量的方法被称作"客户投资回报率"（ROCI），它是一种从财务上测量效果的手段。过去一段时间，人们对于营销传播效果的测量不知所措，因为研究者们一直没有找到正确的有效的测量方法。拉维奇（Lavidge）、斯坦纳（Steiner）曾采用态度研究的手段，创造了"效应层次模型"，罗素·科里（Russell Colley）也开发了"叠码模型"，都是从顾客的态度改变的角度来推测购买行为的改变①。然而这一方法却是不科学的，因为态度的改变往往并不伴随着行为的改变。唐·伊·舒尔茨认为：我们应该用各种各样的行为学理论来衡量顾客的实际购买行为，以及这些购买为企业带来的利润；一切都要以品牌投资的回报率为出发点，以财务的回报率来计算营销传播的盈利，而不要去谈论花多少钱购买广告版面和时间。

新的IMC定义示意如图1-1。

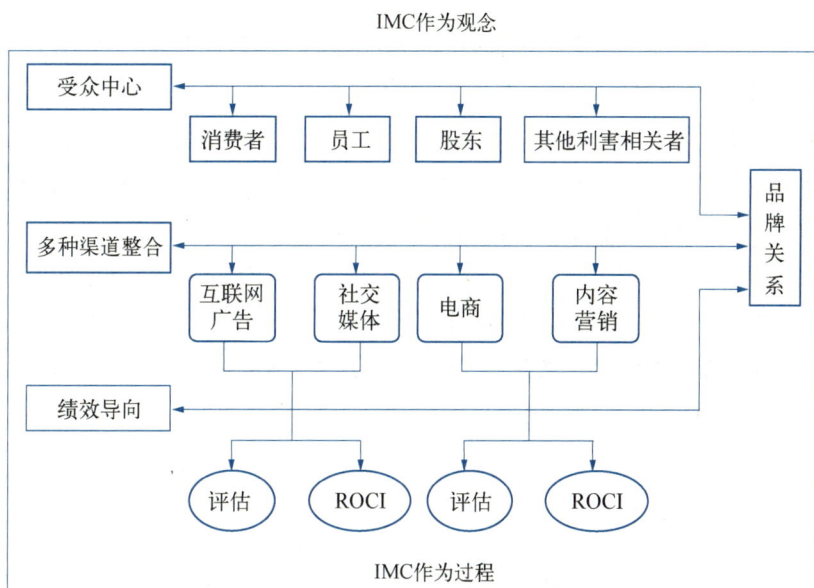

图 1-1　IMC 定义示意图

第二节　整合营销传播的基本原则

在了解了整合营销传播的概念之后，我们可以进一步概括出整合营销传播在实施过程中的基本原则。这些原则不仅是对整合营销传播概念的深化，同时也是整合营销

---

① 〔美〕唐·舒尔茨、海蒂·舒尔茨：《唐·舒尔茨论品牌》，高增安、赵红译，人民邮电出版社2005年版，第53—54页。

传播与传统营销传播的根本不同所在。笔者将整合营销传播的基本原则概括为以下几点。

一、由外而内的观念

"由外而内"这一主张最早由韩国学者申光龙提出。1999年，申光龙在发表于《国际经贸研究》的《论整合营销传播》一文中为整合营销传播下定义：IMC是指企业在经营活动中，以由外而内（Outside-in）战略观点为基础，为了与利害关系者（Stakeholders & Interest Groups）进行有效的沟通，以营销传播管理者为主体所展开的传播战略①。这里，他提到的"由外而内"指的是：营销传播不是以信息发出者（企业）到信息接收者（利害关系者）的方式，而是以信息发送者和信息接收者之间双向流通的方式来构造传播战略。也就是说，信息首先是由企业外部的消费者等所传递出来，再通过一系列的途径到达企业内部管理者（即营销传播者）。

舒尔茨曾经在《全球整合营销传播》中提到：传统的营销传播是"营销管理者"热衷于在会议室里讨论提出营销策划方案然后布置给下属强制执行的过程。诸如以多少预算、从哪里得到、通过什么渠道进行传播以及传播什么等，这就是"由内而外"的方法。营销管理者不去做市场调查，也不顾及消费者的利益，而是在头脑中想当然地勾画出营销传播的途径和手段，并主观地认为它是适合消费者需要和符合时代需求的。

在市场经济并不繁荣、大众消费供不应求的时代，"由内而外"的方式是可行的。这种方法有好的一面，比如：可以在企业内部达成统一的意见，使管理层制定的决策更行之有效；营销管理者也可以大体上了解到消费者与企业传播活动接触的经验是什么；产品可以在短时期内实现品牌效应等。由内而外的传播过程如图1－2所示。

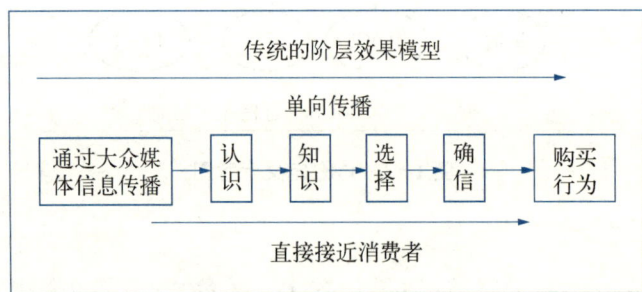

图1－2　由内而外的传播过程②

申光龙在此基础上提出了与上图相反的模型——双方面的IMC阶层效果模型。如图1－3所示，营销传播者首先要充分了解利害关系者的信息，他们对何时、以何种媒体传播的何种信息更容易接受，然后建立利害关系者资料库，以此制定IMC战略。这里谈到

---

① 〔韩国〕申光龙：《整合营销传播战略管理》，中国物资出版社2001年版，第14页。
② 转引自〔韩国〕申光龙：《整合营销传播战略管理》，中国物资出版社2001年版，第14页。

的不是"消费者",而是"利害关系者",是因为"利害关系者"的概念除了包含"消费者"之外,还包含其他所有与营销传播接触的受众,例如股东、广告代理商、企业内部员工、营销传播人员等。

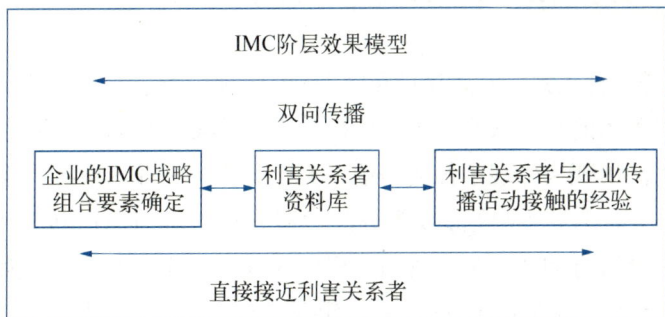

图 1-3　由外而内的传播过程①

由外而内的观念体现了营销从传统营销传播到整合营销传播转变的实质。以 4Ps 为核心的传统营销传播是一种"由内而外"的体现,营销管理者自己生产产品,制定价格、渠道、促销手段,不去了解外部的信息,一副"酒香不怕巷子深"的势头。但这种传统营销占据主导地位的时代已经一去不复返,取而代之的现代营销传播必须对消费者和其他利益相关者的信息实时了解跟进,根据市场的需求来制定自己的产品营销策略和价格等。因此,整合营销传播倡导的 4Cs 理论非常能够体现"由外而内"的原则。

二、由纵向计划到横向计划的转变

在传统的营销传播活动中,信息的传递是纵向的,由信息管理的最高层部门向下层机构层层传递,在传递过程中对信息会进行很多筛选和加工。这样,并不是公司的所有人都能够得到相同的、公开的信息。这种信息的不透明会妨碍营销传播的有效进行。而横向计划就是除了最高管理层之外,公司的每一个部门都能够得到同等重要的信息,这样才能有助于各管理部门齐心协力地管理信息,对不同的营销渠道进行分工和整合,也有利于公司向外部的其他利益相关者传送一致的信息。横向计划具体如图 1-4 所示。

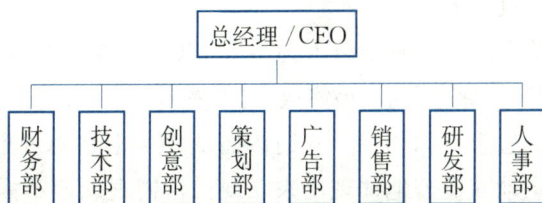

图 1-4　整合营销传播的横向计划

① 转引自〔韩国〕申光龙:《整合营销传播战略管理》,中国物资出版社 2001 年版,第 15 页。

三、营销即传播，传播即营销，两者密不可分

在整合营销传播的 4Cs 理论中，最后一个 C 表示为"Communication"，即"忘掉促销，90 年代的词语是沟通"，可见传播在营销中的重要意义。我们将营销与传播的关系表述为以下方面。

第一，"营销是一种关系"。"营销即传播"首先体现为整合营销是在营销过程中各种关系的建立，这些关系的建立来源于多种传播方式和手段。其关系的形式为共享与互动，而共享、互动关系的出现也体现了传播的信息流通的特征。舒尔茨在其著作中明确提到："由营销过程来看，我们认为从产品或服务的发展开始，产品设计、包装到选定销售渠道等，都是在跟消费者进行沟通。整个营销过程中的每一个环节都是在与消费者进行沟通，让消费者了解这项产品的价值，以及它是为什么人而设计。众所周知，广告、公关、促销、直销、行销等，都是不同形式的沟通、传播，但是不要忘记了，店内商品陈列、店头促销及为产品所做的零售店头广告等也算是传播，都属于整个流程中的一环。甚至当产品出售以后，售后服务也是一种传播。"[1]其次，这种沟通也是双向的，即营销者不是简单地对消费者进行灌输，而是要给予消费者充分反馈的机会，听取他们的意见，必须在经营活动中最大限度地反映利害关系者的意向和希望。为达到这个目的，营销人员也要采取各种各样的方式和手段。整合营销传播的最终目的是与受众建立一种品牌关系。对于青睐某种品牌的顾客来说，这种品牌更重要的意义在于它构建了一种"情感"。邓肯认为："品牌即指所有可以区分本公司和竞争对手的产品的信息和经验的综合并为人所感知的内容。"[2]因此，这种情感的积累并非一日之功，而是需要品牌与顾客关系的长期积累。

第二，营销活动本身就是一个传播的过程。传播学经历了线性模式、控制模式再到系统模式的发展过程，这充分体现了研究视角从单一走向综合的转换，而这种转换也体现在整合营销传播中。早期的营销传播大多数是一种单向的传播，它所假定的前提就是只要增加信息频次或者提高信息分贝，就有可能把信息送达目标对象。而整合营销传播则认为：为了达到更好的营销传播效果，在营销过程中不仅应该注重营销传播者与顾客的双向沟通，还应该利用传播将各种方式进行整合，使各部门能够协调统一地运作，整合多种要素是这一过程中的关键环节。

第三，"营销即传播"体现了"营销以人为本"的思想。整合营销传播的核心观点是营销由"产品导向"转为"市场导向"而又最终成为"消费者导向"。这与传播学中以媒介为中心转向以受众为中心的思想一脉相承。营销传播从 4Ps 走到 4Cs，消费者从被动消费到主动选择的这一过程生动而显著地体现出来。现代营销观念信奉需求至上，认为企业生

---

[1]〔美〕舒尔茨等：《整合营销传播》，吴怡国等译，内蒙古人民出版社 1998 年版，第 69 页。
[2]〔美〕汤姆·邓肯：《整合营销传播：利用广告和促销建树品牌》，周洁如译，王方华审，中国财政经济出版社 2004 年版，第 13 页。

产什么、销售什么的决定权并不在公司手中,而在消费者手中。提出需求第一是市场观念的一次革命,它不仅解决了市场认识和营销传播的起点问题,而且回答了在战略规划中各个环节的落脚点问题。在营销价值体系中,有关营销沟通的要素依然存在,但是它却由"促销"转化成"沟通"①。以上这些由"促销"转化为"沟通"的理论被统称为定位观念,它的核心就是从过去从产品出发的思考模式彻底转变为从消费者出发开始思考。

四、IMC 既是战略,也是一种战术

这一观念由另一位整合营销传播专家汤姆·邓肯提出。一项整合营销项目的成功依赖于创造性过程的两个性质迥异的部分:表现在战略上,是"消费者想听到什么",是企业对于其品牌形象的整体塑造,如何对外体现"一个形象、一个声音";表现在战术上,即"怎么告诉消费者想听的东西",即如何采用各种各样的营销传播手段来有效地传递品牌形象以及有效地到达消费者。

也有学者将它描述为"IMC 既是一种观念又是一个过程"。所谓观念,指的是 IMC 本着以消费者为核心的理念,始终力图整合多种营销渠道以使得传播达到最好的效果。这种观念的全新性可以体现为以下几点:第一,营销传播目的发生了改变。以往的广告和营销传播不论出于怎样考虑,其基本目的是为了营销,而整合营销传播中,营销的目的已经不完全是销售,而是一种保持和消费者接触并达成关系的传播手段。"广告作为一种接触,必须要有利于促成品牌与消费者之间的和谐关系。"②第二,实施传播的方向发生了变化。几乎所有的经典广告以及营销传播理论,无一例外地都是首先强调信息本身的价值,基本出发点是向消费者"推"出信息。而 IMC 采用的是由外到内的传播发生方向。第三,接触的概念大大超越了传统媒体的时空限制。IMC 认为,企业的任何作为(或者不作为)都会传递信息。因此,IMC 中的接触管理,很大意义上不仅仅是要设计和管理计划内信息,更重要的是必须对那些可能形成的计划外信息进行可控性处理。

所谓过程,指的是在观念的引导下,在实施 IMC 的进程中要有效地掌握各种资源,尽可能有效地对其进行整合。

第三节　对整合营销传播的认识误区

在对 IMC 理论的研究过程中,许多学者从不同的侧面去理解 IMC,导致了对它的不同理解。在笔者对多项文献进行整理以及与一些学者进行探讨的过程中,发现对 IMC 的理解容易造成以下偏差。

---

① 转引自卫军英:《整合营销传播:理论与实务》,首都经济贸易大学出版社 2006 年版,第 8 页。
② 同上书,第 336 页。

一、传统大众传播丧失作用

一些学者认为 IMC 是采用新型的媒体手段来进行整合营销，而摒弃传统的大众传播的方式。这个观点是错误的。营销手段只是一种形式，它最终要与企业的营销目的相结合。传统的大众传播形式对于一些营销目的来说仍然具有其他营销手段不可替代的意义。例如，家喻户晓的宝洁公司仍然擅长大范围地使用广告来宣传自己的新产品；乔治·贝尔奇和迈克尔·贝尔奇以 Vanderbilt 香水公司的营销战略为成功的 IMC 事例举例时，也只介绍了一般广告，根本没有涉及推销、直复营销或事件营销等；美国的许多企业仍然愿意花费数千万美元在最昂贵的广告时间——美国国家橄榄球联盟一年一度的总决赛的中场秀时段做广告，其理由很明显：根据企业所提供的商品或服务的不同，传统的大众营销还是强有力的传播手段。虽然在美国营销传播的总趋势是强调多种多样的推销活动，并且推销的总投资额远远超过广告的总投资额，但就目前情形来说，广告仍然是企业最重要的传播手段。新型的营销传播方式不是对传统营销的代替，而是对它的补充。

二、IMC 是采用所有媒体进行的营销活动

从"IMC 是整合各种媒体"的理念中人们很容易误解为 IMC 是通过所有的媒体进行传播活动。但是，IMC 并不是利用所有媒体，而是通过多种媒体来分析它们的战略价值，有效整合资源以取得最大的传播效果。在整合中，不同的媒体有不同的战略价值，例如：广告适合于大规模的受众和利润低的产品；人员推销适用于有一定技术含量的商品，例如电脑等；促销适用于短期积压的商品等。因此在营销策略中，要选取合适的媒体进行合适的传播（Right Channels for Right Purposes）[①]，所以 IMC 的核心是，即使利用一种媒体也可以与其他所有营销活动共同向顾客传达连贯的形象。

三、IMC 的目的是打造产品品牌

在和一些学者交流的过程中，他们告诉笔者：IMC 就是强调产品品牌的一种传播。IMC 的最终目的是创造属于自己的品牌，所谓在营销传播过程中的一切整合活动，都是为了建造品牌的最终目的。

这一说法初听起来不无道理。"建立品牌"确实是整合营销传播的终极目标之一。IMC 之所以不同于传统营销传播，就是因为它所要追求的不仅仅是短期的销售利润，而且是要形成长期的品牌定位。然而，这种"品牌定位"并不仅仅是一味追求产品的特质所带来的，它更强调的，是品牌与消费者之间的一种长期联系。换言之，"品牌"是产品在顾客以及潜在顾客心目中的一种定位，而决定这种定位的，并不是产品本身，而是产品与消

---

① Regina Connell. 2001. "Creating the Multichannel Experience: Loyalty Panacea of Herculean Task?" *Journal of Integrated Marketing Communications*. 2001 - 2002, pp. 11 - 15.

费者之间的关系。因此对于 IMC 的终极目标,我们可以解释为"为了创建品牌而与消费者之间形成的一种长期、持久、稳定的品牌关系"。

四、整合营销传播与传统营销传播在实践上并无本质区别

这是许多实践者的困惑。整合营销传播的理论虽好,但在实际操作过程中似乎与传统的营销传播并无本质区别,尤其是在那些 IMC 的实施并不太完善的企业中。可以确切地说,整合营销传播本身所采用的沟通工具与传统营销传播工具并无二致;而其在营销促动和信息传达层面上,又与传统营销传播所追求的诸如一致性、统一性等信息目标极为相似。正是这种严格的继承性引发了两者之间表层意义上的相似性。但我们认为其间的核心差异不容忽视。

《凯洛格论整合营销》一书将这一问题阐述得比较清楚。该书认为:整合营销传播与传统营销传播的实质区别并不在手段上,而是在观念上。笔者从以下三个方面来阐述这个问题。

(1) 整合营销传播更为关注顾客。传统营销传播以 4Ps 为核心理念,是以产品为导向的营销传播理念。而整合营销传播以 4Cs 为核心理念,是以顾客为导向的营销传播理念。关于 4Ps 和 4Cs 大家已经不再陌生,这里不再赘述。但需要看到的是,这种转变是一种根本性的观念变革,它不仅体现在营销学体系中,也体现在众多学科发展中。现代科学的发展逐渐从技术本位转移到人本位上,以关注人类内在的需求为最终发展目标,而"受众"就是最终的关注点。在这种观念的引导下进行的营销传播活动,即使在营销手段上与传统营销并无大异,但是其指导思想却大为迥异。

(2) 比起传统的营销传播来,整合营销传播更为注重对新技术的开发与使用。可以说,从传统营销过渡到整合营销的关键是技术带来了变革因素。这首先体现在整合营销传播对于消费者数据库的建立上。数据库的建立是通向人性化的基础,而数据库的建立则需要高端的信息科技知识。其次体现在整合营销传播注重多种媒体的整合,而不仅仅是过去的大众传播媒介,如分众传媒、舆论领袖、触动传媒等都有可能成为新的营销渠道。这与时代发展的要求是相一致的。

(3) 整合营销传播理论更为注重"一对一"的传播。传统营销传播理论运用广告等营销方式,借助广播、电视、报纸等营销渠道,所倾诉的对象是广大受众。在这个层面上,它无法关注不同受众的具体要求,也无法针对不同受众提供个性化的服务。而整合营销传播试图从传统营销传播的"定位"方式入手,通过对顾客需求的分析和多种媒介手段的运用来满足顾客的个性化需求。

在更深的层面上,整合营销传播体现为既是对传统营销传播观念的延伸,又对其有所扬弃,甚至是颠覆了传统营销传播的许多基本追求。传统的营销传播也会采用多种营销手段,但整合营销传播采取的是摆脱以往机械式的思维方式,使各种营销传播工具能得到有效结合,用"合适的媒介达到合适的目的"。因为同样是一种营销传播手段,出于促销和

维护消费者与品牌关系的目的,两者的关注点和判断标准很可能截然不同,甚至会形成根本相反的发展方向。例如广告界盛行的 USP 理论认为,只要有了独特的销售说辞,那么在营销传播过程中只需要不断宣传产品便可以达到效果。而定位理论本质上排斥了产品本身的传播属性,单纯认为"定位并不是要对产品做什么事情",而是要在潜在顾客的心智中形成一种定位①。又如,传统营销传播认为促销的特点在于短期刺激,因此它并不利于品牌形象的建设,而整合营销传播则恰恰注重达成消费者与品牌的直接关系。这些都表明,整合营销传播观念的确立是对传统营销传播观念的一种延展和综合,既有对传统营销传播模式的继承,同时也表现出了自己前所未有的创新价值。目前,大多数企业对于整合营销传播的理解仅仅在"一种形象、一种声音"上,在这种浅层次理解的基础上操作,可以说是与传统营销传播非常相似。许多有远见的公司已经在实施的方法上将各种媒体或非媒体传播形式进行简单协调以获得协同效果,但只有当整合营销传播进入更深入、更本质的阶段时,具有革命意义的观念变革才会开始展现它的魅力。

思考题

1. 整合营销传播的定义在不断发展变化中,请提出你自己所认为的合理的 IMC 定义。

2. 整合营销传播的原则有哪些? 你最赞同的是哪一些? 请说出自己的理由。

3. 除了本章第三节提及的整合营销传播所存在的认识误区,你认为还有哪些可以补充?

精讲视频

---

① 〔美〕艾·里斯、杰克·特劳特:《定位》,中国财经出版社 2002 年版,第 2 页。

第二章　整合营销传播的历史演变

　　整合营销传播作为营销传播的一个自然演变过程,经历了从 20 世纪 50 年代和 60 年代所盛行的产品重心论到 21 世纪初的顾客重心论的转变。这个重心的转变的主要原因是新技术革新的推动。它带来了三个领域的重大变化:营销领域、媒介与传播领域、消费者领域。

　　探讨整合营销传播的发展与历史演变这个问题,我们可以从许多学者和实务界人士所提出的问题入手:为什么叫作整合营销传播? 营销和营销传播一直没有得到整合吗? 营销学的概念不是总在强调客户和提供产品、服务满足客户需求吗? 比起传统营销传播来,整合营销或者"整合营销传播"的新颖和特殊之处是什么?

　　探讨这些问题实际上也就是在探讨整合营销传播的形成和发展演变过程。唐·伊·舒尔茨说过:的确,营销的概念本质上就是整合性的,不过在从前它往往是整合了市场微观主体①的观点而不是客户的观点。营销主要关注产品、分销、价格和促销——这是营销学中的传统 4Ps。在产品短缺、人口急剧增长、不同国家谋求建立共同的文化、供应重于需求的年代,这个理论取得了巨大的成功。在营销传播经历了几个发展阶段以后,市场已经发生变化了。今天我们生活在一个互动的、全球联系的、客户驱动的服务经济中,传统的以市场微观主体为基础的营销传播理论正让位于大量的客户定制理论。为了理解这一变革,我们必须从研究市场力量的转变着手。在此,我们把营销市场的发展分为三个阶段,它们分别是:产品驱动的营销体系阶段、分销商驱动的营销体系阶段和客户驱动的营销体系阶段。

---

　　① "市场微观主体"这个概念来源于唐·伊·舒尔茨《将营销学和营销传播学带进 21 世纪》一文中的 Marketer 一词,其含义与企业、营销组织一致。转引自《凯洛格论整合营销》,海南出版社、三环出版社 2007 年版,第 1—2 页。

第一节　产品驱动的营销体系阶段

这一阶段是 20 世纪 50 年代至 70 年代。营销学最初的出现不是为了买方——客户和潜在客户的利益，而是为了卖方利益。在第二次世界大战后的物资不足地区，生产什么都能卖掉，商品流通采用的是战争时期军需品供给体制的上令下达方式，以制造业为中心，零售商和消费者处于被动的状态。一开始，营销的重点是销售。但是，销售常常是缓慢的，而且差异性显著。随着大众市场的出现，卖方接受了营销的概念，即通过创造需求来实现产品和服务的大规模移动。随着媒体系统的发展，特别是第二次世界大战后，销售型组织发现他们可以通过多种广告和促销的方式，很容易、很有效地接触到数以百万计的客户和潜在客户。因此，所谓的"现代大众营销"和"现代大众传播"的实践就这样诞生了。

这一时期产生了传统的营销传播理论。美国密歇根州立大学以菲利普·科特勒（Philip Kotler）为代表的研究组提出了 4Ps 理论，其大概内容是：营销就是生产能够生产的产品（Product）；制定以生产成本为基础的能够获得利润的价格（Price）；用自己掌握的流通渠道分销商品（Place）；按计划费用进行促销（Promotion）。被市场研究者和企业家视为经典的 4Ps 理论"既是以商品为主的销售者本位理论，又是把消费者作为一个整体大众的大众市场营销手段"。它以广告等大众传播手段作为其营销渠道，试图用单一、单向的方式来影响消费者。

这种理论下的广告营销的特点在于轻视消费者，原始地把信息传达给大众。在大规模生产、大规模分销、大规模传播的系统里，卖方掌握所有的主动权和所有的市场力量。他们能够决定生产什么产品、使用什么分销体系、制定什么价格、提供关于产品或服务的什么信息、提供多少信息、将信息提供给谁、什么时候给他们提供信息等。所有的权力都掌握在生产者或市场微观主体的手中，客户常常被认为不过是个"客户"，或者是在制造商或生产商一次又一次劝说下购买和使用产品（或服务）的人。传播呈现一种线性结构，没有反馈回路。

这一时期厂商或产品驱动的营销体系如图 2-1 所示。在产品驱动的市场中，销售者、生产者或市场微观主体控制了所有要素，诸如原材料、工厂、劳动力等，他们掌握了市场的巨大力量。市场主体的最大工具是信息技术。技术使得市场微观主体能够理解客户需求、确定价格点、管理后勤以及控制库存。

市场微观主体驱动的原因是所有的信息技术都掌握在生产者或市场主体的手中。其他的市场参与者掌握的信息技术很少。有了这些工具和技术，制造商就可以主宰渠道（诸如批发商和零售商），可以控制媒体或传播系统，最终控制消费者、客户或最终客户。

在此背景下，生产商总是利用媒体告知客户相关信息，其对大众媒体具有极大的依赖性。原因有两点：第一，媒体本身使用成本不高，可以大量使用；第二，卖方并不了解潜在

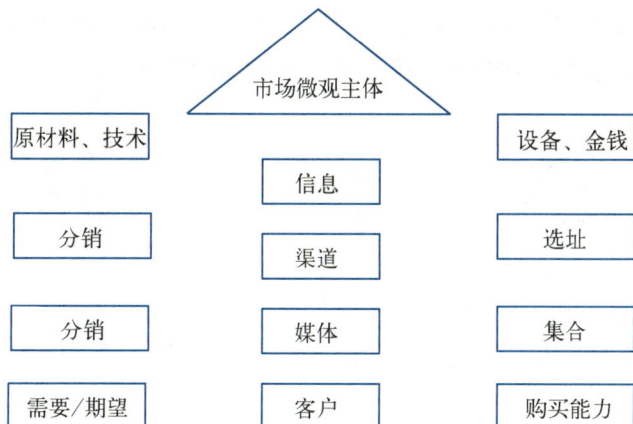

图 2 - 1　产品驱动的市场①

客户,而媒体却影响深广。

　　在这样的市场中,"整合"只是对市场微观主体而言。所有的市场微观主体必须做的就是想办法生产产品,找到分销渠道,发布广告进行促销,注意客户的购买行为。渠道或分销系统购买生产商提供的东西。市场微观主体通过媒体实施沟通和传播。对于营销组织而言这一体系是完美的,但对于客户来说却非常不完善,因为客户和分销渠道所能够进行的选择是很少的。今天这种营销方式仍然占据着相当的市场地位。形形色色的制造商和服务商在自己所控制的领域中自主决定商品生产的数量以及商品生产的种类和服务类型。他们把产品推向市场并决定在这个过程中赚取多少利润。

第二节　分销商驱动的营销体系阶段

　　20 世纪 70 年代后期和 80 年代早期,美国开始发展计算机和店内 POP、POS 系统。营销系统中的权力开始向零售商和批发商转移,这种分销商和分销渠道驱动的市场之所以会出现,并不是说分销商这时候才开始产生。分销商和分销渠道是商业社会早已形成的市场模式,但是在早期市场结构中,分销商的地位并不显著,这是因为它们自身对市场的影响力并不明显,只有市场规模越来越大,营销系统更为复杂、更多层次,这时候中间商也随之壮大起来。因为相对于制造商来说,中间商与消费者更加接近并且具有更加稳定的关系,这使得中间商更加了解消费者状况,他们可以根据顾客的情况制定有效的库存和分销计划,并清晰地形成自己的分销流向,以此向上影响制造商、向下影响顾客。80 年代后期,计算机技术、数据库和信息手段的应用进一步强化了这种能力,使得渠道可以收集越

---

　　①　资料来源:〔美〕唐·伊·舒尔茨:《将营销学和营销传播学带进 21 世纪》,转引自《凯洛格论整合营销》,海南出版社、三环出版社 2007 年版,前言,第 5 页。

来越多的有关市场中客户实际行为的信息,渠道开始处在市场的支配地位,居于市场中央,具有承上启下的核心作用。这时,销售渠道控制市场,市场情况开始发生变化,如图2-2。

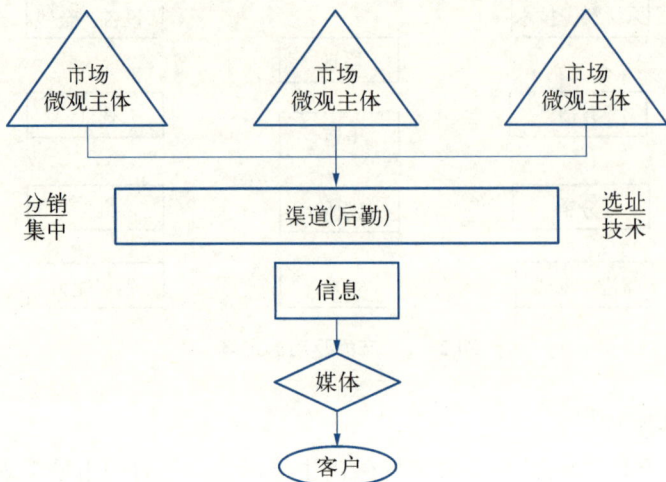

图2-2　分销商驱动的市场[1]

在这种分销驱动的市场里,"整合"是由生产企业和渠道共同实施的。而这时还没有把客户"整合"进来,因为顾客不具备营销的权力。如图2-2所示,由于渠道可以收集到多种多样的客户信息,因此渠道开始抓住原来由生产商掌握的权力以召集到客户。零售商和其他渠道成员能够通过许多捕捉数据的形式(如数据扫描)识别出每个客户。他们开始了解到客户是如何对多种营销和营销传播方式做出反应的。有了这些知识,渠道开始规定供应商应该采取什么营销和营销传播的形式。因此,在大规模营销体系中,在决定向客户提供什么产品或服务时,零售商或渠道商比制造商更有决定权。

在这种背景下渠道商不仅仅承担制造商的代理任务,而且原来由制造商所扮演的角色很大一部分转由渠道商所扮演,在整个市场中渠道商与其说是中转角色,不如说是真正的卖方更加合适。因为它在直接向消费者兜售的同时,又把自己所拥有的对消费者的兜售能力转卖给制造商。在这种双向转卖中,渠道商最终确定了自己的主导地位。例如,享誉全球的沃尔玛公司就是一个成功的渠道商,它将制造商所生产的产品整合到自己名下,再以制造商的面目展示于消费者面前。这种营销方式使它取得了巨大的成功,在短短几年内便跃升为全球500强之首。在此过程中,虽然制造商也一如既往地保持与消费者的交流,但长期以来它们惯用的大众传播方式使它们与客户的交流越来越困难,而本来就缺少反馈的线性传播又因为渠道商的介入而效果进一步衰减。

应该指出的是,在这里由制造商传输给分销商的信息和由分销商传输给消费者的信

息都应该是有反馈回路的,但是,渠道分销商与消费者之间的信息反馈相对于它与制造商之间的信息反馈而言,既不稳定也不全面。实际上渠道商在很大程度上仍然只是向消费者终端进行单向传播,它们对来自终端的信息收集缺乏系统性的整合,更谈不上互动式的交流。不过有一个明显的变化就是,以往制造商的信息传播在传播管理上主要依赖大众传媒,这种传播方式所存在的弊端在渠道商驱动的市场传播中有所改变。一些有效的更加有利于渠道商的传播手段开始受到注意并且得到了快速发展,例如直邮、服务电话、会员制等。渠道商为此做了大量投入,在信息技术支持下一些相应的数据库和目标传播管理模式开始建立。于是随着市场格局的演变,新的市场传播体系也逐渐形成,这就是第三种营销体系的诞生。

第三节　客户驱动的营销体系阶段

这一阶段始于 20 世纪 90 年代初期。此时的市场已发生巨大变化,国际互联网以及其他形式的电子沟通和数据交换技术的出现促使权力又一次发生转移。权力从分销商那里转移到客户手中。由于客户得到了越来越多的信息技术(如网络、电子邮件、传真、手机短信)等,他们能有效地从分销商那里获得信息,创造出我们今天所知道的互动和网络化的市场。

原有的那种线性模式不复存在,取而代之的是一种全方位的交换流向。消费者不仅和渠道商联系也和生产商联系,而且这些联系全部都是双向反馈的,形成一种交互式的格局。舒尔茨在《全球整合营销传播》一书中提到:"所谓交互式就是指:产品和服务的信息流在整个系统中无所不至,而不只是输出系统,就像制造商驱动的市场和分销商驱动的市场那样仅仅向一个方向输出。信息是基于各种成员的需求流动、组合、分析。"[①]这种控制权的变化导致了营销传播的革命:以往的营销沟通从单向的线性传播转为了双向的、互动的交流。

制造商已经不再是单纯扮演商品生产者角色,它也负有向消费者进行直接沟通交流的任务;渠道商也不能简单地控制上下游的沟通连接,它也只是为了满足消费者多重需求和可以实现这种需求的多重选择中的一个角色。而现在消费者的信息才是最重要的信息。客户或最终客户通过信息技术,能获得更有效率和更有效益的市场信息。例如,客户能调查到整个市场的行情,而不是只限于他们所居住的物理地域范围之内的信息;这些新的信息技术使客户可以全球购物,为他们所需要的产品或服务比较价格,进行谈判。客户获得的信息越多,他们在市场上所获得的权力就越大。客户手中掌握了正确的市场信息,使得传统的生产商和分销商陷入被动的境地。营销和营销传播也由生产商、分销商驱动

---

① 〔美〕唐·伊·舒尔茨:《全球整合营销传播》,中国财政经济出版社 2004 年版,第 16 页。

的向外辐射的系统发展为由客户接受、接触和获得产品或服务信息的互动市场,如图 2-3 所示。

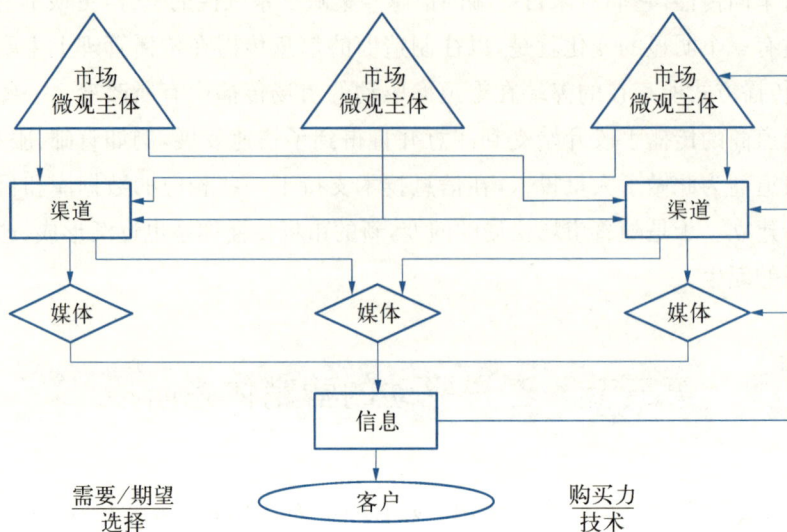

图 2-3   客户驱动的市场①

20 世纪 90 年代以来,营销领域越来越多的人转向北卡罗来纳大学教堂山分校的教授劳朋特(Robert F. Lauterborn)提出的 4Cs 理论。4Cs 理论从对企业经营者的研究全面转向对消费者的关注,实现了从"由内而外"到"由外而内"的转变。4Cs 理论是对传统的 4Ps 理论的扬弃。4Cs 理论所主张的新观点是"把产品先搁到一边,赶紧研究消费者的需要(Customer wants and needs),不再卖你所能制造的产品,而是要卖顾客想要买到的产品;暂时忘掉定价策略,着重了解消费者要满足其需求所必须付出的成本(Cost);忘掉渠道策略,研究如何给消费者方便(Convenience);最后请忘掉促销,取而代之的是与消费者的沟通(Communication)"。4Cs 理论提供了一种全新的理论视角,这种视角改变了营销思考的重心。

4Cs 理论带来了"一对一"的营销观念。营销不再受到市场微观主体的左右,而可以充分了解消费者的个人需求,这种"一对一"的营销得到广泛宣传,而"一对一"的营销对提高品牌忠诚度也无疑会有无可比拟的优势。21 世纪的营销组织所面临的挑战是要将传统营销和电子系统提供的新营销方法结合起来。许多情况下,看电视广告的客户也会在网上冲浪,进行线上购物的人也会在网下实体商店消费。客户、生产商、分销商和挑战今日营销组织的技术共同构成了一个集合的、收敛的、相互关联的网络系统。

美国西北大学整合营销传播系的教授提出了一套整合营销管理系统。这一理论的起点是客户。整合营销传播指导管理者聚焦下列关键因素:获得新客户;与现有客户沟通;

① 〔美〕唐·伊·舒尔茨:《全球整合营销传播》,中国财政经济出版社 2004 年版,第 7 页。

管理现有客户;将客户服务整合到营销组合中去;奖励客户忠诚度;挖掘客户信息数据库;寻找客户交叉销售和转移的可能性等。简而言之,这种新型营销方式以客户为重心,将传统的大众营销和一对一营销结合为一个整体,如图 2－4 所示。

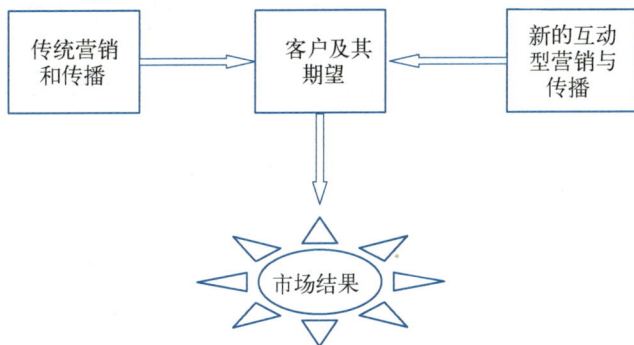

图 2－4　以客户为重心的营销方式

　　以上我们所看到的三种市场及其转变情况是很容易理解的。"整合"在其中的转变也有所不同。在产品或分销驱动的市场里,营销和营销传播的整合非常简单。因为一旦生产企业或渠道控制了系统,整合就是组织做些什么,而不是组织如何影响客户和潜在客户。当市场转变为互动和网络化的时候,整合就带有强制意味。企业必须从客户和潜在客户入手,全面考虑他们的需求、他们的潜力和机会,整合所有的营销传播活动。如果不能和客户联系起来,简单的产品或分销系统是不能形成什么差异的。因此,营销传播的整合要从客户开始,要回到组织的根本。这对于全球的组织而言都具有挑战性。

　　21 世纪以来,许多企业进入跨国公司的阶段,21 世纪的商品市场将是全球流通的市场。那么,在这一全球流通市场中的营销传播将会是一种什么样的模式? 舒尔茨在《全球整合营销传播》一书中提到,21 世纪的全球市场从本质上来说是一个客户、消费者和最终使用者控制的市场。一个市场营销机构必将要了解并熟知自己的客户要求,并按照客户的要求提供服务。换言之,市场营销机构在全球市场上的作用将会不同,它是一个能识别客户和预期的供应商,而不是一个提供产品和服务的生产商①。在 21 世纪的全球市场上,大多数市场营销系统的数字化、信息技术、知识产权和传播系统将由客户控制。这种转换把客户置于市场营销系统的中心位置。进一步说,客户能够根据自己的喜好和要求,通过前面讲过的三种市场系统中的任何一个进入市场。这样,传统的市场营销机构就必定会承受巨大的压力。因为这些机构不得不保留三种系统服务整个市场,但实际上,没有几个机构能够应付这么复杂的市场。

　　在上述三种市场状态中,不同的消费者会根据自己的实际情况选择不同的市场。在不太发达的国家中,制造商驱动的市场普遍存在,因为这些国家的分销渠道系统还没有得

---

① 〔美〕唐·伊·舒尔茨:《全球整合营销传播》,中国财政经济出版社 2004 年版,第 31 页。

到充分的发展。在较为发达的资本主义国家,分销渠道系统则非常发达,很多消费者们愿意通过分销商驱动的系统购买产品和服务,这样他们可以自己检验产品和服务,给产品和服务估价。例如在美国消费者们非常熟悉的沃尔玛就是典型的分销渠道系统,它通过自己的渠道整合了一些零售产品,对于消费者来说既提供了方便,又降低了成本。第三种情况是一些消费者也会采用交互式的渠道直接与产品打交道,例如在网上购物等。这种情况的优势是简单易行、不需要通过中间商的环节,也比较节省成本。亚马逊公司堪称"客户驱动的营销体系"的典范。它的商业哲学是"以客户为中心",坚信只有把客户的需求放在首位,才能在竞争中脱颖而出。因此它通过一系列举措来为顾客提供便捷的购物体验。它保证产品的质量,对所有进货产品进行严格品控和甄选;提供便捷的购物体验,顾客只需要简单点击就可以轻松购买所需的商品,无需烦琐步骤。亚马逊同时还拥有广泛的配送网络,确保商品能够快速送达。与此同时,通过大数据和机器学习技术,亚马逊能够为用户提供精准的购物推荐,从而增强销售量和用户忠诚度。这些做法使得亚马逊在不断扩展的同时,始终保持了良好的用户体验。

无论选择何种营销传播模式,了解客户群体的需要以及市场的需求是最重要的。美国很多零售机构已经实现了从分销商驱动市场向交互市场的转型,如 Best Buy, Land's End, Bean, Sharper Image 等公司。还有一些机构选择直接采用交互市场模式,例如亚马逊,Charles Schwab, CDNow 等机构。在我国,淘宝网、当当网等首先进入了交互营销的模式。它们能为消费者提供个性化的产品和服务。

在未来的全球市场上,营销传播的重点必然是发展各种各样的营销传播方式。可以预测的是,在将来的市场里,消费者将把握充分的主动权。他们将会开发自己的知识产权,为市场开发销售系统和方式方法,从而能够使投资于各种市场的回报最大化;在全球市场中,消费者自身能够推动销售经理去开发某种新产品或经营某种新的销售渠道。随着时间的推移,营销传播将会成为把买方和卖方联系到一起的纽带,成为关系市场的基础。在全球市场上,买方与卖方的关系都是友好的,只是持续的"给与拿"的关系。这样的市场是一个价值共享的市场。

📑 思考题

请解释"整合"在产品驱动的营销体系、分销商驱动的营销体系以及客户驱动的营销体系中各自不同的含义。

精讲视频

第三章　整合营销传播的学科背景

整合营销传播诞生于 20 世纪 80 年代后期。虽然整合营销传播已经形成了自己的理论构架，但是并没有形成一门"学科"。因为一门学科的形成必须要有自己的理论体系、研究方法、研究模式。目前，整合营销传播只是停留在理论体系的初步构建状态，我们把它看作一个研究领域或研究方向可能更为合适。

研究整合营销传播的学科背景必须从与它相关的学科入手。正是众多相关学科的积累和铺垫导致了整合营销传播的产生。在营销学、传播学、公共关系学和广告学等学科中我们都可以看到它们对于整合营销传播所做出的贡献。整合营销传播的诞生是上述学科发展相结合的必然结果。在下文中，我们从这几门学科领域的理论发展入手，来探讨它们与整合营销传播的关系，从而探讨整合营销传播的学科规律。

第一节　营销学的研究视野

营销学诞生于 20 世纪 50 年代。有人把经济学称作营销学的祖母，因为营销学从经济学那里得到了基础学科理论与方法的支撑，加上营销实践源源不断输入养分，营销学逐渐发展成为一门完整、独立的学科。

早期的营销理论与方法集中体现于促进销售的策略和技巧。如今，营销学已经成为管理科学中的一种核心思维方式，不仅以营利为目的的厂商已普遍运用营销理论与方法，非营利组织甚至政府机构也接受了营销思想。在学科发展中，营销学的核心概念衍生出一系列常识性概念，同时也形成了理论性概念和营销思想。新的概念和新的思想丰富了营销学科的内容，改善了学科的组合结构。纵观营销学的发展历史，我们发现：自 20 世纪 50 年代以来，每隔 10 年左右营销学理论就增加不少新的概念和思想，促进了营销学理论体系的完善与发展。我们将营销学的发展分为几个阶段并分别论述。

一、第一阶段：20 世纪 50 年代的产品营销

20 世纪 50 年代的营销观点是第二次世界大战后模仿军需物资供应系统模型上的下达式或下向式定购方式形成的，相应地在营销方式上是制造商通过中间商销售产品的方式。不过，这一阶段的营销学已形成了较完整的体系，10 年中一共形成了六个里程碑式的概念。我们认为与整合营销传播有密切关系的理论有以下几种。

市场营销组合理论。20 世纪 50 年代初营销学界开始采用"市场营销组合"这个概念，意为企业为进入目标市场，对各种可以控制的销售因素策略的统一规划和综合运用。

品牌形象理论。品牌及品牌形象是广告学中的重要定义，在 1955 年就被提出来，但直到 20 世纪 90 年代才为我国工商企业采用。品牌形象的基础是产品、服务的内在质量、功能，但形成与提升品牌形象需要广告促销和公关活动。在这里可以看出品牌形象概念倾向于产品的特制和促销服务。

市场细分理论。1956 年，市场细分理论出现在营销学著作之中。这是一个具有重大意义的理论概念。它不是从产品差异出发，而是从消费者的差异出发来划分市场。市场细分的概念帮助企业在市场中寻找目标受众体、避免过分的竞争对抗，为竞争力不强的中小型企业的营销活动提供了有效的途径。随后而来的市场营销哲学理论更进一步推进了这种思想。1957 年，美国通用电气公司的约翰·麦克金特立克阐述的"市场营销概念"被称作是企业效率和长期利润的关键。该理论认为一个组织只要脚踏实地地发现顾客需要，给予各种服务使之得到满足，便是以最佳方式满足了组织自身的需求。这种营销思想奠定了现代营销观念的基础，促使企业由"以产定销"迅速转为"以销定产"的经营轨迹。从"产品中心论"转向了"消费者中心论"，为后来的 4Cs 理论出现奠定了基础。

二、第二阶段：20 世纪 60 年代的产业营销

这一时期因为战乱的原因，产品不能充分满足个体消费者的需求，因此营销的目的是促进国家经济发展，这一时期产品的特点是不重视包装、设计、品质，只重视互换性和单一性。这一时期重要的营销思想主要有以下内容。

1960 年杰罗姆·麦卡锡(E. J. McCarth)在市场销售组合理论的基础上提出了 **4Ps 组合**。

他把企业可控制的销售因素分为产品(Product)、渠道(Place)、促销(Promotion)和价格(Price)四类，因其英文字头都是 P，简称为 4Ps。这一营销组合便于记忆，为企业运用营销原理提供了方便。在 4Ps 组合的基础上，许多专家学者又作了进一步的补充和完善，形成诸如 7Ps 和 10Ps 等新的营销组合思想。

1961 年，美国哈佛大学管理学院的教授西奥多·莱维特(Theodore Levitt)发表了《营销近视症》(Marketing Myopia)一文，批评了大量生产的同一化和忽视消费者需求的

产业营销①。"营销近视症"就是不适当地把主要精力放在产品上或技术上，而不是放在市场需要（消费需要）上，其结果导致企业丧失市场，失去竞争力。莱维特断言：市场的饱和并不会导致企业的萎缩；造成企业萎缩的真正原因是营销者目光短浅，不能根据消费者的需求变化而改变营销策略。"营销近视症"的具体表现是：自认为只要生产出最好的产品，不怕顾客不上门；只注重技术的开发，而忽略消费需求的变化；只注重内部经营管理水平，不注重外部市场环境和竞争等。"营销近视症"的批判唱起了 4Ps 理论的反调，认为过去一味重视产品而不注重顾客的感受是不对的。

在此基础上，1967 年，约翰·霍华德和杰迪什·谢斯合作提出了"**买方行为理论**"（Buyer Action Theory），并在 1969 年形成了专著，这是运用行为学理论研究消费购买行为的学术成果。这一理论尝试着解释人们如何作出购买决策，力图从消费者的心理来解释购买需求。从此，将需求理论与购买行为作为理论基础的营销方法和策略研究具有更明确的针对性。

三、第三阶段：20 世纪 70 年代的非营利及社会营销

进入 20 世纪 70 年代，企业生产产品的能力大大增强，企业不仅销售可满足消费者需求的商品，并且致力于销售安全的、能够资源再利用，以及节约能源等能为社会利益做贡献的商品。这一时期的重要理论有 1971 年杰拉尔德·查特曼和菲利浦·科特勒提出的"**社会营销**"的理论。这一理论认为：人们应关注营销学在传播社会目标方面的意义，企业应当承担起社会责任并讲究社会效果。"社会营销"作为新的营销思想很快被列入营销观念的范畴，并体现于营销策略及应用过程，成为营销学的又一里程碑。

20 世纪 70 年代后期，美国及欧洲的服务经济迅速发展，林恩·肖斯塔克在 1977 年《营销杂志》上发表了关于"**服务营销**"的独特见解。肖斯塔克根据产品中所包含的有形商品和无形服务的比重的不同，提出了"从可感知到不可感知的连续谱系理论"，将服务业与产品制造业联系起来。服务业与普通行业并没有本质的不同，其区别仅仅在于服务业用于为用户提供服务的媒介是无形的，或虽有形但与他人共用，因此任何一个以营利为目标的企业都可归属为服务企业，而任何产品（不论是有形或无形）都可视为企业向用户提供服务的媒介。这就是"服务营销"观念的基本原理。该观念认为，服务营销具有许多特点且有相对独立性，应当从传统的产品营销中解脱出来。1981 年布姆斯和比特纳（Booms and Bitner）建议在传统市场营销理论 4Ps 的基础上增加三个"服务性的 P"，即：人（People）、过程（Process）、物质环境（Physical Evidence）。

另外这一时期著名的理论还有通用电气（General Electric）提出的聚焦（FOCUS）理论，里斯和特劳特的定位理论等。1972 年，艾·里斯和杰克·特劳特阐述了"定位"概念，其核心内容是不论产品广告是否有定位意识，产品在顾客头脑中应有某种位置。我们将

---

① Levitt，Theodore. 1960. "Marketing Myopia." *Harvard Business Review*. Vol. 38，Jul-Aug，pp. 24 - 47.

在下文中详细阐述这些理论,因为它们被看作是广告学领域中的重要理论。

四、第四阶段：20 世纪 80 年代的服务营销

20 世纪 70 年代后社会结构加速分裂。从部门的重要性程度来看,以往不受重视的服务部门开始备受重视。美国西北大学的菲利普·科特勒(Philip Kotler)教授主张把营销领域扩向服务营销及非营利营销(Service Marketing and Non-Profit Marketing)。对应于社会结构分化和消费者生活形态扩大应运而生的旅游业、餐饮业、金融业等各服务行业开始发展,医院、学校等非营利组织的效率性运营使社会福利水平提高。这一时期的营销学的理论研究形成了以下几个重要的营销概念和思想。

1981 年,芬兰经济学家克里斯丁·格罗路斯(Christian Grönroos)发表了论述"**内部营销**"的论文。他认为,在培养经理和员工接受顾客导向的观念时,企业内部面临更重要的问题,即强有力的营销部门并非意味着顾客导向。企业内部各部门都要按顾客导向形成营销导向,这是企业适应顾客、适应市场的根本需求。企业的管理组织要营销化,也就是说,企业内部营销管理组织要具有顾客导向的观念。

1983 年,西奥多·莱维特发表了堪称里程碑的论文,明确提出了"**全球营销**"的概念。他认为不同国家的营销要素和手段有很大差别,而目前的企业在国际营销中过于注重当地的环境约束,从而降低了国际营销中的规模效益。因此,跨国公司应当向全世界提供相对统一的产品,采用统一的沟通手段。这一观点引起了极大的争论,一些学者反驳他的观点,力争"当地营销"的现实意义。而这些争论则为企业从事国际营销提供了两种并存不悖的思路,丰富了国际营销的内容。

20 世纪 80 年代"**直接营销**"的概念开始流行并引起广泛的关注。由于商品流通费用的上升,不通过零售商店出售产品,而是利用人员上门推销产品,或是供应商利用电话、电视直接销售产品的方式逐渐增多。这种以数据、信息为基础的营销方式取决于信息技术和传播技术的发展水平。这一时期渠道商利用信息技术开始整合产品资源,形成了"渠道商驱动的市场"。

1985 年,巴巴拉·本德·杰克逊强调了"**关系营销**"的概念。关系营销较之于交易营销更好地抓住了营销的本质。公司不是创造购买,而是在建立各种关系,如与顾客的关系、与中间商的关系、与传媒的关系、与政府机构的关系等。关系营销比其他的营销方式具有更高的效率。

在同一时期,菲利浦·科特勒又提出"**大营销**"的概念,强调政治权力与公共舆论的障碍及其克服的方法与技巧。此外,军事方面的理论与方法也应用于营销著作中。由于 20 世纪 80 年代全球经济尤其是美国经济滞缓,营销理论与方法的创新十分活跃。

五、第五阶段：20 世纪 90 年代以后的营销新潮

20 世纪 90 年代,传统的顾客导向(Customer-Oriented)营销概念被表现更积极的

"顾客满意"（Customer Satisfaction）营销概念所取代。1991 年克里斯托弗（Martine Christopher）等的研究成果"关系营销"受到人们重视。它通过使产品质量和消费者、服务及营销一致化的关系营销，强调产品与顾客的关系。这虽然不是需要完全改变以往的营销概念的崭新概念，但与以往以消费大众为目标市场的营销相比，关系营销是以与个体消费者的一对一关系为目标的双向传播。从这个意义上说，它与西北大学舒尔茨等提出的整合营销传播的内容很相似，即把消费者视为信息处理者的新观点，使接触到传播的人以一个整体的单位来接受与自己相关的一切。广告主不会再进行面向顾客的独白，而是尽量促成一种与消费者的对话和交流，以得到顾客的行为反应。

20 世纪 90 年代以来，营销学理论与方法最具代表性的概念是**"合作营销""绿色营销"**和**"网络营销"**。这三大营销概念皆能够顺应时代的需求，将营销与市场发展的最前沿结合起来，体现了营销学理论的与时俱进，又能进一步顺应"以人为本"的大趋势。这里要重点提到的是"网络营销"。网络营销是伴随着互联网和电子商务的发展而出现的新的营销概念。它不仅是单向信息流的载体，而且是信息互换的手段；网络服务不仅能帮助交易双方达成合约，而且能为物流服务和结算服务提供新的途径；在网络技术日益发达的 20 世纪末和 21 世纪初，网络已经成为营销信息沟通的非常重要的渠道。此外，由于企业内部信息系统的完善，生产、分销、采购和供应链管理趋于信息化和网络化，网络促成了企业内部各部门的营销导向，使企业内部营销发生质的变化。尤其值得一提的是，网络技术在收集客户资料、建立营销数据库以及营销活动面向全球化的过程中起到了不可忽视的作用。

纵观营销学从 20 世纪 50 年代到 90 年代的发展，我们可以清晰地看到营销学的发展轨迹和变化。从最初的关注产品到关注消费者、从关注大批量的产业营销到关注一对一的个人营销，从关注商品交易的推销到关注与顾客沟通感情的关系营销，营销学从传统走向现代的轨迹清晰地勾勒了整合营销的未来。通过对营销学发展历史的剖析，整合营销在 20 世纪 90 年代后期的出现已经成为历史的必然。我们以图 3－1 来揭示这种发展趋势。

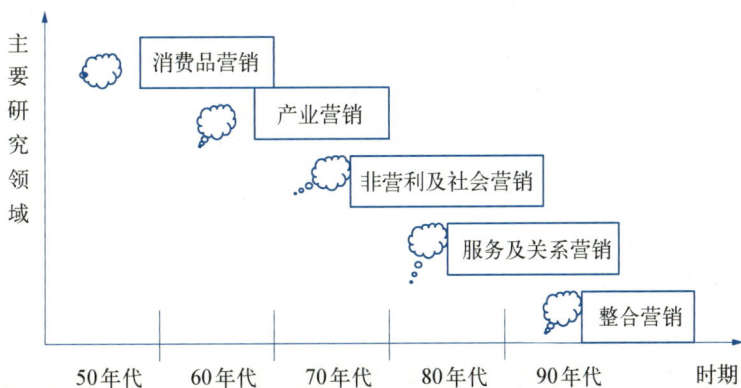

图 3－1　营销观念变化①

---

① 转引自〔韩国〕申光龙：《整合营销传播战略管理》，中国物资出版社 2001 年版，第 48 页。

第二节　传播学的研究视野

传播学诞生于 20 世纪 20、30 年代的美国。

传播学的历史大致可以分为三个阶段。20 世纪 20、30 年代到 40、50 年代的早期阶段；50 年代到 70 年代的中期阶段；70 年代后期至今的后期阶段。这几个阶段中的不同理论以及它们所描述的重点充分表明了传播学研究从重视传播来源到重视受众的视角的转移。

一、早期传播学理论：以"魔弹论"为代表的强大效果理论

这一时期为 20 世纪 20、30 年代至 40、50 年代。早期的传播学理论是以"魔弹论"为代表的强大效果论。"魔弹论"认为：媒介发出的信息如同子弹一样，而受众就像射击场上的靶子，只要被魔弹击中就会立即倒下，毫无还击之力。媒介处在引导和控制受众的地位，而受众则处于被动挨打、毫无还击能力的地位。这个理论在传播学诞生之初的 20 世纪 20、30 年代盛行一时的原因是由于传播技术的局限，受众所接触到的信息量极为有限，而这些信息又都来自大众传媒，因此受众在大众传媒面前处于被动挨打的局面。1938年，美国哥伦比亚广播公司制作了著名的广播剧《火星人入侵地球》，在没有电视、没有互联网的情况下，受众借以获取信息的主要手段是广播。而这一广播剧制作得绘声绘色、惟妙惟肖，其情景让人感觉火星人真的已经来到地球。一时间造成了大量受众的恐慌：妇女儿童躲在家中不敢出来，人们在大街小巷上疾走逃窜，传递着"火星人已经来到地球"这样一个事实。大众传媒的影响力可见一斑。

产生这种理论的社会背景有三。第一个背景是"大众社会"(Mass Society)的产生。20 世纪初，近代的工业文明浪潮已经形成汹涌澎湃之势，机器的喧嚣之声日盛一日，许多严重的社会问题暴露出来。一些社会学家将工业革命看作一道分水岭：在工业革命之前的社会，人与人联系的纽带是伦理、亲情、血缘关系等；而工业革命之后的社会则靠法律来维持。著名的社会学家裴迪南·滕尼斯在其 1887 年问世的《礼俗社会与法理社会》(*Community and Society*)中，明确地将工业革命前后的社会分为"礼俗社会"与"法理社会"[①]。法理社会是由工业化造成的。由于工业化对于专业的分工要求越来越细，人与人的交往就势必越来越疏远，社会依靠强制性的契约来明确每个人的社会角色及职责。因此受众处于一种无依无靠、孤苦伶仃的状态中，人们在内心深处彼此隔绝、十分孤独。早期的传播理论既然以这种受众为传播对象，那么对这种形单影只、如一盘散沙的传播对象，大众媒介自然不费吹灰之力，产生了所谓的"靶子论"或"魔弹论"。

---

① 转引自李彬：《传播学引论》，新华出版社 1993 年版，第 171 页。

　　第二个背景是两次世界大战中的宣传战。在第二次世界大战中,当同盟国和协约国在战场上进行厮杀的同时,战场下也展开了一场宣传战的较量。各国纷纷运用手中的宣传工具(例如扩音器、传单、小册子)等,极尽夸张宣传之能事,在言辞描述上将对手置于死地。"二战"期间,以社会心理学家霍夫兰为代表的一批学者开始了对宣传战的研究,这便成为传播学研究的萌芽。"劝服"理论在当时成为受人关注的理论,"劝服"理论的大致含义是:我应该怎样说、说些什么,才能够使你接受我的观点。换言之,我应该怎样对你传播才能达到最好的传播效果。这一系列理论的出发点完全是从传播者出发,对传播者应采用的传播手段、方式、内容等进行研究以求达到最好的受众听从效果。在这些理论中,传播者在信息处理中完全处于主动地位。

　　第三个背景是当时名噪一时的心理学上的"刺激-反应"论。著名心理学家巴甫洛夫的"狗与铃铛"的实验对后来传播学的研究有着不可磨灭的影响。在每天按时给狗喂食物的同时摇响铃铛,狗在听到铃铛声时就会自动分泌唾液。久而久之,即使不给狗喂食物而只摇铃铛,狗在听到铃铛声后也会不由自主分泌唾液。这就是著名的"刺激-反应论"。这种理论蔓延到传播学当中,人们认为接受大众媒介的刺激在受众脑海中成了一种下意识的反应,只要接受大众媒介的刺激,受众就会情不自禁做出反应。

　　这一系列背景使得媒介的效果在当时威力无比成为必然。同时我们可以看到,强大效果理论的局限性在于:它过分强调了大众传播的影响力,而忽视了受众的自主能力。

　　由于营销传播中需要采用传播媒介来实施销售措施,因此我们不难了解到:这一阶段中的大众传媒尤其是广告的传播占据了明显优势的地位。大众传媒以其战无不胜、攻无不克的力量持续对手无寸铁的大众施加影响。对于缺乏信息来源的受众来说,唯一的了解和接触商品的信息的来源就是广告,而广告作为说服性的大众传播,它的特点与说服性传播相同。从营销学角度看,这种说服性传播是把消费者视为可操作对象进行的传播活动。它产生于20世纪后形成的大众化社会的阶段。所以,如果把它作为前提,那么营销传播所依据的观点就是作为操作性营销的基础的"刺激-反应"观点。

二、中期传播理论:有限效果论

　　20世纪五六十年代由卢因等心理学家的研究发现:受众并不是那么被动和不堪一击。由于人际传播的影响,受众本身的个性、心理因素以及环境等各种要素的影响,受众也有选择接收信息以及接收何种信息的权利。于是有了相应的"有限效果论",这一理论认为大众传播的效果是有限的。它要对受传者产生影响,必须通过一系列的中介因素。这些中介因素包括个人接收信息必经的选择过程、群体规范形成的压力以及各种个人影响等。根据美国传播学者德福勒的概括,受众与媒介之间的缓冲体大致分属于三个方面:(1) 个人差异。每一个受众都是有个性的,个体的差异导致个体对于相同的信息会产生不同理解,因此同样的传播信息经过同样的传播媒介到达受众那里时所得到的效果并不一样。(2) 社会类型差异。社会类型强调的是不同的群体对相同信息的不同反应。例如，不同的社会群体可能有语言、文化、宗教信仰方面的差异，对于同一信息的理解自然会有不同。(3) 社会关系。媒介既要对受众个体进行解剖，更要将受众置于一定的社会关系中进行考察。盘根错节的人际网络把受众结成一个牢固的整体，信息要想打动受众，首先必须作用受众群体，而影响群体则显然要比影响个体困难得多。这些受众的差异论都告诉我们，大众媒体要影响受众并不是一件简单的事情。

一些学者发现，受众更愿意通过人际传播的渠道来了解和获取信息，人际传播往往比大众传播能对受众产生更大影响。最为典型的有社会学家拉扎斯菲尔得所提出的"两级传播论"。该理论认为：信息总是先从大众媒介传播到舆论领袖那里，再从舆论领袖扩散给社会大众。在这里，舆论领袖的作用至关重要，而舆论领袖恰恰体现了人际传播的力量。

这一现象反映在营销学中，则出现了以人员推销、直复营销等以人为中介的营销手段，这种以个人为中介的营销手段更加人性化，注重和受众的沟通，在对某些特定商品的营销上，它能够取得更好的效果。不过该理论的局限性体现在：它虽然初步考虑了受众的差异性，在强大效果理论的基础上前进了一大步，但仍然没有摆脱受众被动的地位，媒介仍然是第一位的，而受众是第二位的。

三、近期传播理论：使用与满足理论

20 世纪 80 年代以后，新技术的开发和因特网的出现彻底改变了受众处于被支配地位的格局，铺天盖地的信息使受众有了极大的选择范围；新的媒体和互动技术的出现使受众可以按照自己的喜好来选择信息，如同在自助餐厅选择食物一样。在这一新的格局下，受众开始在信息传递过程中处于主导地位，而媒介按照受众的需求制造与传递信息。这一时期出现了两个著名的理论，一是鲍尔的"固执的受众"，二是威尔伯·施拉姆的"自助餐厅"。

鲍尔是哈佛大学的教授，他在 20 世纪 60 年代便提出理论认为：受众是顽固的，不是受人摆布的。信息不是被动接受的，而是被主动发现的。媒介不可能随心所欲地摆弄受众，"魔弹论"也无法成立。他认为：传播学不应该从信息怎样传给受众的角度看问题，而要在受众如何使用信息上做文章；不讲信息怎样给予受众，而讲受众怎样寻求信息。也就是说传播活动的主动权是由受众而不是由传播者所掌握。他有两句名言经常被人引用，他说，以往的研究总是关注"信息如何作用于受众"（What can the message do to the audience），而现在的研究应转变为关注"受众如何处理信息"（What can the audience do with the message）。这两句话反映了两个明显不同的研究方向：一个是从信息到受众，一个是从受众到信息；一个是关心信息的效果，一个是关心受众的需求；一个是认为传播者方面最重要，一个是认为受众方面最关键。受众犹如顾客，传播者只是听命于顾客、为顾客提供所需服务的招待。鲍尔被称为"受众第一论"的创始人，他的观点敲响了"魔弹论"的丧钟。

鲍尔的观点一经提出，大批学者开始了关于媒介"使用与满足"的研究。20 世纪 70

年代初以后,在英国、美国、日本、北欧、以色列等地,大批学者深感"效果"研究已经陷入僵局,纷纷采用另一种态度,从相反的一端来研究受众如何使用媒介、动机为何等。这一系列研究被统称为"使用与满足"研究。在这其中以传播学集大成者威尔伯·施拉姆的"自助餐厅"理论最为典型。施拉姆认为:受众参与传播就像在自助餐厅就餐,每个人都根据个人的口味和当天的食欲来挑选食品,而自助餐厅供应的五花八门的食物就相当于媒介提供的林林总总的信息。这个比喻不难明白,信息不是强行加诸受众,而是由受众自己选择和处理。使用与满足论特别强调受众的作用,突出受众的地位,认为受众通过对媒介的积极使用,实际上制约着整个传播过程。而受众怎样使用与选取媒介都是基于自己的需求和愿望。

这一理论在 20 世纪 70 年代提出,它对后来媒介理论的发展有着显著的预见性。如果说六七十年代电视的普及给了受众选择媒介的机会,那么,20 世纪末期出现的互联网才真正深刻地论证了这一系列理论的重要性与正确性。互联网出现以后的信息大爆炸,给了受众无穷大的选择权利。传播的主体越来越倾向于受众这一方已经是不争的事实。受众在互联网上淘取信息正像在自助餐厅选择食物一样,有着充分和无穷大的选择权利。1998 年,中国社科院新闻传播研究所明安香研究员提出"推"与"拉"的概念,认为以往的传播研究是注重于媒介怎样将信息"推"给受众,而互联网络出现以后,学者们要研究的是受众怎样从网上把信息主动"拉"出来。他更进一步提出在网络繁荣发展的年代,传者和受众已经没有明晰的界限,由于大家都可以在网上传递信息,也可以同时接收信息,因此传者和受众都将被一个新的词语"网众"所取代。20 世纪 90 年代末,大批传播学者争先驻足于网络传播研究领域,研究网络传播中"推(Push)"与"拉(Pull)"的情形。网络传播中"推"与"拉"的情形与在营销学的领域,由过去商家向消费者"推"出某一种新的产品转变为消费者从货架上把自己想要的产品"拉"出来,甚至可以向商家主动要求定制某种个性化的产品的情形不谋而合。而从"推"转向"拉"的这一转变正是营销学从传统营销传播转向整合营销传播的核心所在。从这一角度来看,传播学理论对于整合营销传播学理论基础的奠定可谓影响深远。

第三节　公共关系的研究视野

公共关系的发展经历了五个阶段:产生阶段、发展阶段、职业化阶段、成熟阶段和现代公共关系阶段。每一个阶段都有其各自的理论,而这些理论的发展对以后的整合营销传播都从不同角度发挥了作用。

一、公共关系诞生阶段:巴纳姆时期——公众受愚弄时代

有组织、有意识的公共关系活动,起源于 19 世纪中叶在美国风行一时的报刊宣传代

理活动。1833 年 9 月,本杰明·戴伊创办了第一张面向大众的通俗化报纸——《纽约太阳报》,从此开启了美国报刊史上以大众读者为对象、大量发行的、价格低廉的"便士报"时期。由于这种报纸发行量大,广告费用也迅速上涨,当时,一些大的公司和财团为了节省广告费,便雇佣专门人员炮制关于自己的煽动性新闻,以扩大影响。而报刊为迎合下层读者的需要,增加发行量,也乐于接受发表,这样一来,便出现了美国历史上有名的报刊宣传代理活动。

其中最突出的代表便是一个马戏团的经理费尼斯·巴纳姆(Phineas Barnum)。他的工作信条是"凡宣传皆好事",完全不把公众放在眼里。他不仅编造许多荒诞离奇的故事来吸引公众的注意和好奇,而且还熟练地利用大众传媒的神奇魔力,无中生有,愚弄公众。他的这种做法最终激起了公众的愤怒。不仅他的宣传完全不顾及公众的利益,而且当时的报刊宣传员都以获得免费的报刊版面为首要目的,这种做法与公共关系职业的基本要求和道德准则相去甚远。这种忽视公众利益的做法给现代公共关系的健康发展带来了巨大的负面影响。由此,人们把整个巴纳姆时期称为"公众受愚弄"时代。不过,虽然巴纳姆等一些人愚弄公众的行为应该受到谴责,但这在客观上促进了传播业的发展和现代公关的诞生。

纵观这一时期公关活动的特点,我们认为:第一,公关活动已带有一定的组织性和较为明确的目的性;第二,公关活动已不局限于政治领域,而逐渐与谋利愿望结合在一起,为公共关系向各行业、各领域的发展奠定了基础。

二、公共关系发展阶段:艾维·李时期——说真话时代

由于巴纳姆时期利用新闻媒介一味地制造虚假新闻、愚弄公众,所以当公众发现自己上当受骗时,那一股股怒不可遏的抵制浪潮几乎使得新闻媒介无立足之地,而那些"声名显赫"的工商企业也因此受到了公众的普遍怀疑而信誉扫地,整个社会几乎都陷入了信誉危机。这对当时的公共关系事业来说无疑是当头一棒,那些意气风发的公关人员驻足反思,重新审视这一全新职业的职业要求和职业道德,于是一些报纸杂志率先开始揭露实业界那些"强盗大王"的丑恶行径,从而掀起了美国近代史上著名的"清垃圾运动",又称"扒粪运动"。

在"扒粪运动"的冲击下,那些通过掌握舆论工具起家的声名显赫的大财团受到了公众的普遍怀疑与抵制。最终他们认识到:为求得生存与发展,他们必须取得公众的信任。于是他们纷纷从"修建"封闭的"象牙塔"逐渐转向"建造"透明的"玻璃屋",力图提高企业的透明度;让公众广泛地了解整个企业,以期取得他们的信任。而在这一过程中,以"讲真话""讲实情"来获得公众信任的主张被提了出来,并得到了越来越多工商界人士的支持与提倡。

艾维·李就是这一"讲真话"的公共关系思想的代表人物。他认为取得公众的信任和理解无疑是组织生死存亡的关键。因此他顺应了这一时代需求,以公众的需求为出发点,

致力于改变这种无中生有、制造"新闻"的状况,让重视公众利益的理念在当时成为不可逆转的潮流,从而使得公共关系进入一个"讲真话"的时代。他也因对公共关系发展做出的杰出贡献,而被人誉为"公共关系之父"。1903年,他开办了历史上第一家公共关系事务所,成为第一个职业公共关系人员,这标志着现代公共关系的问世。从此,公共关系事业进入了一个前所未有的发展时期。

艾维·李作为现代公共关系的创始人,虽然提出了一系列独创性的公关理论,并且由于他的极力推广,"讲真话"被当作公共关系的一条重要原则确立下来,但是由于受历史条件和个人精力的局限,他的这些从个人实践经验得出的理论缺乏系统性和科学性。随着公共关系事业的不断发展,这种建立系统理论的需求越来越迫切,而这个工作最终是由爱德华·伯内斯完成的。

三、公共关系职业化阶段:爱德华·伯内斯时期——"投公众所好"时代

爱德华·伯内斯(Edward L. Bernays)于1913年受聘于美国著名的福特汽车公司,担任公关部经理。第一次世界大战结束后,他和夫人在纽约开办了一家公共关系公司。1923年,他的第一本专著《舆论之凝结》(又称《舆论明鉴》)问世。在这本书中,他首次提出了**公共关系咨询**的概念。他认为,公共关系咨询主要有两个作用:一是为工商企业组织推荐它们应采纳的政策,而这种政策的实施必须符合公众的利益;二是把工商企业组织采纳执行的合理的政策、采取的有益于社会公众的行为广为宣传,帮助它们赢得公众的信任和好感。同年,他在纽约大学首次讲授公共关系课程。1925年,他的一本教科书《公共关系学》出版;1928年,另一本《舆论》出版。这样,通过他的不断研究和反复实践,公共关系的基本理论、原则和方法初步形成一个较为完整的体系。而在这些原则和理论中,他的公共关系核心思想是"投公众所好"。他认为,以公众为中心,了解公众的喜好,掌握公众对组织的期待与要求,确定公众的价值观念,应该是公共关系的基础工作;然后按照公众的意愿进行宣传,才能做好公共关系工作。

伯内斯以其不懈努力,为现代公共关系的发展做出了一系列重要的贡献:(1)使公共关系职业化;(2)使公共关系工作摆脱了新闻界附属的地位,开始独立自主地发展;(3)归纳出公共关系的运作程序、方法、技巧,提出了整个运作过程的8个基本程序;(4)初步建立了现代公共关系的理论体系;(5)强调了舆论及通过投其所好的公共宣传来引导公众舆论的重要作用;(6)主张获得公众的谅解与合作应当成为公共关系的基本信条。正是由于他孜孜不倦的努力,最终建立了一套具有完整体系的公共关系理论,从而使得公共关系成为一门独立的学科。

四、公共关系理论成熟阶段:斯科特·卡特利普时期——"双向对称"时代

第二次世界大战后,公共关系的实践和理论的发展进入了一个全新的阶段。以卡特利普、森特和杰夫金斯为代表的一大批公共关系专家和大师,在理论和实践上把公共关系

推向一个新的历史发展阶段。在公共关系学理论上，一系列重要理论陆续出现，形成了完整的公共关系学科思想，标志着公共关系理论建构上的成熟。

这段时期所产生的公共关系理论与传统的公共关系理论有所不同。传统的公共关系理论认为，在公共关系实践中，公共关系都是作为"一项具体工作"而表现出来。这类工作只注重将有关组织的信息扩散到组织的环境之中，而忽略将有关环境的信息传递给组织，实质上是把公共关系系统看成一个"封闭系统"。这种一厢情愿式的单向传递模式在特定的历史条件下可能会收到一定的效果，但因缺少公众参与，其弊端逐渐显露出来。

1952年，美国学者卡特利普（S. Cutlip）和森特（A. Center）出版的《有效公共关系》提出了"双向对称"的公共关系模式。他们认为：公共关系的最终目的是要在组织与公众之间形成一种和谐的关系。公共关系就是一方面把组织的想法与信息传播给公众，另一方面把公众的想法与信息反馈给组织。只有这样，才能够达到双向沟通的目的，从而产生对称平衡的良好环境。现代公共关系理论要求以"开放系统"的思想去分析公共关系问题，以"**双向对称**"的理论模式去规划公共关系工作，即组织与公众关系的维持与改变是建立在输出—反馈—调整的互动模式基础之上的。在这种模式中，公共关系具有潜在的、能够发挥参谋或顾问作用的能力，可以对决策过程施加影响。这种潜能能够在危机期产生控制局势的作用，而且作为外界环境的感应系统，公共关系还可以阻止潜在危机的发生。开放系统的"双向对称"公共关系模式一方面要把组织的行为和信息传递给公众，另一方面又要把公众的想法和信息传递给组织，从而使组织和公众形成一种互动的和谐状态。根据"双向对称"模式，组织必须区分那些对组织影响较大的公众，通过调查研究并展开适当的公关活动，以协调和这部分公众的关系。"双向对称"模式超越了原来的"单向沟通"模式，科学地界定了公共关系"传播沟通"上的双向互动特征，从而把"公共关系传播"与"宣传""广告传播"严格区分开来，因为后两者的沟通属性为典型的"单向传播"。"双向对称"模式迄今仍然属于现代公共关系活动采用的基本模式。而卡特利普和森特的《有效公共关系》一书，则被誉为"公共关系圣经"和"现代公共关系思想的基础"。

继而，一些学者在如何实践公共关系上提出了相应的理论。英国著名公共关系学专家杰夫金斯（F. Jefkins）提出了"公共关系工作六步曲"，即"估计形势—确定目标—确认公众—选择传播媒介与技巧—编制预算方案—评价结果"。"公共关系工作六步曲"对于公共关系工作管理和工作流程作出了科学规定，成为公共关系实务上具有突出意义的理论创建。马斯顿（J. Marston）把公共关系活动的过程概括为著名的RACE模式，体现了公共关系活动的四个主要环节：R（Research）——研究；A（Action）——行动；C（Communication）——传播；E（Evaluation）——评估。公共关系活动的起点是"调查研究"。只有在进行了详细而周密的调查研究的基础之上，才能够作出符合实际的公共关系活动的决策。公共关系六步曲和RACE模式有着许多相同之处，但是两者又从不同视角对于公共关系过程进行了剖析，建立起了公共关系过程分析模式。

这一时期其他的理论还有公共关系职能模式(PR's Function)、公众分类理论(Identifying and Describing Publics),以及公共关系角色理论(PR's Role)等。它们都各自从不同角度提出了公共关系新主张。20世纪70年代至80年代后公共关系理论进入创新发展时期。一批学者对公共关系管理进行了研究,"**公共关系管理**(PR Management)"理论成为主要理论思潮。这一阶段的主要理论着重于对公共关系管理中各具体阶段和要素的分析。许多学者针对公共关系管理过程提出了不同的模式,使公共关系理论进入完善和健全发展的阶段。

第四节　广告学的研究视野

广告也是营销传播中重要的部分。在学科领域划分中它既属于营销学研究领域,也属于传播学研究领域。广告理论的研究于20世纪初20、30年代属初创期,40、50年代产生罗瑟·瑞夫斯的USP理论,60年代产生大卫·奥格威的品牌形象理论,70年代产生艾·里斯和杰克·特劳特的定位理论,80年代产生品牌个性理论和CI理论,90年代产生整合营销理论。其中,定位理论可以算作是20世纪广告理论的经典,它包括了USP理论阶段、品牌形象理论阶段等,它的发展跨越最初的产品定位到消费者心理的定位,甚至到营销领域的企业战略定位,在广告、营销领域都有着重要的作用。以下,我们分别来介绍这些理论。

一、USP理论

第二次世界大战以后至20世纪50年代,经济得到迅速恢复并飞速发展,社会产品的数量和品种明显增加,但产品之间的差异化程度还较大,产品的同质性还不是很强;企业的生产能力进一步提高,市场格局已由卖方市场转向买方市场。由于产品品种的增多和竞争的加剧,而单靠一般化、模式化的广告创意和表现已不能引起受众的注意和兴趣,必须力求详细介绍产品的特点,指出产品之间的差异,以增强广告销售的效果。在这种情况下罗瑟·瑞夫斯的USP理论应运而生。简单来说,USP理论包括三个方面:(1)一则广告必须向消费者明确陈述一个消费主张;(2)这一主张必须是独特的,或者是其他同类产品宣传不曾提出或表现过的;(3)这一主张必须对消费者具有强大吸引力和打动力。

简单地说,USP理论就是"独特销售理论",也就是给产品一个卖点或恰当的定位。早期USP理论具有如下几个主要特征。

第一,关注产品本身。广告诉求以产品功能诉求为主。瑞夫斯始终强调的是产品本身引发人们的兴趣,而不是广告本身,广告则要从产品分析出发。

第二,从生产者的角度出发,以生产者为中心,运用广告进行产品推销,并以推销为直接目的。在 50 年代产品的差异性还比较大，只要找出产品本身的利益点，就很容易获得竞争力，有利于产品的销售。"USP 既是基于产品独特性的思考，又要在广告中把它变成一句有利的说辞。"①这种理论本质上是以生产者为本位，从已有的产品出发，用独特的推销手段将产品推销出去，认为广告代理商可以劝客户改变或改进其产品。

第三，广告传播具有单向性的特点。在大众营销时代，当时由于制造商控制着大部分的产品资讯，消费者通常是依据这些资讯从事消费行为。制造商可以选择涵盖面极广、极为普及的媒体，如广播网、电视网、全国性的杂志，同时影响为数颇多的消费者。而消费者是依据这些信息进行消费，因此单向沟通较为有效。此外也由于产品资讯有限，尽管后来有很多的新产品进入市场，由于没有其他的沟通渠道，消费者仍可以从当时的单向沟通中，选择和撷取自己所需要的和有价值的信息，生产厂商仍可以从单向沟通的广告中获利。

第四，早期 USP 理论仍是建立在"术"的探求的基点上。瑞夫斯对广告本质功能的认识是实效的推销术，认为广告就是考虑如何从产品自身出发，寻找产品本身的差异性，以尽可能低的成本让尽可能多的人记住一个独特的销售主张，这是对于广告"内容"的重视。

由于当时的历史条件的限制及营销学和传播学理论存在的缺陷，USP 理论不可避免地带有自身的缺陷。从上文对早期 USP 理论主要特征的分析可以看出：它注重产品木身，以产品及传播者为中心而很少考虑到传播对象。USP 理论的局限首先突出表现为以产品及产品功能为核心诉求的理论视点上。USP 理论强调独特、追求差异的本质自有其巨大的理论贡献。但是，这种独特的销售说辞，必须与消费者的实际利益需求与心理需求相对应，才能发挥最大效用。不从消费者利益出发，只注重产品及产品功能自身，以此建立起的广告独特销售说辞和差异化诉求，很容易与消费者的利益需求发生错位而沦为广告传播者的自说自话。

二、品牌形象理论

20 世纪 50 年代以后，西方经济发达国家的生产力得到迅速的发展，新产品不断涌现，同类产品在市场上的竞争十分激烈。许多广告人通过各种宣传和促销手段，不断为企业提高声誉，开创著名品牌产品，使消费者根据企业的名声和印象来选择商品。在此期间涌现了一大批著名的广告人，广告思想都以树立品牌形象为核心，在客观的广告实践上，推动了企业营销活动的开展。这一时期最具代表性的人物就是被称为"形象时代建筑大师"的大卫·奥格威，他的最著名的命题之一就是"每一个广告都是对品牌印象的长期投资"。20 世纪 60 年代是一个社会急剧发展变化的时代。社会生产力的进一步发展、产品的空前丰富，买方市场逐渐形成。机器大生产造成了产品的同类化程度日趋严重，寻找产品的 USP 逐渐变得困难。在这样的背景下，大卫·奥格威已经明显地感觉到广告必须从

---

① 何佳讯编著：《现代广告案例——理论与评析》，复旦大学出版社 1998 年版，第 282 页。

原来的对产品独特功能的诉求转移到对品牌形象的塑造上来。产品是相似的,创意可以模仿,但品牌却有着别人难以模仿的个性。

从产品到品牌,看似一种细微的差别,但其中却蕴含着划时代的变革。产品的特性满足的是消费者的具体使用方面的要求,而品牌带来的却是一种不能替代的精神需要和心理感受。这就是奥格威品牌理论在当时特定的社会条件下的理论创新意义。对于品牌,奥格威这样认为:"品牌是一种最错综复杂的象征,它是品牌属性、名称、包装、价格、历史、声誉、广告方式的无形总和。品牌同时也因消费者对其使用的印象以及自身的经验而有所界定。"综合看来,他的品牌理论主要内容为以下两个方面。

第一,品牌必须有自己的个性。奥格威针对当时企业力图扩大产品适用范围的不切实际的主观意愿,指出:绝大部分厂商不能接受他们的品牌形象有一定局限性的事实。他们希望他们的品牌对每个人都适用。他们希望他们的品牌既适合男性也适合女性,既能适合上流社会也适合广大群众。结果他们的产品就什么个性都没有了,成了一种不伦不类的东西。

第二,树立品牌形象的长期性,保持品牌形象的一致性。创建一个品牌形象是一个长期的过程。任何缺乏长远目标、只求眼前利益的短期行为都不可能塑造消费者心中的良好品牌。"每一则广告都应该被看作是在对品牌形象这种复杂现象做贡献。"它是对品牌形象的长期投资。应该考虑每一个广告是否对产品的形象有利,也就是说,广告必须保持一贯的形象。

三、定位理论

定位理论的创始人是艾·里斯和杰克·特劳特,他们于 1969 年 6 月在《广告行销杂志》发表了《定位:同质化市场突围之道》一文,其中首次使用了"定位"一词,用来指在产品模仿日盛的市场环境里新的市场竞争策略和手段。此后,1972 年 4 月 24 日、5 月 1 日和 5 月 8 日他们在《广告时代》期刊上连续发表了系列文章,公开宣称创意时代的结束,定位时代的来临。

1981 年艾·里斯和杰克·特劳特在实践的基础上出版了《广告攻心战略——品牌定位》一书,对"定位"一词做了如下解释:定位是企业对潜在顾客的心智下功夫,也就是把产品定位在未来潜在顾客的心中;定位是"一种逆转的思考方式",不以产品为出发点,而是以潜在顾客心理状态为出发点。

艾·里斯和杰克·特劳特在 20 周年纪念版《定位》引言中再次对定位作了解释:定位要从一个产品开始。那产品可能是一种商品、一项服务、一个机构,甚至是一个人,也许是你自己,但是定位不是你对产品要做的事,定位是你对预期客户要做的事。换句话说,你要在预期客户的头脑里给产品定位。

1996 年杰克·特劳特又出版《新定位》一书。"新定位"是对定位理论的补充和完善,更加注重了定位理论在实践中的应用技巧。它提出三大核心话题:(1)"如何寻找好的定位"。特劳特借鉴心理学及生命科学的最新成果,提出营销定位的诸种心理原则及误区。(2)"如何进行再定位"。由于竞争与变化的需要,产品不可能一劳永逸地为自己定位,在适当的时机"再定位"是成功的保证。书中进行了大量的案例研究,具体展示和讨论"再定位的要素和方法"。(3)作者积 25 年的营销企划与咨询经验,总结出了一整套的"商业决策",具有直面问题的实用性和充满例证的实战性。

定位理论比较起品牌形象理论来可以说又前进了一大步。它首先要确立传播对象,从消费者的心理和品牌认知情况出发,确立诉求点,投消费者所好。这是一种以消费者为主体的传播观念。实际上,"定位"是产品为投消费者所好、以消费者对产品的心理需求而产生的对产品的定位。其次,这种定位是一种长久的产品情感需求,这个位置一旦确定起来,就会使人在产生一种特定需求时,首先考虑该品牌,从而奠定了该品牌在消费者心中的地位。最后,定位是一种关系,是潜在消费者与某个特定品牌之间的刺激-反应关系,这种关系使某种特定品牌在潜在消费者那里获得了绝对的优先权。定位的实质就是有的放矢的差异化传播。在定位理论中,我们能看到许多品牌形象理论被拓展的影子。

四、品牌个性理论

20 世纪 50 年代后,品牌内涵得到进一步挖掘,美国 Grey 广告公司提出了"品牌性格哲学",日本小林太三郎教授提出了"企业性格论",从而形成了广告创意策略中的另一种后起的、充满生命力的新策略流派——品牌个性论(Brand Character)。该策略理论在回答广告"说什么"的问题时,认为广告不只是"说利益""说形象",而更要"说个性"。由品牌个性来促进品牌形象的塑造,通过品牌个性吸引特定人群。品牌应该个性化,以期给人留下深刻的印象;应该寻找和选择能代表品牌个性的象征物,使用核心图案和特殊文字造型表现品牌的特殊个性。品牌个性论更进一步强调在与消费者的沟通中,品牌的"个性"比"形象"更为重要。该理论是品牌形象理论的更进一步深化。

从 USP 理论的注重产品到品牌形象理论的注重产品品牌,再到定位理论的注重品牌在消费者心目中的定位,最后到品牌个性理论的品牌形象个性化的发展趋势,广告理论对于产品形象的诉求逐步深入至个性化和人性化。这种品牌诉求与 90 年代整合营销传播理论的诉求越来越趋于一致。研究整合营销传播是与研究上述广告理论分不开的,而目前的整合营销传播理论也体现了上述广告理论发展所追求的极致。

第五节　整合营销传播的研究方法

整合营销传播尚未形成一个学科,目前,它只是上述所提到的众多学科相互交叉而产生的一个研究方向。但是,随着整合营销传播理论体系的不断构建以及它在实践中越来越广泛的应用,它将在众多学科中占据越来越牢固的地位,也将越来越具有独立的学科地位。

有关整合营销传播的研究方法，目前的文献涉及甚少。从现有一些学者的研究来看，所用的研究方法不外乎采用了传播学、营销学等社会科学研究方法；也有学者从一般的学科角度出发，认为"归纳法"与"演绎法"就是最好的研究方法。笔者考察了截至 2008 年 12 月底美国在各种公开刊物上发表的以整合营销传播为论题的论文约 150 篇，发现所采用的研究方法最多的有以下几种。

一、经验研究（Empirical Study）

经验研究是社会学研究的基本类型和方法之一。与纯理论研究方法相对应而言，它是指研究的实证性和操作化。概括来说，理论研究方法包括下述两种：（1）旨在建立一套概念体系的研究。如 T·帕森斯对社会系统和社会行为的考察即属此类。（2）旨在概括地提出一种理论以解释某种社会现象，但又不去加以验证的研究。在这两种纯理论形式中，概念是分析性的，仅仅指抽象层次上的范畴，如阶级、群体、社会组织。这些范畴的分析性差异是由抽象定义说明的，无需经验的证明。经验研究与之不同的是，其概念是需要操作化的，即通过操作定义说明概念所指称的、可被观测的经验内容，由此而建立的理论是一种操作化的、并受到经验事实检验的理论。在这个意义上，它在许多方面与实证研究有相似之处。

但经验研究又不同于实证研究（Positive Study）。实证研究这一术语常用于自然科学中，指采用科学的实证方法（特别是自然科学的实验法）对经验现象所作的研究，它强调知识的经验性和可检验性。在逻辑实证主义或逻辑经验主义者看来，如果某个关于客观世界的陈述无法被经验证实（或证伪），那么它就被认为是无意义的。传统的形而上学或神学的陈述就属于此类。实证研究取向主要在于需要通过实地的经验来证实或检验，而经验研究也会通过理论的归纳和演绎来得出新的结论。通俗来说，"经验研究"所回答的是"实际是什么"，这种"实际是什么"的描述并不是从概念到概念，也不是从科学实验到概念，而是从描述客观事实入手，解释这种现象为什么会发生，最后对未来进行一些预测的从事实到理论的方法。

在关于整合营销传播的研究过程中，学者们多在现有的营销传播理论基础之上，对现有的实践情况进行观察与分析，演绎出新的观点，进而推断出新的理论模型。在目前的文献中采用经验研究法的占 70%。

二、个案研究（Case Study）

这是关于对某个社会单位的生活全过程的描述或关于它的某个方面的个别事例和整体相关的事例描述的研究方法。它的优点是能较为详细深入地占有资料，为其他方式的研究提供参考或基础。由于整合营销传播的操作性极强，而整合营销传播思想是否能在企业中付诸实践又是众多学者关注的问题，因此个案研究的重要性在此不言而喻。例如汤姆·尼克松（Tom Nicholson）等人发表于 2002 年《整合营销传播》（*Journal of Integrated Marketing Communications*）杂志上的《总裁们希望从营销传播中听到什么：客观测量法与更有效的传播计划》（What Every CEO Wants to Hear from Communications：Objective Measures Essential to More Effective Communications Planning）一文详细描述了卡夫食品公司的整合营销传播战略和战术。克里斯汀·麦克丹尼尔（Kristin Mcdaniel）等人在 2005 年的《整合营销传播》（*Journal of Integrated Marketing Communications*）中的《回归自然》（Back to the Nature）一文也详细探讨了著名百货公司希尔斯（Sears）公司的营销传播计划。在各杂志发表的论文中，采用这一研究方法的论文篇数多达 90%。

三、问卷调查

问卷调查是一种采用自填式问卷或结构式访问的方法，系统、直接地从一个取自总体的样本那里收集资料，并通过分析这些资料来认识现象及其规律的社会研究方法。它适用面广，能对多数对象进行研究，调查访问紧贴现实社会，调查结果客观、公正，避免了人为因素的影响。为了解客户对于公司的满意度、整合营销传播渠道运用的效果以及员工的精神面貌等方面情况，对客户、员工或管理者直接进行调查也是了解他们态度的主要渠道。早在 1991 年，美国西北大学舒尔茨等人就在 4A 协会的赞助下对全美 100 多家广告代理公司进行了多达 89 个问题的问卷调查，旨在了解广告代理公司对"整合营销传播"的概念所了解和应用的实际情况。此后，类似调查又在北欧、大洋洲一些国家以及印度陆续展开。1997 年，又有一项典型的问卷调查在全美广告主中进行，调查者从全美的广告主名单中选取 1 000 位广告主，将一张包含 IMC 和其他广告方面问题的问卷发送到他们当中，了解他们对于 IMC 实施的各项看法。在得到数据以后再采用合适的统计分析工具来验证假设①。目前问卷调查方法在上述文献中约占 20%。

四、田野研究（Field Study）

田野研究是来自文化人类学、考古学、民族学、行为学等学科的研究方法，即为了取得第一手的原始资料，有意识地深入所有实地与参观现场的调查工作。这种研究在上述文献中较为少见，典型的有：汤姆·尼克松深入到卡夫食品公司进行了为期几个月的田野研究，设身处地地感受卡夫食品公司运用整合营销传播战略和战术来测量营销投资和传播策略等情况，并对 400 多位顾客进行了深度访谈，以了解顾客对于公司的满意程度（Tom Nicholson，2002）②。

---

① David N. Mcarthur, Tom Griffin. 1997. "A Marketing Management View of Integrated Marketing Communications." *Journal of Advertising Research*. September，October，pp. 19 - 26.

② Tom Nicholson. 2002. "What Every CEO Wants to Hear from Communications：Objective Measures Essential to More Effective Communications Planning." Journal of Integrated Marketing Communications. pp. 26 - 29.

五、因子分析法(Factor Analysis)

因子分析法是定量研究中统计分析法中的一种,用于分析一组多个变量之间的相互关系,并从中抽取其共同的、潜在的因子来解释这些变量,目的是要使包含在众多原始变量中的信息能够浓缩成一组少量的因子来表示,并使其信息损失量最小。一些 IMC 的实践者发现这一数据统计方法对数据库中客户信息处理尤为重要,它可帮助将大量的、复杂的个体和表层的或深层的诸多现象加以归类,将零散的客户分成不同的组群进行研究。在整合营销传播研究中,这种方法主要在对数据库进行研究中显示出价值。

另外,实验法、访谈法、比较分析法等研究方法也在 IMC 研究中有不同程度的运用。

思考题

1. 请阐述营销学各阶段的理论对整合营销传播的贡献。
2. 请阐述传播学各阶段理论对整合营销传播理论的贡献。
3. 请阐述公共关系学各阶段理论对整合营销传播理论的贡献。
4. 请阐述广告学各阶段理论对整合营销传播理论的贡献。

精讲视频

第四章　整合营销传播的研究现状

第一节　美国和其他国家的研究现状

一、整合营销传播的研究成果

美国是最早开始研究整合营销传播的国家。自 1989 年美国 4A 协会最早提出整合营销传播的概念以来，一些学者便在这个领域进行了相关的研究。1990 年以来，出现了从不同角度来研究整合营销传播的专著，我们将它们一一列举如下。

乔治·贝尔奇的《广告与促销：整合营销传播视角》(*Introduction to Advertising and Promotion: An Integrated Marketing Communication Perspective*)，1990 年。

唐·伊·舒尔茨的《整合营销传播》(我国翻译过来的版本也有的译为《整合营销沟通》)(*Integrated Marketing Communications*)，1993 年。

柏西·拉里的《整合营销传播实施战略》(*The Strategies for Implementing Integrated Marketing Communications*)，1997 年。

保罗·史密斯的《营销传播策略：一种整合的方法》(*Marketing Communication Strategy: An Integrated Approach*)，1997 年。

克拉克·凯伍德的《战略公共关系和整合传播手册》(*The Handbook of Strategic Public Relations and Integrated Communication*)，1997 年。

唐·伊·舒尔茨、杰弗里·沃尔特斯的《测量品牌传播——客户投资回报率》(*Measuring Brand Communication: ROI*)，1997 年。

约翰·博纳特、莫里提·桑德拉的《营销传播学概论：一种整合的方法》(*Introduction to Marketing Communications: An Integrated Approach*)，1997 年。

约瑟夫·塞尔奇的《整合营销传播：一种系统的方法》(*Integrated Marketing Communications: A System Approach*)，1997 年。

托马斯·海里斯的《增值的公共关系：整合营销秘密武器》(*Value-Added Public Relations: The Secret Weapon of Integrated Marketing*)，1998年。

特伦斯·辛普的《整合营销沟通》(*Advertising Promotion Supplemental Aspects of Integrated Marketing Communications*)，1997年。

简·奥格登的《发展创造性和革新性的整合营销传播计划》(*Developing a Creative and Innovative Integrated Marketing Communications Plan: A Working Model*)，1998年。

汤姆·布兰娜的《整合营销传播的一种操作性指导》(*A Practical Guide to Integrated Marketing Communications*)，1998年。

歇里·非格森的《传播策略：一种整合的方法》(*Communication Planning: An Integrated Approach*)，1999年。

叶什·汤尼的《整合营销传播》(*Integrated Marketing Communications 1999－2000*)，1999年;《整合营销传播：一种全盘途径》(*Integrated Marketing Communications: The Holistic Approach*)，1999年。

格朗斯特德·安德森的《以顾客为中心的时代：从世界不同等级公司的整合营销传播中学到的》(*The Customer Century: Lesson from World Class Companies in Integrated Marketing Communications*)，2000年。

吉卡吉·伯纳德的《IMC：整合营销传播演习》(*IMC: An Integrated Marketing Communications Exercise*)，2000年。

唐·伊·舒尔茨、菲利普·凯奇的《全球整合营销传播——一种整合营销方法》(*Communicating Globally: An Integrated Marketing Approach*)，2000年。

塞米尼克的《促销与整合营销传播》(*Promotion and Integrated Marketing Communications*)。

唐·舒尔茨、海蒂·舒尔茨的《整合营销传播——创造企业价值的五大关键步骤》(*IMC, the Next Generation: Five Steps for Delivering Value and Measuring Returns Using Marketing Communication*)，2003年。

汤姆·邓肯、桑德拉·莫里亚蒂的《品牌至尊：利用整合营销传播创造终极价值》(*Driving Brand Value*)，2000年。

汤姆·邓肯的《广告与整合营销传播原理》(*Principles of Advertising and IMC*)，2005年。

汤姆·邓肯的《整合营销传播：利用广告和促销建树品牌》，2005年。

唐·伊·舒尔茨的《论品牌》(*Brand Babble*)，2007年。

随着在美国产生的IMC理论传向欧洲，1995年在英国出版了伊恩·林顿(Ian Linton)和凯尔文·莫里(Kevin Morley)所著的《整合营销传播》(*Integrated marketing Communications*)一书，根据现存理论对IMC理论在欧洲的适用性进行了修改。

2001年，韩国学者申光龙在潜学7年后，对IMC理论进行了系统整理，出版了《整合营销传播战略管理》一书。这本书也结合了中国的情况进行了一些分析，所阐述的论点有针对性。

在亚洲地区，1994年唐·伊·舒尔茨等人的著作被翻译成韩文、中文、日文，这些理论的介绍和引进在亚洲地区学术界引起了广泛关注。不过，比起理论界来，广告代理公司与公共关系代理公司更加关心IMC理论。

在日本，最大的广告公司——电通公司通过1993年12月的《月刊广告》杂志第一次初步介绍了IMC理论。此后，该杂志连续18期系统介绍了IMC理论和案例研究，在日本奠定了IMC研究的基础。此外，相关联的著作有1994年早稻田大学的小林太三朗教授所出版的《生存广告12章——新广告的构筑和其方向》一书，它论述了IMC理论在日本的适用可能性。韩国与中国台湾的IMC研究几乎处于同一水平，学术界主要是介绍美国或日本的现存研究成果，广告业则是以几家大型广告公司为中心研究IMC理论在本地实际应用的可能性。

在学术论文方面，截至2010年底，美国在各种公开刊物上发表的以整合营销传播为论题的论文约157篇[①]，其中有85篇是来自发表于各种营销、广告和公关杂志上的论文，有72篇是来自发表于西北大学所创办的《整合营销传播》（*Journal of Integrated Marketing Communications*）杂志上的论文。

专业杂志有西北大学的《整合营销传播》。该杂志2001年创刊，每年一期，截至2009年底，这本杂志上的论文一共有72篇。另外，其他一些杂志例如《广告研究》（*Journal of Advertising Research*）、《广告》（*Journal of Advertising*）、《营销传播》（*Journal of Marketing Communications*）、消费者营销（*Journal of Consumer Marketing*）、《广告国际期刊》（*International Journal of Advertising*）、《促销管理》（*Journal of Promotion Management*）、《战略营销》（*Journal of Strategic Marketing*）等都经常刊登整合营销传播内容的文章。

在整合营销传播的学科建设方面，1992年美国西北大学麦迪尔新闻学院开设了全世界第一个整合营销硕士课程，并将舒尔茨与劳朋特在1993年所著的《整合营销传播》（*Integrated Marketing Communications*）和1993年圣地亚哥大学教授乔治·贝尔奇和迈克尔·贝尔奇的《广告与促销：整合营销传播视角》（*Introduction to Advertising and Promotion: An Integrated Marketing Communication Perspective*, second edition）作为教材。2003年，佛罗里达州立大学的传播系开设了整合营销传播课程，以唐·伊·舒尔茨的《整合营销传播——创造企业价值的五大关键步骤》一书为指定教材。威斯康星大学麦迪逊分校也给营销高层管理人员开设了整合营销传播的继续教育课程。伊萨卡学院的传播系也设立了整合营销传播学士学位点。目前整合营销传播课程已经在全美几十所大

---

① 经笔者于2008年11月在EBSCO数据库上以"Integrated Marketing Communications"为标题所作的检索。

学中陆续开设。另外,其他一些国家例如加拿大的汤姆逊河大学也开设了整合营销传播课程。澳大利亚昆士兰大学设置了整合营销传播硕士点等。

关于整合营销传播的专业协会尚未建立,但美国广告代理商协会(4A,American Association of Advertising Agencies)为整合营销传播理论的发展和推广做出了重要贡献,也成为整合营销传播研究的重要基地。早在 1989 年,4A 协会就与全美广告主协会一起进行了首届针对全美消费者和广告主的关于 IMC 研究的调查,旨在了解 IMC 含义被了解的程度和在企业中被实施的程度。在调查报告的基础上,4A 协会为整合营销传播作了第一个权威性的定义,而这个定义在此研究领域内至今被学者们频繁引用。

另外全美广告主协会(Association of National Advertisers)也是引领学术界进行广告、公关、营销传播研究的重要基地。该协会的成员包括 400 多家企业的 9 000 个品牌。协会力图传播优秀的营销广告实践案例、管理业界事件、协调各企业的关系以及推动或保护所有营销家和广告家的权益等。

自从 1990 年开始,全球已经有四项重要的整合营销传播研究成果陆续问世:第一,科罗拉多大学(University of Colorado)与《广告时代》(*Advertising Age*)共同对 240 个美国企业所做的研究。第二,美国西北大学与美国广告代理商协会合作进行的以美国为据点的超大型企业的 IMC 现状调查研究。第三,任教于英国克兰菲尔德大学管理学院(Cranfield's School of Management)的海伦·米切尔教授(Helen Mitchel)对英国企业进行的 IMC 研究。第四,印度奥美直销广告公司的斯里德(R. Sridhar)对印度企业实行 IMC 的研究。这四项研究报告所得出的两个共同结论是:(1) 整合营销传播是一个了不起的概念;(2) 真正实践整合营销传播的公司太少了。

二、整合营销传播的主要研究领域

笔者根据对上述学术论文的综合概览,结合整合营销传播的经典著作进行文献分析,归纳出整合营销传播理论自创立以来的主要研究领域有如下内容。

1. 整合营销传播的理论建构

虽然整合营销传播还未形成一门"显学",但已经具备了初步的理论框架,因此对其理论体系建构的研究必不可少。这首先体现在对 IMC 概念的辨析上。目前对概念的研究主要从舒尔茨、邓肯、诺瓦克和菲尔普斯等学者及美国 4A 协会所下的定义入手,归纳出整合营销传播的互动、关系、整合、动态发展的特征。在此基础上,一些学者也提出了新的看法。例如,马尼拉学者杰瑞·克莱克欧(Jerry Kliatchko)认为现今的 IMC 概念应该从"一种声音""整体协调"等要素转移到"以顾客为中心""战略性""测量方法"以及"打造品牌"等要素上;他个人认为新的 IMC 定义应该包括三个要素:"受众核心""渠道中心"和"效果导向"[①]。

---

① Jerry Kliatchko. 2005. "Towards a New Definition of Integrated Marketing Communications." *International Journal of Advertising*. 24(1), pp. 7 - 34.

其次在理论方面还有对经典理论模型的探讨和新的理论模型的建构,例如直营客户关系管理(CDRM)、客户关系管理(CRM)、客户投资回报率(ROCI)、投资回报率(ROI)、CAP 等理论模型都有学者作过专文探讨。

2. 关于整合营销传播步骤的研究

如果说 1993 年舒尔茨的著作《整合营销传播》主要是提出了整合营销传播的理念,那么在他 2004 年的《整合营销传播——创造企业价值的五大关键步骤》一书中则详细而有针对性地提出了整合营销传播的实践操作过程[①]——"识别客户""评估客户""创建并传递信息""评估客户投资回报率""预算分配"五个方面,指明了整合营销传播应该如何实现从战略到战术的深化。此后关于如何实施这些步骤以及每一步具体会遇上什么问题,学者们对此开始了深入的研究。一些学者也预言在 IMC 研究中会慢慢淡化对于"整体"的研究而转向对各个要素的具体研究。

3. 关于消费者的研究

消费者成为整合营销过程中的关注重心,在很多文章中出现了如何建立消费者数据库、如何对消费者进行评估、如何激起消费者对品牌的兴趣、如何尽快获知并达到消费者的需求,以及如何测量消费者的忠诚度或保留住终身消费者等内容。在这其中最为集中的是关于如何采用各种手段满足顾客需求的探讨。例如,罗德里各·格里昂(Rodrigo Grion)分析了顾客的种种特性,提出建立满足顾客需求的项目,从而使短期消费者转换成长期消费者等[②]。

4. 关于整合营销传播中各种新技术和媒介手段的运用研究

整合营销传播与传统营销传播的一个很大区别是在整合营销传播中多种传播工具和手段的运用,例如大众传媒、舆论领袖、人际传播、分众传媒、互联网络等。虽然营销人员曾经崇尚"对合适的营销目标采用合适的渠道(Right Channels for Right Purposes)"[③],但随着新媒体的出现以及顾客的分众化与个性化越来越强,要尽量使用多种媒介渠道以满足顾客的需求。

5. 关于品牌的研究

邓肯和大卫·艾克等学者曾经一再强调品牌是整合营销传播的终极追求,一些学者在对品牌的研究中探讨出了更多的含义。例如有学者论述了在营销活动中品牌并不是终点,它是产品与顾客建立联系的渠道,这种联系营造出一种"品牌化的娱乐营销"的文化氛围[④]。另外一些研究包括品牌策略建设、品牌维护、品牌与顾客的关系等。

① 〔美〕舒尔茨等:《整合营销沟通》,孙斌艺、张丽君译,上海人民出版社 2006 年版。

② Rodrigo S. Grion. 2004. "Rethinking Customer Acquisition before talking Retention." *Integrated Marketing Communications*. pp. 29-33.

③ Regina Connell. 2002. "Creating the Multichannel Experience: Loyalty Panacea or Herculean Task?" *Journal of Integrated Marketing Communications*. pp. 11-15.

④ Melissa Dawn Johnson. 2007. "Culture and Connection." *Journal of Integrated Marketing Communications*. pp. 24-27.

6. 关于营销传播的测量

包括营销传播中各种工具和媒介手段的运用测量、营销传播效果的测量、用户满意度的测量和不同测量手段的运用等。例如,维克朗姆·马黑达(Vikram Mahidhar)等提出了整合营销传播效果测量的新系统,其中包括几个衡量标准:使战略目的、战术过程以及营销结果都能保持一致;体现整个营销过程韵律性的协调;对于客户和市场特征的灵活适应性等①。测量工具的使用使得研究成果进一步量化,是整合营销传播从定性研究走向实证研究的重要步骤。

第二节　整合营销传播在中国的发展

整合营销传播理论被引进中国是在 1996 年。1996 年 9 月至 1997 年 10 月,中山大学卢泰宏教授与合作者先后在《国际广告》杂志上发表了 IMC 系列文章共 7 篇,这是国内最早介绍整合营销传播的系统性文章。1997 年 9 月,赣南师范学院李世丁教授主持的"IMC 的理论框架与企划模式研究"获得国家教委"九五"规划项目资助。1998 年 2 月,南开大学韩国留学生申光龙答辩通过了其博士论文《整合营销传播战略管理》,2001 年由中国物资出版社出版。这是国内最早有关整合营销传播的专著。1998 年 3 月,唐·伊·舒尔茨等人的《整合营销传播》一书的中文译本由内蒙古人民出版社出版,受到广泛的关注。2000 年 8 月,科龙集团营销副总裁屈云波在国内主要家电企业科龙组建"整合营销传播部",成为国内实践 IMC 的先行者。2001 年 10 月,唐·伊·舒尔茨教授应邀在中国各地就 IMC 做多场专题报告和演讲。2002 年 5 月,舒尔茨教授又做客央视《对话》栏目,与中国的企业家和观众进行 IMC 的探讨。2002 年 7 月,上海奇正"舒尔茨整合营销传播研究所"在中国首开 IMC 培训师课程。舒尔茨教授亲自授课,并开发中国案例。当时参加培训的企业多为中小企业。2003 年和 2004 年,舒尔茨教授的新作《全球整合营销传播》和《整合营销传播——创造企业价值的五大关键步骤》也被译成中文版出售,一时间成为中国热门畅销书籍,并被一些专业的整合营销课程作为指定教材。1998 年,清华大学EMBA 与香港大学合办了"整合营销传播研究生班",每年一届。相继,北京大学新闻与传播学院也开设了"整合营销传播"在职研究生方向,至 2008 年已经培养了 6 届学生。另外,在浙江大学等一些学校,整合营销传播作为一门课程正在开设。整合营销传播的理论和实践在中国正在受到普遍的关注。

在理论界,截至 2025 年 1 月,国内在各级期刊上以"整合营销传播"为标题的文章约有 900 多篇,与此主题相关的论文有 2 300 多篇。刊登这些论文的杂志从 2010 年前的《中

---

① Vikram Mahidhar, Christine Cutten. 2007. "Navigating the Marketing Mesurement Maze." *Journal of Integrated Marketing Communications*. pp. 41 - 46.

国广告》《广告大观》《国际广告》《公关世界》等广告类杂志扩展到各行各业的杂志,可见,整合营销传播已经蔓延到各行各业的研究中。

近年来 IMC 也逐渐成为一些硕士生和博士生的研究方向。至 2025 年 1 月底,以"整合营销传播"为题的硕士、博士论文就有近 400 篇。较有影响的有武汉大学何西军的博士论文《网络时代的整合营销传播》等。

但中国所出版的专著较少,主要有上海交通大学竺培芬、胡运筹在 2000 年 8 月出版的《整合营销传播学》,浙江大学卫军英教授先后出版的《整合营销传播理论与实务》《整合营销传播:观念与方法》和《整合营销传播典例》。韩国学者申光龙 2001 年在中国出版的《整合营销传播战略管理》可以被看作是较为成功的一本。这本书着眼于企业未来利害关系者的需求,在全面综述、归纳、提炼以往的 IMC 理论和方法的基础上,提出了全新的 IMC 战略管理理论与操作方法,尤其是立足于未来的 IMC 战略实践,尝试性地探讨了诸多的 IMC 战略及战术模式与应用途径。在撰写原则上体现了理论与实践、思想原则与操作方法的结合。总体来说,国内学者虽然热衷于从不同角度对整合营销传播进行研究,但是能够系统、深入研究 IMC 的仍然是少数。

上述学术论文和著作,内容大致分为几个类型:(1) 对 IMC 理论尤其是概念的剖析,如卫军英的《整合营销传播观念的理论建构》(2007 年 4 月);(2) IMC 在各个企业中的实际应用主要采用案例分析法,如武少玲的《海尔集团的整合营销传播策略及其启示》(2005年 4 月);(3) IMC 在中国的发展前景展望等,如杨明刚的《整合营销传播理论精要及其发展方向》(2004 年 5 月)、薛敏芝的《整合的效果与价值的创造——IMC 在中国的现实及其思考》(2003 年 7 月)等。其中,绝大多数内容是关注整合营销传播理论在中国企业中的实施状况。对此有积极的结论,也有消极的结论。(4) 对 IMC 在互联网时代发展的思考,如由张敏、许焕、张国军编撰的,南京大学出版社出版的《新媒体整合营销传播》就是一个典型案例。

为整合营销传播做出贡献的专业协会主要有"中国广告主协会"。它成立于 2007 年,成立之初聘请几位以整合营销传播为研究方向的专家组成专家团队,进行 IMC 方面的培训和课题研究。2007 年 4 月,该协会邀请唐·伊·舒尔茨教授来协会进行 IMC 基本知识的演讲,获得了较高的评价。

第三节　对整合营销传播研究成果的综合评价

自 1989 年整合营销传播的概念被正式提出以来,在这几十年中它引起了营销与传播学术界和业界广泛的关注。从早先对 IMC 概念的探析,到 IMC 理念在实践领域中的运用,再到一些具体模型的建构,IMC 在理论和实践相互交替的发展中逐步地完善起来。目前 IMC 的理论体系已经基本建立,它集中了传播学、营销学、经济学、管理学等各门学科的理论与研究方法,而它的理论体系也已经基本得到人们的认可,被认为是非常有价值的营销传播理论。在 IMC 研究过程中也遇到一些挑战。在互联网时代,IMC 的运用有新的变化。

一、IMC 在实践过程中的应用问题

这是学者们探讨最多,也最有困惑的一个问题。目前 IMC 在理论上已经自成一套体系,但这套体系应用到实践中到底能否适用,国内外学者们都在普遍关注。舒尔茨等学者认为:IMC 概念的提出是包含了有效的操作过程的。舒尔茨在 1993 年出版的《整合营销传播》一书中,用三大篇章论述了这个问题。如,第一是建立双向沟通系统,第二是"策略至上",第三是"抓住想象力"等。他的《整合营销传播——创造企业价值的五大关键步骤》一书中也非常清晰地提出五大闭环的步骤,每一步骤都是可以操作的。并且在一些企业对 IMC 的实施过程中,IMC 确实有效地发挥了作用。

而另外一些学者则认为:这个具有价值的理论体系在操作上不尽如人意,与其说它是一种操作性的方法,还不如说它是一种操作性的观念[1]。例如,虽然众多学者一再强调数据库对于研究以消费者为核心的营销模式的重要性,但可操作的、有普适性的、能包容庞大消费者的数据库的建立一直未能尽如人意;又如,研究整合的过程一般从"战略"和"战术"两个层面来展开,可是仔细探究这些战略和战术似乎都与传统的广告等促销方法无多大区别。"整合"似乎仅仅体现为多种传播媒介的综合运用,而这在传统营销传播中并不少见。也有一些学者提出整合营销传播到底是"观念"还是"过程"的争议。如果这种"观念"与现实的操作情况相距甚远,就不能体现观念的优越性。

二、IMC 研究的普适化和国际化问题

IMC 的理论源于美国,它的理论模型是否能够指导其他发展中国家的营销实践? 这不仅已经成为中国学者们倍加关注的问题,也引起舒尔茨等营销专家的重视。韩国学者申光龙曾对 IMC 能否在中国实施进行了专门的研究,认为中国从消费市场的细分性、媒介环境的多样性等条件来看具有进行 IMC 的优势,但同时也存在一些不利因素等[2]。北京大学陈刚教授认为:整合营销传播的背景需要传播环境的高度复杂化和市场的高度固化。基于中国市场的特殊情况,中国的整合营销传播的核心点应该是关系营销、数据库的支持以及负责执行的成熟的整合营销传播机构的出现等[3]。舒尔茨认为:在全球范围内,消费者已经越来越强势,中国的劳动力和社会投资成本随着经济的增长在不断增加,在市场营销方面,跨国公司有着多年的经验、经过测试的技术和方法、众人皆知的品牌、有效的分销体系等。因此,生产方面的优势在减弱,营销方面的劣势在增强。中国正处于进退两

---

① 此观点来自卫军英:《整合营销传播:观念与方法》,浙江大学出版社 2005 年版。
② 〔韩国〕申光龙:《整合营销传播战略管理》,中国物资出版社 2001 年版。
③ 陈刚:《整合营销传播在中国市场》,《中国广告》2004 年第 10 期。

难的时期。在这个时候，也许整合营销传播正可以助中国一臂之力。一些实务界人士也对此发表了看法。AT&T副总裁曾说过：整合营销理论对于经营者已经不再是一个理论上的愿望，而是逐步走向分裂的传播环境的一个越来越迫切的需求。整合营销要求各种单一的营销途径为了共同的目标而没有任何偏见地结合起来、和谐地运转。除此之外，再没有别的传播策略可以提供这种适应市场竞争的优势①。总之，对于IMC在中国是否能够顺利进行的问题，学者们形成了不同的派别和观点。但能够达成一致的是：IMC的研究和执行在中国是有前景的，从目前许多学者热衷研究IMC的现象和实务界对于IMC的反响来看，这一领域还会被许多学者和实务工作者探讨下去。

三、IMC在互联网时代的运用

虽然在过去的研究中整合营销传播在中国的实施面临很多现实问题，但可喜可贺的是，互联网络近年来的快速发展很大程度上助推了IMC在中国的普及和应用。

在观念层面上，30年前，唐·伊·舒尔茨的"整合营销传播"理论就对未来的预测清晰可见。它提出了以顾客为导向的营销理念，构造了以数据库为基础的营销架构，塑造了以识别客户和挖掘客户潜力为主的营销环节和流程，强调了"用户体验至上"的营销模式。这一理念与20年后的"互联网思维"理念不谋而合。互联网思维就是在（移动）互联网＋、大数据、云计算等科技不断发展的背景下，对市场、用户、产品、企业价值链乃至对整个商业生态进行重新审视的思考方式。它以用户为目标和主体，以大数据和人工智能为依托，以用户体验为最高标准，评估客户投资回报率，获得企业流量和价值。因此，互联网时代，整合营销传播中"以顾客为导向"的理念将更进一步强化。

从企业主的角度来说，互联网的发展强化了品牌概念，促使定位明确、目标受众群体精准的IP能够在网络上迅速传播。而那些定位不清、用户群体不精准的品牌更容易被互联网所淘汰。整合营销中的品牌形象理论、定位理论和品牌个性理论都进一步得到诠释，企业对于产品的形象设计逐步深入至个性化和人性化，更精准地捕捉用户的痛点和需求，更容易满足用户的需要。

在用户信息的获取上，在互联网时代，大数据和人工智能模块等基础建设得到了长足发展，这对整合营销中提出的构建用户数据库打造了坚实的基础，使十多年前一些学者所认为的"整合营销传播在中国的实施面临很多障碍和困难"的现状得以改变。中国的企业，尤其是一些社交媒体能够依靠大数据轻而易举地获得大量用户数据，从而针对用户设计精细的甚至是定制化的营销和产品方案，有效地推动了整合营销传播在中国的发展。

在营销渠道的构建上，互联网的快速发展使整合营销传播的渠道也发生了巨大变化。传统的传播方式比如电视广告、报纸杂志等，已经不再是消费者获取信息的主要渠道。消费者现在更倾向于通过网络平台、用户评价、社交媒体等多种渠道来了解和评估产品和服

---

① 转引自林升栋：《整合营销传播：中国观点》，《中国广告》2006年第1期。

务。这在本书的第三部分中将详细阐述。

　　一些学者开始致力于互联网络时代的整合营销传播的应用研究,比如封梨梨的《互联网背景下企业品牌整合营销传播策略探讨》,郭嵘的《移动互联网时代下整合营销传播模式研究》,李光斗的《移动互联和社交媒体对整合营销传播的挑战》等,分别对互联网时代整合营销传播的新特征进行了研究。但总体而言,定性研究多,定量研究少,还缺乏对一些具体头部互联网企业的深入调查和探索。

📋 **思考题**

　　1. 整合营销传播理论自创立以来主要的研究领域有哪些?

　　2. 整合营销传播理论在中国发展主要存在哪些问题?

　　3. 互联网时代的整合营销传播有什么新的变化?

精讲视频

第二部分

整合营销传播流程

这一部分共分为五章,将主要介绍整合营销传播的步骤与流程,这也是整合营销传播理论中的重要环节。在这一部分中我们将要描述的是"识别客户,评估客户,归纳与激励信息,评估客户投资回报率,预算、分配与评估"的五大闭环流程。该流程最早在舒尔茨的《整合营销传播——创造企业价值的五大关键步骤》中详细提到。本书中我们统一将它称作"五大步骤"。笔者认为,这可以看作是对整合营销传播步骤的最好阐释。

在舒尔茨提出这五大步骤之前,学者们对整合营销传播的步骤探讨,多是采用战略和战术相结合的方法。在战略上采用 SWOT 计划,即优势(Strengths)、弱势(Weakness)、机会(Opportunies)、挑战分析(Threats);而战术上采用多种营销方式相结合的手段,如 9S,即利害关系者的洞察(Stakeholders & Interest Groups Insight),利害关系者信息的储藏(Save Stakeholders & Interest Group's Information),细分利害关系者(Segmentation of Stakeholders & Interest Group's),战略竞争优势(Strategic Competitive Advantage),调整计划的战略性(Strategic Planning Coordination),持续地改善(Sequential Improvement),战略性传播组合(Strategic Communication Mix),系统控制(Systematic Control),共享企业价值(Share of Corporate Value)[①]。这些战略和战术相结合的方法都体现了整合营销传播过程的原则所在。

我们将在本书中重点探讨的五大步骤主要包括:**识别客户与潜在客户,评估客户与潜在客户的价值,创建并传递信息与激励,评估客户投资回报率,预算、分配与评估**。所谓识别客户与潜在客户,就是根据所得到的信息来了解客户的具体情况,通常客户被归纳为三个简单的团体:现有客户、竞争客户与新兴客户。所谓评估客户与潜在客户的价值,就是找出对公司有贡献的收入流,即哪些客户可以为公司带来价值。所谓创建并传递信息与激励是指规划具有说服力的传播内容以及选取对客户有吸引力的传播媒介。所谓评估客户投资回报率是指通过对客户购买结果的财务计算得知公司在吸引客户消费后获得的短期和长期回报。所谓预算、分配与评估是在方案执行后的分析以及对未来的规划,以便预测下一步的营销传播计划。在这个封闭循环体系中,前一步骤的结果往往会被当作是下一步骤的起点。这个环节包含了五个不同但相关的活动和步骤,牵涉到营销与传播的各个职能领域,而且这五个活动的整体效果远远超过了部分的总和。"五大步骤"见下页图所示。

笔者认为,虽然以往的战略与战术相结合的方法有合理的成分,但新兴的五大步骤更

---

① 〔韩国〕申光龙:《整合营销传播战略管理》,中国物资出版社 2001 年版,第 182—184 页。

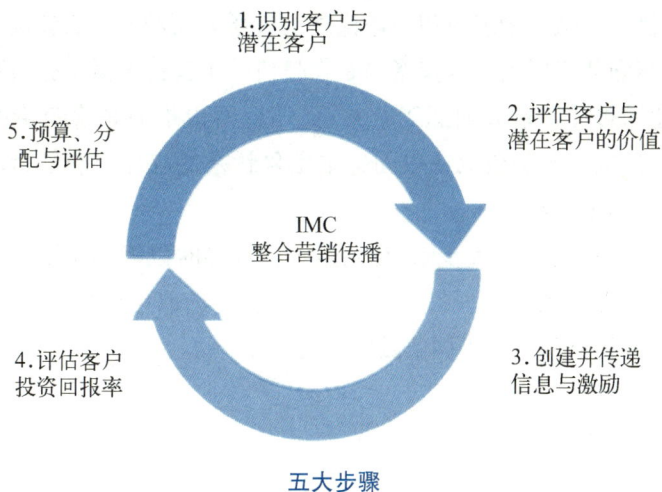

五大步骤

加具有优势。比较起来，五大步骤的优势在于以下方面。

第一，它更加简洁地描述了整合营销传播的整个流程。将整个流程归纳为五个简单、清晰的步骤，在理论上省略了许多烦琐的描述。而这五个步骤虽然看似简单，但每一步都蕴含了很多重要的因素。因此在理论的描述上，五大步骤显得更为清晰、直观、通俗易懂。

第二，五大步骤形成一个封闭的环形过程，每一步的终点都是下一步的起点，而每一步中又伴有信息的反馈与互动。这在以往的流程描述中没有被提到。传统的营销传播历来都被当作一连串零散而且互不相干的工作来实施，如广告公司将自己视为独立的单位，直销人员和公关人员也持有相同的看法。但整合营销传播是将营销传播视作一个整体的、明确一贯的流程，它需要组织上下共同改变想法，因此采用明确一贯的流程最能达到这个目的。五大步骤恰好能够体现这种明确一贯流程的思路。

第三，五大步骤能更好地体现以客户为中心、由外向内的原则。因为五大步骤的第一步就是识别客户与潜在客户。虽然在以往的流程规划中也明确提到收集客户资料等步骤，但这种从"战略"到"战术"的拟定仍然没有脱离主观上"由内到外"的思维定式。五大步骤将"识别客户与潜在客户"非常明显地放在第一步，完全摆脱了从"战略"到"战术"上的主观思维定式，不能不说是一个巨大的进步。

第四，在五大步骤中提出了一些新的计算方法，如计算客户品牌价值所采用的"顾客品牌价值＝渗透率×购买率×购买占有率×边际贡献率"公式是在以前的文献中未曾提到过的。又如，计算客户短期投资回报率中，对客户的投资回报采用的是财务上的回报，即用客户行为上的实际购买情况为参照，而不以顾客对产品的态度改变为参照。这一思想我们在后文中要详细提到。比起"战略＋战术"的营销传播流程，五大步骤的流程更加注重对客户的重视和对消费行为的评估。这些使得整合营销传播的流程具有了更加理性的色彩。

　　本书在唐·伊·舒尔茨的五大闭环理论之上有所创新的是：笔者认为应该考虑营销传播步骤中的噪声和环境因素。噪声指的是在任何一个营销传播步骤中可能会遇到的干扰因素，它使得营销传播不能如期达到效果；而环境因素指的是营销传播不仅要适应环境，它也可以创造环境。一些企业在中国的本土化就是适应环境和创造环境的结果。这一部分我们将在本书中详细阐述。

　　以下章节将逐个探讨这五大步骤，在阐述五大步骤时以舒尔茨博士的理论和体例为主，适当增加笔者的理解和概括。另外，本书尽可能地选取中国的案例来对理论加以阐释，以体现整合营销传播理论与中国实践的结合。

第五章　识别客户与潜在客户

第一节　市场细分与集中法

一、传统的"市场细分"

IMC 五大步骤的第一步就是运用行为数据库识别并界定客户与潜在客户。这是营销传播的起点，也是其他步骤的基础。只有对客户有了充分的了解，才能够有的放矢地实施自己的营销计划，从而为营销成功奠定基础。这是与传统营销方式完全不同的步骤——采用"由外而内"的做法而不是"由内而外"。

在介绍这一步骤之前，我们首先介绍一下将顾客群体分类的两种方法。它们分别是"市场细分法"和"集中法"。在整合营销传播理论诞生之前，营销理论中划分客户的具体方法是著名的"市场细分理论"以及与之相对应的"市场细分法"。

"市场细分"（Market Segementation）这一术语产生于 20 世纪 50 年代后期，它是传统的营销传播流程中以 SWOT 分析为根本出发点的一个重要的环节，在市场营销及营销传播中产生了巨大的影响。所谓市场细分就是"把市场划分为不同的群体，这些群体一是有相同的需要，二是会对市场行动做出相似反应"[①]。消费者需要的多样性决定企业只能为某一类或某几类需要服务，而消费者在同一需求上的差异性，决定了企业不可能满足所有消费者对产品的差异性需要。因此就需要首先将市场划分归类，以确定最终的目标市场。如何科学、合理地对整体市场进行细分，选定企业的目标市场，是制定企业营销战略的基本出发点。

在对市场进行细分的过程中，企业一般是组合运用有关变量来细分市场，而不是单一采用某一变量。引起消费者需求差异的变量很多。概括起来主要有四类，即地理变量、人

---

① Eric N. Berkowitz A. Kerin, and William Rudelius. 1989. *Marketing*. 2ⁿᵈ ed, Burr Ridge, IL: Richard D. Irwin. 转引自卫军英：《整合营销传播：观念与方法》，浙江大学出版社 2005 年版，第 185 页。

口变量、心理变量、行为变量。以这些变量为依据来细分市场就产生出地理细分、人口细分、心理细分和行为细分四种基本形式。在通过市场细分获得数据之后，营销人员随后要进行市场分析，就是对属于这四种市场的消费者需求和购买行为分别进行研究，从中发现有利的市场空间，为下一步的营销策划奠定基础。

市场细分理论基于一个最为普通的观点，即所有的消费群体并不是同一的。它承认在多元选择的市场背景下，消费者由于各种因素的影响，本身也呈现出多样化的特征。因此它在一定程度上显示出对于消费者的尊重和认识。虽然整合营销传播认为市场细分法并不十分科学，但目前它在国内外的营销传播实践中都运用得十分普遍。

一个以市场细分为基础，相应地打造针对不同目标市场的品牌，从而获得了市场总量的聚合的典型案例莫过于宝洁公司。

在地理细分上，宝洁公司针对东方人的发质与西方人的不同的特点，开发了专为亚洲人头发补充营养的"潘婷"，以满足亚洲消费者的需要。又如，同样是汰渍洗衣粉，由于比利时和欧洲其他地方水中的矿物质的含量是美国的两倍，宝洁公司就研制出软化硬水的成分来满足顾客的需求。在人口细分上，由于其定位多为青年消费群体，因此将洗衣粉等产品分为"高价市场""低价市场"等，并选取年轻而有活力的青春偶像来作为广告模特。在心理细分上，宝洁强调不仅要在不同的国家销售产品，还要根据不同国家消费者的需要研制开发新产品。宝洁重视各国的文化差异，广泛地开展市场调研活动并从中获得不同国家的市场特征。例如，宝洁为中国市场的产品设计了符合中国消费者接受心理的中文名称，如飘柔、海飞丝、舒肤佳、佳洁士等。在行为细分上，宝洁尽量生产不同功效的产品以满足不同消费者的利益需求。在美国市场上，宝洁有 8 种洗衣粉品牌、6 种肥皂品牌、4 种洗发水品牌和 3 种牙膏品牌。以洗发水为例，4 种品牌皆有不同的定位，如飘柔的"柔顺头发"、潘婷的"健康且富含维生素 B5"、海飞丝的"有效祛除头屑"、维达沙宣的"使头发柔亮润泽"。通过这种将一个品牌和一种特殊产品的特性、功能联系起来的方式，宝洁不仅成功地巩固了品牌在顾客心中的印象，而且在洗发水市场上获得了良好的品牌声誉。

二、整合营销传播的"集中法"

整合营销传播认为：市场细分方法具有很大缺陷。首先，它从根本上来看是对于群体的划分，而不是对于个体的划分，它不能对客户或者潜在客户进行具体的分析和个性化的探讨；其次，它对于客户的关注停留在表面层次，没有真正对客户的特征进行深入分析。例如，在上述案例中，为了弥补人口普查资料的不足，很多组织都进行了更加深入的调查研究，或者通过附上额外的信息强化本身的地理人口统计资料。就分类的目的来说，人口普查资料虽很有用，但不能提供关于客户或潜在客户的详尽资料。

整合营销传播认为：对于客户的划分应该从客户的行为入手，而不应该从客户的地理环境或者其他变量入手。整合营销传播所提出的"集中法"，就是按照顾客行为将他们划分为不同的类型。"集中法"认为：顾客群本身的分类是以他们所做的事情为基础的，而不是以市场形成的人作为分类架构。例如，一种顾客总是购买同一类别产品，他们使用产品的方式很相似，或者以相当接近的方式处理广泛的信息或激励等，就可以被集中归为一种类型。这些类型的划分超越了顾客的年龄、收入、地理区域等因素，只要是消费行为接近，无论表面上看上去差异多么大的顾客，也可以被划分为一种类别。有关客户做什么、怎么表现或者是他们过去与产品或者服务有什么关系的记录资料远比他们的年龄、性别或居住资料更有用。

图 5-1 中显示了市场细分法与集中法的区别。

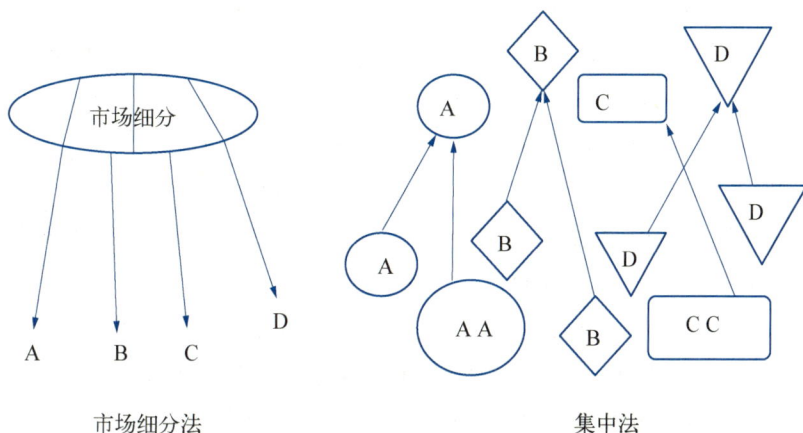

图 5-1　市场细分与集中法的区别

对于集中法怎样再将具体客户划分为不同群体，一般来说，企业可以把客户群体按照客户与品牌的关系集中归类为三个大的类别：**现有客户、竞争客户和新兴客户**。**现有客户**指的是正在为公司带来利润的那些客户，他们可能被当成单一的目标，也可能进一步被细分归类为高金额或高利润的使用者与临时或低利润的使用者等。**竞争客户**是指在本公司的产品和其他公司产品间摇摆不定的人。同样，竞争客户也可以细分为对竞争对手极度忠诚的人以及过去的行为表现摇摆不定的人。**新兴客户**则是指一些具有购买潜力的人，如第一次当妈妈的人、刚入校的大学生、刚刚退休的人等。新兴客户和任何一个竞争对手都没有稳固的既定关系，但由于他们属于新的类别，自然会有特殊的信息需求，因此可能要通过与已经建立的途径或渠道所不同的方式才能接触到他们。除此，公司也可以根据自己的实际情况将客户进行分类。

在美国，采用集中法来对市场进行划分已经有多家公司付诸实施。获得顾客的行为数据需要对数据库提出较高的要求，这对于西方的一些国家来说已经并非难事。很多公司的营销人员已经取得了最佳客户的姓名与地址，或者从第三方来取得这些信息资料。在中国市场中，也已经陆续有一些公司开始这种做法。例如，很多公司网站会录入在网上进行注册并购物的客户的资料，将根据客户购物的类型进行分类并输入自己的资料库。通常当一个网站需要顾客注册会员登录时，其实就是在掌握客户的行为信息。而网站在通过注册用户的信息了解了顾客的购买行为以后,就能够对顾客的购买行为进行一个简单的分类,将有类似购买举动的顾客分成一个群体。类似这种通过注册用户了解顾客购买行为的数据库有很多,著名的母婴用品网站妈咪宝贝、乐友、红孩子等都属于此类。一些银行也通过 CRM 客户管理系统了解顾客的消费和购买行为,从而分析预测消费者未来的行为。例如民生银行就是使用客户识别系统进行消费者行为管理的典型案例。

一些学者对于集中法提出了更进一步的探讨。1999 年,唐·派伯斯(Don Peppers)和玛莎·罗杰斯(Martha Rogers)提出了"一对一营销"的概念①。它指的是一种非常个性化的营销方式,这一方式根据客户过去的行为或指定的偏好来运用客户数据库,传达量身定做的营销、优惠或产品信息。一对一营销比市场细分方式和集中法更加深入与丰富。因为它把客户当作个人来看待,而不是仅仅将其看作市场中的一员。它要求公司掌握非常详尽的客户资料,对客户的管理与认识更加人性化,能够创造完全个性化的服务。不过,"一对一营销"只是一种理想状态,在目前情况下还不能付诸实施。唐·伊·舒尔茨指出:"一对一营销既不实用,在财务上也不可行。"因为这种营销过程往往要对数据库提出很高的要求,而目前很多公司的数据库达不到这样的要求。

需要说明的是,"市场细分法"与"集中法"常常密不可分。在对客户的现有行为进行分类的前期,往往还需要对客户的自身数据进行归纳管理,进而推断出他们下一步的消费行为。也有的是营销人员根据客户与潜在客户的行为把他们界定出来并集中以后,再利用传统的市场细分方法加强这些信息行为的处理,比如通过人口统计、地理或心理统计信息再加以具体分析等。市场细分与集中法往往是结合起来使用的,因为仅仅依靠客户的一两次的购买行为来预测他长期的购买意向的做法并不可靠。例如,一个向来是低端消费的顾客很有可能在一个突发的情况下购买一次高端产品,而一个向来是高端消费的顾客也有可能在某一特定情形下购买一次低端产品。因此,影响一个消费者购买行为的因素有很多,我们在实际操作中必须结合多种因素来加以判断。

但无论如何,集中法相较市场细分法毕竟显示了很大的优势。市场细分法更为重视的是客户的表面特征,在处理客户数据时并不能显示其优势。而集中法则是一种更为深层次的划分,它关注顾客的行为和个性化的区别。因此,集中法往往被认为比市场细分法更加丰富与深入,也更具人性化的特征。以消费者行为上的改变以及这种行为为营销传播带来的利润来评判营销传播的价值始终是整合营销传播思想中的一根主线。

第二节　态度研究方法与行为研究方法

在采用集中法对客户进行分类后,我们就需要判断客户是否有购买行为或者是潜在

---

① Don Peppers, Martha Rogers. 1999. *The One to One Fieldbook*. New York: Doubleday. vii.

购买行为。将哪些顾客划分为现有客户、竞争客户以及新兴客户需要有一些评判标准,在这里,我们比较两种对顾客行为的推断方法。

一、态度研究方法

第一种是有关"**态度影响行为**"的观点。这种观点在传统的广告研究中早已有之。从20世纪40年代开始,态度是否会影响行为的辩论就出现在各种文献当中。认可态度能够影响行为的观点认为:传播活动会使消费者经历某种心路历程,对一个产品从认知变成了解,再变成喜好等,最后带来一定的购买行为。美国学者罗伯特·拉维奇(Robert Lavidge)和加里·斯坦纳(Gary Steiner)在1961年首次提出"传播效果等级模式"。该等级模式假设:个人在达成购买决定前,会先经过一连串的态度阶段,这一连串的态度阶段便是从认知到购买的阶段。该模式还假设:营销传播是促成这种行为的工具。因此,客户或潜在客户接触越多的信息或者有越多的接触机会,他们就能越快地做出一系列行动,最终促使他们购买了营销人员的产品或服务。如图5-2所示:

单向性

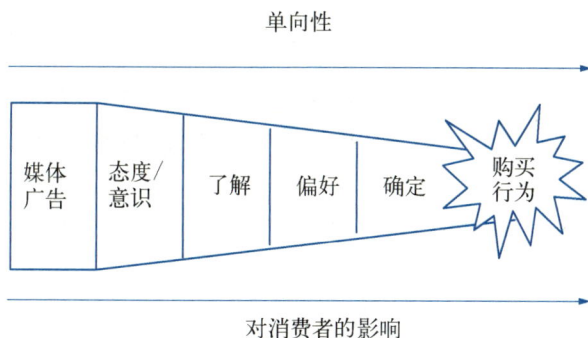

图5-2 传播效果等级模式①

消费者在接受广告以后所经历的一系列心路历程有:态度上发生改变从而导致认知的认可,进而产生情感上的偏好,再上升到对于这种产品的态度上的肯定,最后产生购买行为。

尽管这个模式从视觉上来看很有说服力,但一些学者认为它存在着很大的问题:首先是它没有考虑到竞争因素的影响,将广告改变消费者心路的历程看作简单的、单向的、不受干扰的过程;事实上,消费者看到广告以后是否就会引起态度上的某种变化会受到许多因素的干扰。更重要的是,这个模式是建立在假设的基础上的,它假设了人们对于某种产品的态度肯定就会导致他们对这种产品的购买。所以尽管这个模式得到接纳,但是根本就没有科学的证据显示这个模式能够正确地评断人心对于广告或营销传播的响应方式。

---

① 资料来源:〔美〕唐·舒尔茨、海蒂·舒尔茨:《唐·舒尔茨论品牌》,高增安、赵红译,人民邮电出版社2005年版,第54页。

行为主义研究者认为：态度改变并不能一定引起行为上的改变,态度上的认同也不能导致行为上的购买。反而一些文献显示：客户或潜在客户最有价值的相关信息就是他们过去所做过的事情,例如他们曾经有哪些购买行为、购物活动或者与购物相关的活动等会在很大程度上影响未来的购买行为。人和组织都是习惯的产物,所以他们在过去怎么做,将来很可能还会那么做。行为数据总是比其他任何一种信息都更能够提供有价值的见解。因此,营销人员预测客户未来做法的重要标准是他是否曾经那么做过,而不是对某一产品是否感兴趣或者有购买欲望。与其用态度资料来预测客户将来可能会做什么,不如用此来解释为什么这些客户会做这些事情,以及他们将来为什么还可能再这么做。

二、行为研究方法

第二种测量顾客购买行为的方法,即从财务上的利润回报来测量营销传播结果,我们把它叫作 ROCI(客户投资回报率)。它分为短期客户投资回报率与长期客户投资回报率。这一点,舒尔茨博士多次在他的著作中提到,我们也将在下面的章节中具体阐述。在这里所要说明的是：研究顾客的购买行为是营销传播者一向都非常感兴趣的话题,也是营销传播中非常重要的话题。它不仅可以揭示在以往的营销传播中所收到的效果,也可以进一步推断未来的营销活动中顾客的购买行为,从而判断出未来的营销传播效果。

通过测量顾客购买行为的方法,结合当前所使用的数据库,就可以分析出顾客下一步的行为倾向。这对于目前的营销传播规划是非常有价值的。花旗银行的总裁曾经说过："如果我们看到某个客户在分期付款购买汽车时很快就要付最后一笔款,我们就可以根据客户的消费模式预测出这位客户很可能在六个月之内再购买一辆汽车。于是我们便可以及时准确并且抢先让这位客户知道,我们银行会有特别优惠的汽车贷款利率给他。我们马上会寄去我们银行购买汽车分期付款的宣传品。"[①]这种数据管理系统能够透视到客户的口袋里有多少钱,将来会有多少钱,从而判断客户的钱会给银行带来多少利润。采用这种行为研究方法预测客户可能给公司带来的利润既科学又可靠,减少了很多主观上判断的不确定性。

不过,这一测量顾客购买行为的方法虽然可行,但要实施起来还存在一定困难。一是需要有较为完整的消费者数据库,数据库完善了才能够对消费者的行为进行具体分析;二是要掌握完整的 ROCI 财务测量方法,这需要对员工进行专门的培训才能实行。但可以看到的是：行为测量法已经越来越多地运用于营销传播研究中,并且也起到了越来越明显的作用。

---

① 卫军英：《整合营销传播典例》,浙江大学出版社 2008 年版,第 69 页。

第三节　建立客户信息数据库

在了解了根据顾客的购买行为来判断公司未来盈利的基本思路以后，一个最为重要但又有难度的环节就是建立客户信息数据库了。在互联网广泛应用以及高科技迅猛发展的今天，能找到客户与潜在客户的资料已经并不是什么难事，但由于公司需求的不同以及财力的不同，在建立和选择数据库的时候面临着不同的选择。并不是每一个公司都有足够的实力来购买和使用完善大型的客户管理系统。

整合营销传播认为：建构客户信息数据库的方法有很多，各个公司可以针对自己的实际情况选取实用的数据库或是从不同渠道获取客户资源。相当一部分资料是来源于企业内部的，销售部门、会计部门和客服部门都可能保存着有价值的资料，因此，寻找数据不妨从内部开始，只要统计人员能够把现有的内部资料整合起来，也一样能够提供有用信息。

笔者认为，建立有效的数据库的过程可以分为三个步骤。

一、组织一切有效信息

大部分公司的信息源都散布在组织的各个角落，如市场研究部门、销售部门、客户服务部门、会计部门和传播部门等，只要公司能够有效地挖掘这些信息，将它们串联起来，就能够在需要的时候派上用场。

将唐·伊·舒尔茨提出的公司内部信息来源图加以修改，我们认为公司内部的各种信息来源如图5-3所示。

在图5-3中我们可以看到，公司的信息来源于多种渠道，有客户销售方面的数据、产品使用数据、客户反馈数据、财务数据、终端用户数据以及传统态度数据等。销售方面的数据是最直接的也最具代表性的数据，根据当年各项产品的销售量可以非常明显地看出该产品的市场需求量。其次，客户终端的信息可以显示出该项产品的市场需求模式，如产品比较适合于什么样的人群，在什么情况下会有销量等。态度研究是在购买行为产生之后的辅助测量，它可以显示出顾客在作出购买决策之前有什么样的心理波动，或者什么样的心理波动有可能导致购买行为。财务数据、客户反馈数据和产品使用数据都能在一定程度上为以上三种数据提供辅助信息。另外，笔者认为还可以加上一种，即"**媒体报道情况**"，它指该产品或者企业在媒体中的曝光状况，这可以间接反映出企业或品牌的外在形象。

如果企业在平时多留意所有与自己及产品有关的各项信息并加以收集，一个基本的企业内部资料库就能形成。在综合收集客户和企业各方面资料方面，美国时代公司提供了典范。该公司是美国在线时代华纳（AOL Time Warner）的出版部门，它一直努力靠现

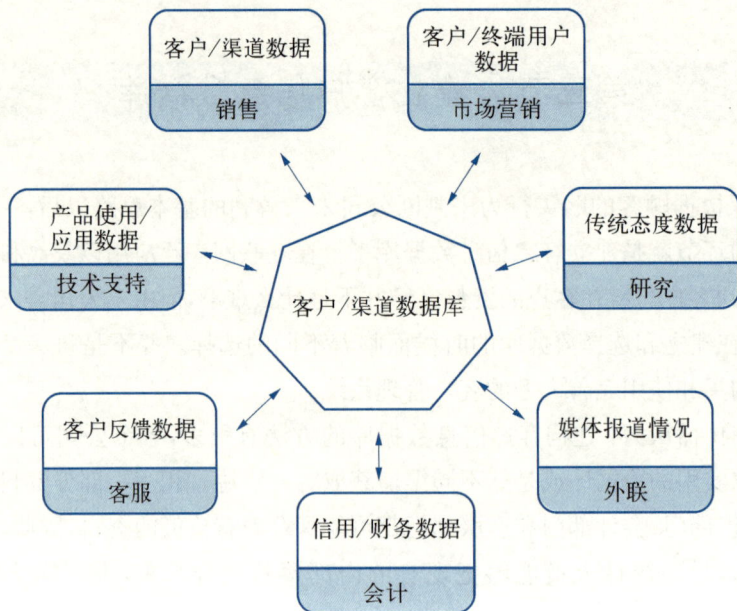

图 5－3   公司内部信息来源图

有的内部数据与外部信息使营销活动的作用发挥到极致，从而锁定更多的读者并吸引新的读者与订户。举例来说，如果客户同时订阅了《时代》和《人物》两本杂志，公司就会尝试交叉销售另一本客户可能会喜欢的杂志或者是相关产品。营销信息部的员工负责管理以及运用公司的数据，从而确保提供新商品、收款、续订以及其他各项工作都能够以最精确的形式完成。这些员工还负责通过吸收新的潜在客户深入挖掘数据库，以便对现有的读者与订户有更深入的了解。

二、选取和加工相关数据，为各种营销传播活动服务

在获得了数据信息以后，如果不加以整理，惊人的数据量可能会把人淹没。另外，数据虽然很多，但是会变成有效客户信息的往往少之又少。因此必须对搜集到的信息进行有效的整理。这里我们引用唐·伊·舒尔茨所认为的在对信息进行选取过滤的时候，可以参照的三个标准：（1）这些数据是否有助于公司更贴近客户与潜在客户？我们能否给他们提供他们想要的产品或服务？（2）这些数据是否能够帮助我们了解客户的举动，并利用这些知识来为未来的客户带来满意的体验？（3）这些数据是否有助于我们更妥善地分配有限的资源以及让我们作出更好的营销传播决策？如果有些数据在这三个关键层面有价值，那么这些数据就值得掌握、分析与管理。

对于数据的分析以及使用情况，如图 5－4 所示。

图 5－4 看似复杂，但是它的原理可以运用于很多数据库当中。在图 5－4 中，左边那栏列出了组织经常用来搜集客户与潜在客户信息的各种来源。资料来源被排成一列，并

数据输入/来源   数据输出/应用

```
┌─────────────────┐              ┌─────────────────┐
│   交易数据库      │              │    细分/集中     │
└─────────────────┘              └─────────────────┘
┌─────────────────┐    ┌────────┐ ┌────────┐  ┌─────────────────┐
│ 客户提供的描述性数据 │  │组织动力│ │技术动力│  │   信息的传递     │
└─────────────────┘    └────────┘ └────────┘  └─────────────────┘
┌─────────────────┐              ┌─────────────────┐
│    客户服务       │              │   服务的传递     │
└─────────────────┘              └─────────────────┘
┌─────────────────┐              ┌─────────────────┐
│    电子商务       │              │  产品/服务的开发  │
└─────────────────┘              └─────────────────┘
┌─────────────────┐   ╔═════════╗  ┌─────────────────┐
│  客户满意度/价值   │   ║数据收集、管理║  │    网络战略      │
└─────────────────┘   ║  和整合   ║  └─────────────────┘
┌─────────────────┐   ╚═════════╝  ┌─────────────────┐
│   态度/观念数据    │              │ 投资回报/资源分配  │
└─────────────────┘   ┌──────┐┌──────┐└─────────────────┘
┌─────────────────┐   │硬联接:││软联接:│ ┌─────────────────┐
│ 第三方人口统计数据  │   │记录匹配││剖析、 │ │   平衡评分卡     │
└─────────────────┘   │      ││评分、 │ └─────────────────┘
┌─────────────────┐   │      ││样本设计│ ┌─────────────────┐
│    综合数据       │   └──────┘└──────┘ │   长期规划      │
└─────────────────┘              └─────────────────┘
```

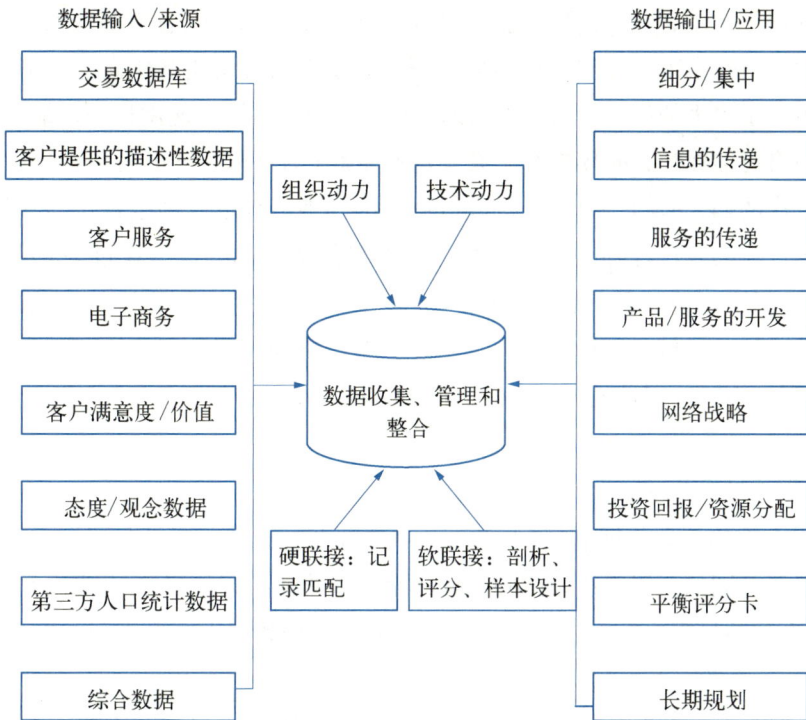

图5-4 使用客户资料的模型①

按照通常来自内部或外部的信息进行区分。经过对数据的收集、管理和整合之后,这些数据可用于右边这一栏的各种应用中。在收集和管理的过程中,组织一方面需要动用"组织动力",另一方面需要动用"技术动力"。所谓"组织动力"(Organizational Enabler)是指公司可以整合数据并对数据进行深入分析的实务,通常包括组织文化,如客户至上的程度、管理高层的支持程度以及小组、单位、战略业务单位间的合作程度等;"技术动力"(Technological Enabler)包括计算机软硬件、数据传输系统以及数据搜集设备等的兼容性等硬件技术。这两种动力都是顺利整合数据的必要条件。同时,对这些数据进行"硬连接"和"软连接"。所谓"硬连接",是指可以实际匹配各种数据的活动,比如匹配客户的购买记录与第三方的人口统计数据等,它不需要人为地介入;"软连接"是指那些依靠人为介入或运作来确保成功的活动,如客户剖析、客户评分和数据搜集的样本设计等②。经过这样的收集、管理和整合过程,左栏杂乱的数据就转变为右栏有效的数据。

在组织信息源方面,宝马公司做出了成功的榜样。伦敦的数据库集团当汉比联合有限公司(Dunnhumby Associates limited)表示,从20世纪80年代早期开始,宝马公司就一直在搜集整合各种形式的客户数据资料。该公司所搜集的信息有各种来源,包括新车

---

① 资料来源:"Leveraging Customer Information," American Productivity and Quality Center, Houston: APQC, 2000, Used with Permission from American Productivity and Quality Center。

② "Leveraging Customer Information," American Productivity and Quality Center, Houston: APQC, 2000, Used with Permission from American Productivity and Quality Center.

和二手车的购买记录、保修和服务记录、宝马车的金融服务记录、直接邮件和因特网来源，还有从竞争销售数据来源得到的外界信息等。这使宝马公司能够建立起营销数据库，并在市场上占有了很大的优势。这个庞大的数据库有很多不同的使用目的。最主要的目的是预测客户有可能在什么时候换车。有了这些资料以后，车商就可以和客户讨论并协助他们规划下次的购车时间。由于分析人员可以准确地区分以及锁定客户，并联系那些愿意对此做出反应的客户，因此，宝马公司的各种宣传活动的响应率在过去几年增长了两倍。最后，为了维持顶级客户服务的声誉，宝马公司把这些来自数据库的信息提供给电话客户服务中心的一线员工。接听人员既掌握了客户终身价值的细节，又掌握了客户与宝马联系的情况，不管他们是通过什么渠道购买车辆①。

三、建立有效的客户信息数据库

在获得有效的信息数据后，接下来一个重要环节就是建立自己公司需要的客户信息数据库。对于不同的公司来说，有的需要数据库，有的则不需要，有的需要高端的、复杂的数据库，而有的则只需要简单的数据库。究竟建立何种数据库需要视公司的具体情况而定，不能够一概而论。

Targetbase公司曾经提出一个有关数据库类型的图，见图5-5。它将数据库分为"名单""档案管理""项目级数据库""低端营销数据库""中级营销数据库""高端营销数据库"几种类型，需要的数据库类型取决于营销计划的类型。数据库被视为是公司的投资，其中包含数据管理所要达到的水平，例如从简单的客户名单到高级营销数据库等。这使得组织可以为不同的客户群体提供不同的服务，如为价值高的个别客户可以提供个性化服务。

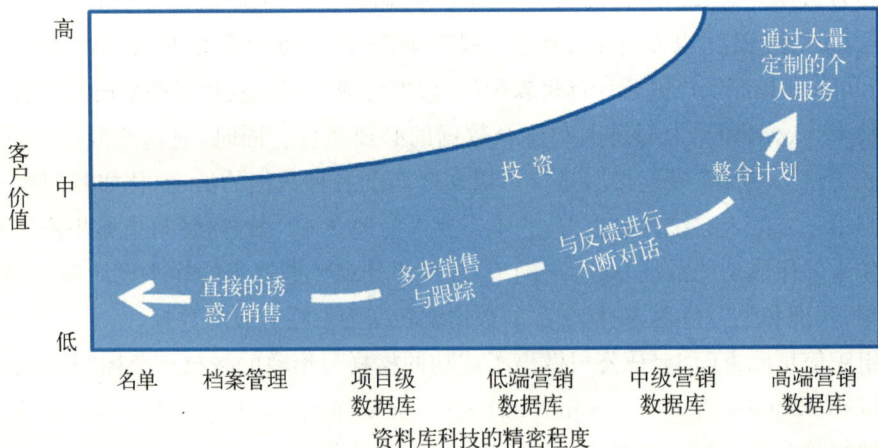

图5-5　数据库类型图

---

① 转引自〔美〕唐·舒尔茨、海蒂·舒尔茨：《整合营销传播——创造企业价值的五大关键步骤》，何西军、黄鹏等译，中国财政经济出版社2005年版，第66页。

　　唐·伊·舒尔茨认为,运用客户和潜在客户的数据来进一步了解他们的行为,这通常需要整合或集中来源的数据,即整合并分析客户数据。他提出一个矩阵以便于我们观察所得来的数据是如何被整合的。在以下的矩阵中,横轴是从可衡量的数据到暗含的数据。可量化的数据是针对众多客户与潜在客户提供具体而有条理的信息。暗含数据则来自研究的调查方法或是不定期的客户接触与评论。纵轴是从可观察到的数据到可以推测的信息。可观察的信息基于可以追踪的实际客户行为与数据。可推测的数据则是基于意见调查与其他抽样技术搜集来的信息。

　　当两种资料结合在一起时,就可以画出一个矩阵,如图 5-6 所示。

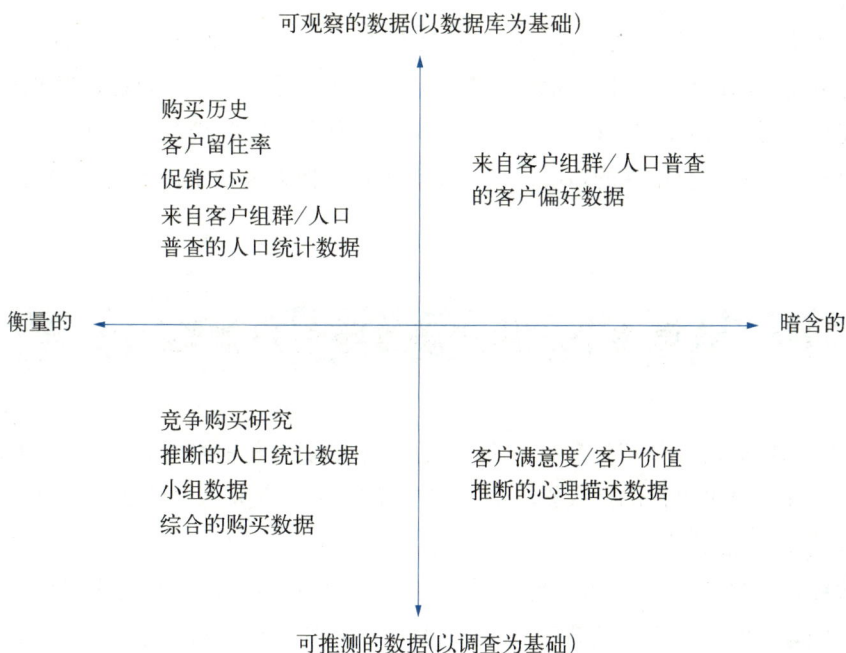

可观察的数据(以数据库为基础)

购买历史
客户留住率
促销反应
来自客户组群/人口
普查的人口统计数据

来自客户组群/人口普查
的客户偏好数据

衡量的 ←————————————————————→ 暗含的

竞争购买研究
推断的人口统计数据
小组数据
综合的购买数据

客户满意度/客户价值
推断的心理描述数据

可推测的数据(以调查为基础)

图 5-6　客户数据矩阵图

　　在图 5-6 中,四个象限中分别填入公司经常会搜集的各种数据实例。虽然矩阵并没有涵盖所有的内容,但是列出了 IMC 主管们可能会在组织找到的大多数数据类型。在左上方的矩阵中,"购买历史、客户留住率、促销反应、人口统计数据"等属于"可观察、可衡量的数据";右上方的"客户偏好数据"属于"暗含的、可观察的数据";左下方的"竞争购买研究、推断的人口统计数据、小组数据以及综合的购买数据"都属于"可衡量和可推测的数据";右下方的"客户满意度/客户价值推断的心理描述数据"则属于"暗含的和可推测的数据"。这些数据在被进行恰当的归类以后,便成为对公司有价值的数据。

　　除了以上将客户行为加以区分之外,一些数据库还要区分硬连接和软连接。就很多组织而言,对消费者的深入了解是数据的连接方式所产生的结果。连接分为软连接与硬联接。"硬联接"是指可以实际匹配各种数据的活动,例如匹配客户的购买记录与第三方的人口统计数据；"软联接"则是指那些依靠人为介入或运作来确保成功的活动，如客户剖析、客户评分和数据搜集的样本设计等。所有这些方法都依赖于个人设计或开发各种模型以及算法的技巧与能力。

这些技术上的操作完成之后，公司便可以根据所得到客户的情况来建立相应数据库。把所得到的数据都输入库中，加以分门别类，形成满足自己公司需要的客户资料库。对于整合营销传播管理者来说，最重要的策略性输出显然是客户与潜在客户的细分或归类集中。集中了客户与潜在客户后，就可以进行信息传递和服务履行。最后可以分析各种数据来提出各种长远规划。当然，分析这些数据与营销传播计划能否进行整合也有很大的关系。

需要说明的是，数据库的建立所采用的技术和手段不是一成不变的，而且每个公司也会采用适合于自己的技术手段，或者针对自己的情况来建构适合于自己的数据库。之所以举出宝马公司和 Targetbase 公司的数据库，是因为它们比较符合我们所论述的由收集内部资源到成功建立数据库的情况。但是也有很多其他的公司采用不同方法建立自己的数据库。

第四节　用户思维与用户体验

整合营销传播将"用户"放在第一位，这是与互联网思维高度吻合的。互联网时代，用户体验能够发挥异乎寻常的巨大影响力。用户，作为一个互联网界的常用术语，是指产品的使用者。比如，点读机的购买者一般是妈妈，而使用者却是孩子。"用户体验"依照维基百科的解释，指的是"用户在接触产品、系统、服务后，所产生的反应与变化，包含用户的认知、情绪、偏好、知觉、生理与心理、行为"，而且，"用户体验的过程涵盖产品、系统、服务使用的前、中、后期"。从维基百科这一定义看，用户体验侧重于用户的主观感受，是用户在购买和消费前后的全部主观感受的集合。

互联网时代，用户体验成为企业追求的营销目标。但企业应如何达成这一目标呢？

一、以用户体验思维来取代传统的性价比思维

用户体验思维与传统的性价比思维在本质上不同。传统的性价比思维埋头于客观现实的产品，认为只要性价比高，产品自然不愁卖。而用户体验思维则注重用户的主观感受，认为用户的主观感受才是竞争的关键。但消费者的主观感受可能是莫名其妙、匪夷所思的。例如，微软公司长期埋头于塑造强大的操作系统，但这几年才发现消费者更加关注开机和运行速度。

另外，性价比思维一般不注重用户的精神体验，忽略了诸如时尚、娱乐这类精神体验元素；与之相反，用户体验思维高度重视用户的精神体验。

除此之外,性价比思维往往还注重整体而忽视细节,注重产品环节而忽视服务等其他环节。与之相反,用户体验思维从用户的主观感受出发,关注各种为用户感受到的细节,以及产品之外的全流程环节。依照乔布斯的说法,用户体验从用户拆开产品包装的时候就开始了。

最后,性价比思维的思考角度往往局限于产品功能,比如杀毒软件自认的使命就是杀毒,搜索引擎自认的使命就是搜索。企业觉得只要在这个自定义的小范围内把产品做好,就做好了本职工作,就有了好的性价比。而用户思维往往要管一些"闲事",要求企业超越本身产品概念的界限,提供任何与用户的主观心理感受有关的服务。例如,杀毒软件可以优化开机速度,搜索引擎可以对某个搜索结果标注"疑似钓鱼网站",等等。

二、打造用户体验至上的企业文化

用户体验思维是一种新思维,要在企业中贯彻用户体验思维,实现卓越的用户体验,就要有企业文化的支撑。单纯地将用户体验视为一种商业逻辑或者工具是远远不够的。在互联网时代,用户体验应当成为企业上上下下的一项共识,变成一种企业文化,甚至信仰。企业领导者应该站在用户角度充当"首席体验官",以身作则,亲自关心和推敲每一个产品细节。

谷歌前 CEO 施密特对乔布斯的一个来电感触颇深。乔布斯打这个电话是为了与施密特讨论谷歌图标的色彩,乔布斯认为这个图标色彩放在苹果手机上不够美观。小米CEO 雷军说他 80％的时间花费在小米产品的讨论中。腾讯产品改进的每一版,马化腾都亲身参与,马化腾甚至有时在网站上充当一名客服,亲身回答用户吐槽。奇虎 360CEO 周鸿祎老是在机场候机时倒腾贵宾厅的电脑,试验其中的 360 杀毒软件。他认为,以用户为中心的企业文化是没法靠奖惩制度建立的,而是靠员工对产品发自心底的热爱和对用户的热爱。首席体验官不仅要以身作则,还要言传身教。

三、建立以用户体验为中心的组织制度

只有在制度的保障下,用户体验思维才能真正成为企业经营的指导思想,才能真正落实到各项具体事务中。比如,为了提升用户体验,小米公司内部构建了以用户体验为中心的制度。用户的小米手机有一个产品故障,如果解决这个问题耗费了太多时间,小米在线客服有权为用户赠送一个配件补偿客户损失。在小米公司内,服务规章是灵活的。为了让客服像帮助朋友那样服务客户,小米不考核客服每天服务客户的数量,不强调 KPI。

四、以超预期的用户体验为目标

现实中的用户体验必须超出用户预期,才能触发用户尖叫,让口碑病毒式传播。而创造超预期的用户体验,就需要有追求极致的精神。极致是一种非凡的境界。产品性能优良,找不到什么明显缺陷并不意味着极致。极致意味着做到极点,让产品和服务远远甩开

竞争对手,创造让用户"惊艳"的感觉。另外,创造超预期的用户体验,让用户忍不住想"尖叫",还需要戳中用户的痛点,在用户的"痛点"处做到极致,超越用户预期。用户的痛点,如性价比、服务等都属于让消费者普遍"痛"的需求内容。如果我们能够戳中这样的"普遍痛点",那必然能引发用户尖叫,让口碑发生大面积的病毒式传播,例如小米的极致性价比,海底捞的极致"变态"服务等。

思考题

1. "市场细分法"和"集中法"的区别是什么?
2. 怎样有效利用现有资源建立客户资料数据库?

精讲视频

第六章　判断客户与潜在客户的价值

第一节　判断客户和潜在客户的财务价值

　　判断客户和潜在客户的财务价值是五大步骤的第二步。在找出了现有客户、潜在客户以及新兴客户之后,营销管理者便要设法判定现有客户、潜在客户以及新兴客户的财务价值。在上一章我们曾经提到,对客户价值的判断要从财务的回报角度来说明,利用客户价值的财务观点,整合营销传播管理者就可以对每个客户群制定适当的行为目标。对某些客户群来说,只要维持目前的支出水平就可以;对其他客户群体来说,公司可能希望增加支出或者把客户迁移到其他地方;对于那些暂时还不是用户的人来说,公司希望让他们尝试购买,使之将来有一天能成为常客。只有了解了各个客户群的购买动向,才能够有的放矢地制定财务计划。

　　那么,如何测量出不同客户群体的财务价值? 传统的估价财务的方法以历史数据来作推断。也就是说:算出客户过去有多少价值,然后再用过去的价值来预测客户或潜在客户将来可能有多少价值。这种做法虽然有一定效果,但是也有明显的缺陷。

　　缺陷一在于它没有把客户留住率(Customer Retention)与成长率所受到的限制考虑进去。也就是说,它们假定客户、市场与营销活动都在营销人员的掌握之中,而忽视了其他一些可能影响客户、市场或者营销活动的因素。

　　缺陷二在于传统的估价方法假定所有的客户都是相同的,但实际上不同的客户之间差别巨大。意大利经济学家帕累托(Vilfredo Pareto)曾提出著名的 80/20 法则:20％的客户通常为公司带来了 80％左右的销售量、利润或收入。这表明对每一家公司来说,都有一小群客户对公司的成功至关重要。哈尔伯格(Garth Hallberg)在《差异化营销》(*Not All Customers Are Created Equal*)一书中曾经指出:在酸奶酪的类别中,美国 16％的家庭占据了全部购买量的 83％。同样,一项针对 Folger 咖啡公司的研究也表明,15％的家庭占据销售量的 70％。一家信用卡营销业者分析了信用卡客户群所带来的利润,结果发现,仅仅是 12.8% 的活跃持卡人就带来了 90% 的利润[①]。既然不同的客户能够为公司带来不同的效益和价值,那么我们在进行营销策划时就首先要评估不同客户的价值。

在这里,我们引用美国 Targetbase 公司所提出的创新估价法来计算客户的品牌价值,这是到目前为止计算客户品牌价值的比较可行的操作方法。这套方法是为了界定整体的客户品牌价值(Customer Brand Value, CBV)。它以客户或客户群可以为品牌利润带来的财务价值为起点,将客户品牌价值归纳为四个要素。

(1) 渗透率(Penetration, P)。公司在某一类别客户总数的比例中所拥有的客户人数。例如,在所有的消费者中,有多少消费者购买了该品牌的产品。

(2) 类别购买率(Category Buying Rate, BR)。每位客户对于产品、服务或品牌的平均年度(或其他时间段)需求。也就是顾客购买该品牌产品的年度需求量。举例来说,一名顾客一年之内会消耗 60 瓶汇源果汁,那么他对于汇源果汁的年度需求量就是 60 瓶。

(3) 购买占有率(Share of Purchases, SOP)。营销组织所拥有的整体客户购买比率。也就是说,客户购买该类别产品的总金额有多少比例是花在营销人员的品牌或公司上的。举例来说,如果客户每年要花 1 000 元购买果汁饮料,则其中有多少钱是花在汇源果汁的品牌上。需要说明的是,购买占有率常常与类别购买率相关。如果一种商品的类别购买率是 1,则它的购买占有率应该是 100%。例如,顾客在购买波司登羽绒服的需求中平均年度需求是一件,那么他对于波司登羽绒服的购买占有率则是 100%,因为他已经不可能同时购买别的品牌的羽绒服。

(4) 边际贡献率(Contribution to Margin, CM)。客户的购买总额中有多少成了公司边际贡献栏上的收入流? 这是很重要的评估因素,因为这牵涉组织的实际财务回报,而不只是产品在零售方面的销售金额。由于公司要投入净额去购买不同形式的营销传播,所以一定要知道当所有成本都扣除之后,组织究竟可以回收多少净额。

利用公式可以算出客户品牌价值: $CBV = P \times BR \times SOP \times CM$,如图 6-1 所示。

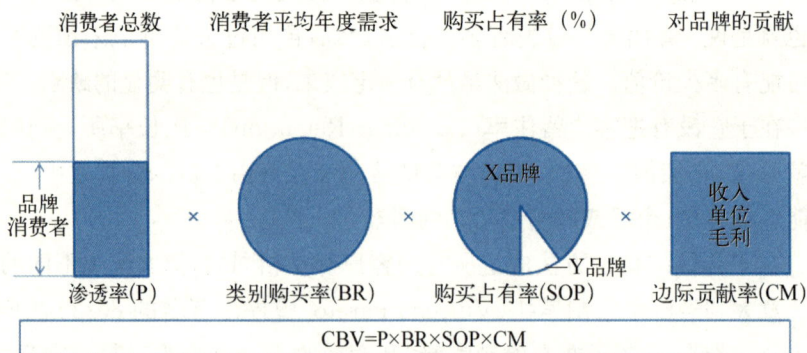

图 6-1　客户品牌价值计算公式[②]

①　〔美〕唐·舒尔茨、海蒂·舒尔茨:《整合营销传播——创造企业价值的五大关键步骤》,中国财政经济出版社 2005 年版。

②　转引自〔美〕唐·舒尔茨、海蒂·舒尔茨:《整合营销传播——创造企业价值的五大关键步骤》,中国财经出版社 2005 年版。

第二节　计算消费者品牌价值案例分析

　　这里我们以汇源果汁在中国市场上所拥有的消费者数量以及销售情况作一个实例分析。汇源果汁是一个与大众生活息息相关的品牌，同时，汇源果汁也与其他品牌存在着激烈的竞争，因此以汇源果汁的购买情况来计算现有客户和潜在客户的财务价值非常有代表性。

　　据调查，每年在北京 1 000 万人口中有 400 万人至少买过一次果汁，则果汁在北京饮料市场上的渗透率为 40％。

　　根据营销人员的调查，这 400 万人当中每人对于果汁的年消费量平均在五箱——60 瓶。因此，每位顾客对于果汁的年度购买率是 60 瓶。

　　根据估计，针对这 400 万在过去一年购买过汇源果汁的消费者而言，汇源果汁的购买占有率是 35％。也就是说，在消费者一年所购买的所有果汁饮料中，有 35％是汇源果汁的品牌，而很多消费者也会尝试购买其他品牌或者口味的果汁，因此针对 1 000 万北京市民来说，汇源果汁在北京的市场份额是 40％×35％＝14％。

　　最后，再来计算一下每一瓶汇源果汁的毛利。如果每瓶果汁的毛利是 2.5 元，那么一年当中每一位消费者所产生的果汁的利润可能是 60×2.5＝150 元。不过，这 150 元并不是完全贡献给汇源果汁的，因为汇源果汁在所有果汁的市场份额是 14％，因此每位顾客对于汇源果汁所产生的毛利则是 60×2.5×13.95％＝20.925 元。

　　我们把目前为止得到的数据整理如下：

渗透率(P)
在北京市场上找到的客户总数＝10 000 000
果汁的客户数＝4 000 000
果汁市场的渗透率＝4 000 000/10 000 000＝40％

类别购买率(BR)
每位消费者的平均年度需求量＝60

购买占有率(SOP)
果汁在北京市场的渗透率是 40％
40％的消费者中汇源果汁的购买占有率是 35％
汇源果汁的市场份额＝40％×35％＝14％

边际贡献率(CM)

售出每瓶汇源果汁的毛利＝2.5元

每位客户为汇源果汁贡献的品牌价值即毛利(P×BR×SOP×CM)＝40%×60×35%×2.5＝8.4×2.5＝21元

在这个计算公式中,我们可以发现有两个可以拓展的市场空间。一是可以设法抓住除去40%的渗透率以外的60%的潜在市场,也就是说,有60%的北京市民有可能从潜在客户转变成为现有客户;二是可以拓展除35%以外的65%的购买占有率,也就是说,使一部分对汇源果汁可买可不买的用户成为忠诚用户,如果能成为忠诚用户,则购买占有率有可能达到100%。

因此,研究人员通过这个例子发现,正如前面根据行为特征来归属客户的"集中法"所谈到的,客户通常可以分为忠诚使用者、重度使用者和轻度使用者。忠诚使用者是那些无论在任何情况下都会购买汇源果汁而从来不购买其他品牌果汁的顾客;重度使用者是指那些经常在两到三种品牌中轮流购买,但仍会花费相当一部分金额去购买汇源果汁品牌的顾客;轻度使用者是指那些通常购买其他品牌,只在打折的情况下才会去购买汇源果汁的顾客。

在唐·伊·舒尔茨的书中,他提到了对三种客户的战略规划矩阵,以此来合理有效地规划三种不同的客户。由于所遇到的实际情况不同,在此我们不列举在他的书中所举出的战略规划的例子。我们只需要知道的是：通常来说,忠诚使用者虽然为公司带来稳定的收入流,但由于忠诚使用者往往总是少数,因此他们不能够为公司的投资带来大的机会。而轻度使用者由于经常更换品牌,而且总是在打折的时候才会购买产品,因此这类顾客也不能为公司带来稳定收入流。对待这一客户群体的策略是必须尽量以最节省成本的方式留住这些购买者,但不能轻易放弃这一细分市场。而最有价值的就是重度使用者,这些使用者往往被看作是非常具有潜力的顾客,而且重度使用者所占有的比例最高。由于这一组规模比较大,营销总监认为稳固这一消费群体是非常重要的,公司必须尽力保护并提高对这些现有使用者的占有率。

第三节　对等互惠的互动关系

在上一节的内容中,我们主要从营销传播人员的角度来看待客户与潜在客户的价值。但是要形成有效的营销传播计划,营销人员还必须了解客户对于品牌、产品或者公司的看法。因为在整合营销传播中既然一切以客户为中心,那么了解客户对于品牌或者公司的看法也是至关重要的。

唐·伊·舒尔茨认为：过去,营销与传播对于公司来说主要价值在于找出并传达一些竞争优势,把本身的产品与竞争品牌区分开来。大部分营销手段是以"获胜"为基础的,连策划用语中都透露出这种信息,例如"目标市场""赢得市场占有率""包抄竞争对手"等。这些用语都暗示着营销人员获胜而竞争对手失败或者消费者被说服等含义。而整合营销传播认为,"获胜"一词应该改为"共享",即整合营销传播人员的任务是缔造互动性的市场、与客户共享市场、努力提高客户眼中的价值。在互动性的市场上,客户控制了主要的选择权与淘汰权,世界正朝着经济学家所谓的"完全市场信息"前进。而这种权利的转移意味着竞争优势将失去意义,营销人员反而必须与客户以及终端客户"共享价值"。

而整合营销传播的最终目标是建立产品与客户之间的"品牌关系",其定义是"通过长期交换产品或服务的价值而存在于买卖双方之间的关系"。在这种关系中,客户希望从品牌中得到价值,而营销传播者也希望产品能从客户那里得到长期的利润。当双方都觉得彼此的付出和收获在价值上是公平的,这种长久的关系才能够保持,顾客才能够保持忠诚度。但需要说明的是:这种公平只要是"感觉上的公平"就可以了,根据美国心理学家亚当斯的"关系的投入和产出理论",这种"感觉上的公平"是客户感觉到他所投入的和得到的是公平的。客户和产品之间的"感觉上的关系",取决于客户对于品牌产品感觉上的好坏。例如,一名顾客中意于使用香奈儿的化妆品,香奈儿的化妆品价格昂贵而成本其实并不高,但只要顾客使用香奈儿的品牌获得一种心理上的满足感,那么就产生了"感觉上的公平",顾客和香奈儿品牌之间的关系就能够长久保持。

亚当斯的理论还指出,感觉不公平会导致关系紧张。化解这种紧张关系的方法有很多种。如果甲觉得他的产出与乙比起来微不足道,那么甲可以采用以下做法之一。

(1) 减少投入。客户可能只在香奈儿牌子降价的时候才会去买,或是偶尔购买其他便宜的比如玉兰油等竞争品牌。营销人员则可能会稍微降低质量,比如提供一些较为低端的便宜的产品,或开始对过去的"免费服务"收费。

(2) 增加产出。客户可能会试图通过磋商产品或服务的价格,或是要求对支出的价格提供额外的服务,借此提高回报。顾客可能会跟营销人员谈价,试图降低一点价格。营销人员则可能为了维护某些长期客户的价值而不惜牺牲现有客户的收入。

(3) 断绝关系。客户可能一辈子不停地改用别的品牌、产品或服务。当客户要求过多的服务、购买数量不足以维持这种关系时,或者不能带来利润时,营销人员就会把他"开除"。

在全球性网络化的互动市场上,追求这种互动关系的价值既迅速又容易,这为营销人员所要发展的东西提供了基础。在日益集中的 IMC 市场上,营销人员与客户带来的并且获得的每次品牌接触和每次传播都将决定并不断重新定义这种对等互惠市场。

由上所述,我们可以看到,在维护客户与品牌之间的对等互惠关系时,有两个因素是应该考虑的,一个是客户对于品牌的价值,另一个是品牌对于客户的价值。有关客户对于品牌的价值,我们已经在上一节当中探讨过,它主要是通过渗透率、购买率、购买占有率、边际贡献率四者相乘来得到的。

那么关于品牌对于客户的价值应该怎样计算与衡量？有一篇发表在美国数据库营销会议中心（National Center for Database Marketing Conference）的论文提出了一个模型①。这篇文章认为：在 IMC 方法中，决定品牌对客户的价值要考虑三个主要因素：(1) 客户的需求，即他们想要在类别中得到什么好处；(2) 客户的心态，即他们是以什么态度、动机与感觉来看待产品、营销人员和品牌的价值论述的；(3) 环境，即有哪些限制和影响决定了各种购买行为的种类范围。

该论文进一步提出了一个双方对等互惠的模型，如图 6-2 所示。

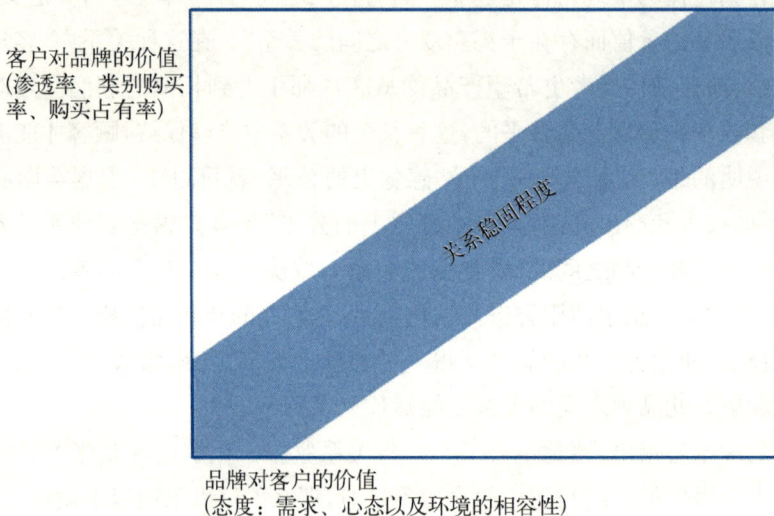

图 6-2　双方对等互惠模型

在上图中，纵轴是通过计算收入流以及品牌长期从客户身上得到的边际贡献率来决定的；横轴则是代表品牌对客户的价值，也就是客户对于品牌及其价值的看法。这种客户价值在很多方面与态度有关，包括需求、市场以及本身所处环境的相容性。要衡量客户的态度和需求有很多办法，我们可以做调查问卷来得知顾客对于品牌的反馈情况，但是最简单的是在购买行为结束以后，营销人员简单地问客户几个问题，就可以得知客户对于品牌的反馈。这种第一时间的反馈通常是非常有效的，一些网络和直销类组织纷纷采用这种方法，使营销人员在第一时间掌握到自身和客户的关系，而不必靠复杂的消费者问卷。

不过，客户对于品牌价值的看法也有很大一部分反映在财务当中，只要核检当年或当月的财务利润，就可以知道该品牌在顾客心中的价值有多大。相比较起顾客对品牌看法的态度，顾客的购买行为往往更能够说明问题。

图 6-2 中间的宽带状对角线是在界定营销人员和客户之间可能或实际存在的关系稳固程度。双方的关系越稳固，共享的价值就越大。因此，当客户对品牌的价值和品牌对客户

---

① 转引自〔美〕唐·舒尔茨、海蒂·舒尔茨：《整合营销传播——创造企业价值的五大关键步骤》，何西军、黄鹏等译，中国财政经济出版社 2005 年版，第 102 页。

的价值都很高时,关系就会既稳固又长久。要是高于或低于这条线,品牌和客户的关系就会失去平衡。这表示有一方会觉得实际价值或感觉上的价值要大于或者小于另一方的价值。只有当双方处于合理的均衡状态时,关系才能互惠并且持久。

作者在这个对等互惠关系模型中进一步指出:在衡量品牌对客户价值的三个标准(需求、态度和环境)之中,态度可能往往起到决定性的作用,也就是说,态度指数是使上述关系能否维持平衡的关键。作者进一步提到在这三种因素当中有一些内在算法来计算它们是否与客户对品牌的价值保持平衡。不过,在这篇论文中,至少在唐·伊·舒尔茨的著作中,我们并没有看到明确的计算品牌对于客户价值的三个要素的方法。

笔者认为,这个模型的出现有着非常重大的意义。它清楚地揭示了客户对于品牌的价值以及品牌对于客户的价值两者之间的互动关系,这种关系的维持需要双方的共同努力,而这种关系的稳固程度伴随两者之间的发展而发展。它的另一个优点是使营销人员能通过它持续掌握长期品牌关系的稳固程度并调节自身的营销活动以满足客户的要求。

但是这一模型也存在明显的缺陷,至少在目前它是很不完善的。主要缺陷就在于对"品牌对于客户的价值"中所呈现的三个因素,作者并未清晰地加以解释。为什么选取这三种因素以及如何衡量这三种因素在原文中不明朗。笔者认为:如果以这三种因素来衡量品牌对于客户的价值,至少应该有相应的量化标准,即如何衡量客户态度、如何了解他们的需求以及需求到何种程度,以及周围的环境如何评判等。而这些都需要相应的人员投入大量的研究。

第四节　整合营销传播的 5Rs 理论

5Rs 理论着重于鉴别客户与营销传播者的关系。在传统的 4Ps 理论当中,控制市场的是营销传播人员而不是受众,无论营销传播人员怎样从受众的角度去挖掘产品的魅力或者提升广告的吸引力,从根本上来说还是营销传播人员在操纵市场。唐·伊·舒尔茨认为,既然整合营销传播是完完全全以客户为中心的,就应该注重于缔造一种营销传播与客户之间的关系,而这对营销传播者提出了全新的要求。在此基础上他提出的 5Rs 理论就是这种关系的最好写照。5Rs 理论具体表现为以下内容。

(1) 相关性(Relevance)。指的是产品与顾客之间必须有某种关联,所生产的产品必须能够满足顾客的某一种需要。例如,旅行社提供的旅游景点和线路安排必须是顾客所需要的,某公司开发的某种新化妆品必须是能满足某一类型顾客需要的(保湿、美白、防晒)。除了产品的功能与客户需求相关之外,营销传播还必须提供相关的服务与传播,以及相关的和有竞争力的定价和分销系统,这样才能真正体现为顾客服务的原则。

(2) 接受度(Receptivity)。这个词可以从两个方面去理解。一方面营销人员希望能在客户与潜在客户最能接收信息时找到他们。例如,如果营销人员卖的是汉堡,那么找到客户的最佳时机就是在客户肚子饿的时候；如果营销人员卖的是保暖内衣，那么打出广告时就应该是即将进入隆冬季节时。因此首先要弄清楚客户或者潜在客户在什么时候以及哪一个品牌接触点上最容易接受这一信息。

（3）响应力(Response)。这个词也有两个方面的内涵。首先，响应力是指客户或潜在客户响应公司所卖的产品的程度。例如，当宝洁公司研发了新一代飘柔洗发水并高调做广告时，有多少用户看了这则广告会真的产生购买欲望？其次，响应力也是指组织反过来觉察、适应以及迎合客户及潜在客户的需要和愿望的能力。宝洁公司在市场调查过程当中发现许多爱美的女性非常希望有一种乳液能使头发在瞬间变得顺滑，于是立刻研制出了"潘婷免洗润发乳"，瞬间解决头发毛糙问题，一上市即受到许多长发女性的青睐。在互动型的市场中，营销的关键技能不再是规划、发展与执行营销传播计划的能力，而是能不能适当响应客户的需要与要求。

（4）识别度(Recognition)。识别度和接受度、响应力一样具有两层含义。首先，识别度是指公司能不能在重要的接触点上认出客户，并立刻找出公司针对该客户所储存的相关资料。例如，当客户拨打免费电话时，接听的人员能不能立刻找出客户的交易与服务记录来回话？或者公司能不能认出重返网站的访客，并把该次造访与过去的活动联系起来？其次，识别度也是指客户能不能从既有的众多选项中认出并挑选出组织的品牌。潜在客户与客户是否知道这个品牌？他们有没有把这一品牌和特定的需要与用途联系在一起？他们能不能看出这个品牌和竞争对手的品牌有什么差别？等等。

（5）关系(Relationship)。这个词在营销中有很多内涵。比如客户关系管理、客户关系营销和一对一营销等趋势都是以"关系"为核心的。但在价值型IMC中，建立关系的人是客户，而不是营销人员。客户自己决定要跟谁做生意、客户自己限定时间与条件、客户的权利是最关键的，营销人员只是负责响应而已。例如，在新型的互动型营销传播中，顾客自己上网去选择所需的产品、决定跟什么人进行交易，在对交易不满时，顾客可以选择投诉或其他方式来维护自己的权利。在淘宝网上，卖家比买家更为小心翼翼地维护关系，因为他们知道买方具有更大的主动权，如果买方给予卖方一个中评或者是差评，卖家的生意就很难维持下去。

　　小红书是家喻户晓的分享型社交媒体网站。它自2013年成立以来，迅速崛起并成为年轻人热衷的生活方式平台和消费决策的重要依据。到2019年10月，其月活跃用户已突破亿级大关；2023年其日活跃用户达到1亿，月活跃用户高达6亿。2025年1月，由于TikTok在美国面临禁令，许多美国用户转向使用小红书，导致小红书在短时间内用户量激增，曾在一天时间内增加了近300万。这种现象表明小红书不仅在中国国内有影响，也在国际上逐渐获得认可。

　　从"相关性"的角度来说，小红书上的内容都是网友真实分享，囊括日用化妆品、旅游、留学、生活、休闲、美食以及各种网络课程等实用性内容，与客户平日的生活息息相关。客户在小红书上参考、借鉴其他网友分享的帖子,对日常生活产生巨大帮助。从"接受度"来说,由于小红书的内容都是网友的真实分享,可信度较高,不仅被客户广泛接纳,还产生了高度依赖。很多用户把小红书当搜索引擎用了。在"响应力"方面,不断增长的日活用户已经说明它成为"超级流量入口",华尔街见闻获悉,2024 年第四季度,小红书日均搜索量达到 6 亿次,百度的日均搜索次数在数十亿次。小红书正在朝着百度、谷歌追赶,而且还低调上线了 AI 搜索应用"点点"①。目前,小红书正走在高速发展的赛道上,其电商心智也逐渐成熟。很多商家或品牌已经开始布局小红书,将其当作重要的零售渠道和直播阵地。从"识别度"的角度来说,小红书要求用户提供基本的个人信息,如年龄、性别和地理位置等,帮助平台更好地理解用户的偏好和需求,从而提供更加个性化的内容和推荐。通过分析用户的笔记内容,小红书也可以识别用户的兴趣爱好、购买行为和消费习惯等,帮助品牌制定合理的定价策略和促销活动,提升用户体验和商业价值。用户账号的状态、历史记录、行为数据如活跃周期、内容互动率、UGC 生产转化等,也是识别的重要依据。从"关系"的角度,小红书深知维护粉丝关系的重要性,通过一系列与粉丝精细化的互动提升粉丝的参与感,比如:在笔记评论区发起投票:"下期想了解什么问题",让粉丝决定内容方向;每周固定时段开展"粉丝问题专场",用视频或长图文详细解答高频疑问;为互动活跃用户提供试用装申领、直播优先提问权等差异化权益;帮助博主获得人格化账号形象;面对负面评价需在 24 小时内响应,持续提供情绪价值与实用价值,当用户感受到被尊重、被需要时,自然会成为账号的传播节点和真正的流量密码。

📝 **思考题**

1. 客户与品牌之间的关系是怎样的? 它们怎样相互产生作用?
2. 请自己找一个中国的案例来计算消费者品牌价值。
3. 整合营销传播的 5Rs 理论是什么? 怎样看待这 5 个 R? 请提出自己的看法。

精讲视频

---

① 刘宝丹、周智宇:《小红书正成为"超级流量入口"》,华尔街见闻,2024 年 12 月 27 日,https://wallstreetcn.com/articles/3737908。

第七章　信息渠道与内容

这一章开始探讨五大闭环中的第三个步骤，即如何选择信息渠道和传递信息内容。整合营销传播的这一步骤与传统营销传播不同。在传统的营销传播中，由于所采用的渠道比较单一（大部分是依靠广告的形式），因此，在渠道的选择上并没有太多余地。营销传播者们常用的做法是在规划传播内容后，再选择一两种媒体通过广告等方式传递给大众。在这个过程中，内容是第一位的，渠道是第二位的。设计内容中的创意要素也因此就成了重中之重。

而在整合营销传播中，由于信息传递的渠道大大增多，"新形态的媒介几乎天天都在出现，从推销活动、赞助到鼠标垫，再到卫星甚至到网络上的各种选择。帽子、衣物、公交车的候车亭等消费者所看到或听到的一切几乎都成了传播媒介"①。而IMC的内涵中重要的一点就是顾客与品牌的一切接触点都在传达信息。最终结果是，创意或营销人员说了什么，还不如他们怎么说或者在哪里说更加重要；选择什么样的形式来传递内容比内容本身更为重要。例如，一种新产品推出以后被摆放在进门口货架上显眼的位置和被摆放在一个很不起眼的角落里，所造成的营销结果差别很大。即便这个产品本身质量非常出色，它也很可能因为被摆放在很不起眼的地方而受顾客冷落。因此，在整合营销传播中，传播的流程与传统的流程不一样，客户通过什么样的方式来了解到产品和服务可能比产品本身所传达的信息要重要得多。

在这个步骤中，我们分成两节来分别探讨：一是根据客户需求建立信息渠道；二是规划信息内容。信息渠道是根据对客户情况的了解来选取的，而信息的内容则是根据所选取的渠道来规划的。

---

① 转引自〔美〕唐·舒尔茨、海蒂·舒尔茨：《整合营销传播——创造企业价值的五大关键步骤》，何西军、黄鹂等译，中国财政经济出版社2005年版，第66页。

第一节 建立信息渠道

所谓建立信息渠道指的是在规划好传播内容之前,先将传递内容所需要的渠道设置好。由于整合营销传播所侧重的是"多种信息渠道的整合运用",因此,先规划好传播信息的渠道非常重要。是品牌在哪一个接触点上接触到顾客最好,或者是采用哪一种媒介或几种媒介来传递信息能够起到最为理想的效果,都需要营销传播管理者精心策划与安排。我们将这一部分内容分为三个步骤:(1)分析品牌接触,即了解客户或者潜在客户可能在哪里感受产品及服务;(2)选择正确的传播渠道,改变以往信息从营销传播者传递到消费者的途径,而转变成为信息由消费者传递到营销传播者的途径;(3)构建消费者头脑中的品牌网络,使品牌深入人心。

一、分析品牌接触

分析品牌接触首先要正确理解"品牌接触点"(Contact Points)的概念。"品牌接触点"被定义为客户在体验全套的产品或服务过程中认为属于该品牌的一切要素。例如,顾客曾经买过或者用过这种产品、接触到第一线员工、对产品包装产生深刻印象、参加各种形式的营销传播、消费咨询、售后服务等都可被称作品牌接触点。

著名品牌"惠而浦"在其品牌传播中就展示了 33 个品牌接触点[①]。这 33 个品牌接触点又可分类为:售前体验接触点、售中体验接触点、售后体验接触点、有影响力的品牌接触点。

售前体验接触点:包括各种媒体广告、优惠券或特别折扣、网站、无病毒营销、直投、新品发布、公共关系、顾客采访、行销演说、赞助、建筑商和设计师、合作伙伴、顾客。

售中体验接触点:零售商、店内商品陈列、销售能力、理财计划。

售后体验接触点:机械技师、客服人员、服务技师、烹饪课程、顾客满意度调查、促销、社团参与。

有影响力的品牌接触点:年度报告、年度股东会议、分析师、内部咨询、雇员、MBA 毕业生招聘、企业培训、销售商、供应商。

这些品牌接触点基本涵盖了一个品牌传播所要依赖的信息通道,而每一个品牌接触点都在传播着品牌信息,同时都会或多或少地影响着消费者的购买决策。因此,品牌传播者要针对不同的接触点,有目的地释放能够影响品牌认可和购买行为的品牌识别内容,并做好品牌接触点管理工作。在进行品牌传播时,要将品牌识别内容有意识地落实到相应的品牌接触点上,让消费者在接受品牌相关讯息时,清晰、一致地感受到品牌

---

① 〔美〕斯科特·M.戴维斯、迈克尔·邓恩:《品牌驱动力》,李哲、刘莹译,中国财政经济出版社 2007 年版,第50 页。

的核心内涵，以使品牌信息持续不断地在所有品牌接触点上传播品牌识别，演绎品牌核心价值及相关识别，在消费者的心中留下丰富的品牌联想和鲜明、独特的品牌个性，从而提高品牌传播效率，降低品牌建设成本，这就是品牌接触点管理的本质所在。

那么，如何测量各个不同的品牌接触点？如何知道顾客在哪一个品牌接触点上受到的影响最大？这就需要对各品牌接触点进行测量，将它们的效果量化表达出来。在这里我们引用美国西北大学的丽莎·弗蒂尼-坎贝尔教授所提出的"品牌接触审核"概念及其步骤。她提出品牌接触审核有三个步骤，并将每一个品牌接触点作了量化分析。这一概念的提出对于品牌接触点的衡量提供了重要依据。

步骤一：从客户或潜在客户的视角找出所有品牌接触点。不管组织能不能控制它们，也不管它们是不是由营销人员直接负责，营销人员要在尽可能的范围之内将各种品牌接触点全部找出来。

步骤二：从客户或者潜在客户的角度出发整理各种品牌接触点并排出顺序。在所有品牌接触点中有一个"关键点"（Key Point），即决定性的接触点。这一决定性的接触点往往可以使客户接受这一品牌或者拒绝这一品牌。例如，一个顾客如果被营销人员的良好服务态度所打动而决定购买该产品，那么，营销人员的态度就成为这名顾客与产品之间的"关键点"。这个步骤是将所有的品牌接触点进行排序，看哪一些会强化品牌正面印象，哪一些会造成负面影响。这些信息整理如表7-1所示。

表7-1　品牌接触点审核评估表[①]

品牌接触点	重要性评估	印象评估	客户期望	客户体验	信　息	当前资源分配

在这一表格中，左边第一栏"品牌接触点"要完整地列出这一流程的第一步所提到的一切接触点，其中包括各种各样的对外营销传播，如广告、指南手册、店内展示、包装、营销人员的态度等。

第二栏主要是对每个接触点进行评估，显示客户评估品牌的重要性。这一栏的结论主要通过客户调查来得到。例如，通过第三者传递其使用过产品的信息就比大众媒体宣传的产品信息显得更为真实可靠，这是人际传播与大众传播在宣传效果上的不同，因此在

① 转引自〔美〕唐·舒尔茨、海蒂·舒尔茨：《整合营销传播——创造企业价值的五大关键步骤》，何西军、黄鹂等译，中国财政经济出版社2005年版，第119页。

这种情况下人际传播的评级层次要比大众传播高。在这一栏中将评级层次分为"**重要**"和"**次重要**"两级,就可以将品牌的不同重要性区别开来。

第三栏是指客户在接触点上所得到的印象。这一栏也有两个层级,即识别客户或潜在客户所得到的印象是**肯定的**还是**否定的**。这一结论也主要依靠客户调查获取。

丽莎·弗蒂尼-坎贝尔教授接下来提出了"完整品牌接触顺位图",如图7-1所示。品牌评估的重要性与客户在接触点上所得到的印象构成了一个矩阵。我们在这个矩阵图上可以看到:第Ⅰ区和第Ⅱ区的品牌接触点是营销传播管理者应该重视的区域,而第Ⅲ区和第Ⅳ区则相对来说显得次要一些。

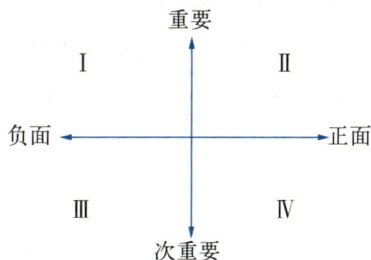

为了维持品牌传播的长期成效,客户或者潜在客户在各个接触点所收到的信息都必须经过充分的整合与

图 7-1　完整品牌接触顺位图①

协调。这表示如果要改善图中第Ⅰ区和第Ⅲ区的那些品牌接触点,最简单的做法就是把它们和第Ⅱ区与第Ⅳ区的正面接触加以调和。例如,顾客在品牌的质量和包装上形成了负面印象,那么唯一能够做的就是在服务以及售后等环节加以改善,这样也许能够弱化前面的负面影响,使顾客对于品牌的整体印象不至于太差。

步骤三:在已得知顾客对于品牌的基本看法以后,接下来就是希望在各个接触点带来更好的客户体验。这是将以上的矩阵更加细化后得出的指标。要做到这一点,必须很仔细地了解顾客的体验。这包括对顾客进行以下方面的调查。

在每个已知的接触点上客户有什么期望? 他们期望从现有的品牌中得到什么层次的品质或者服务? 他们期望什么层次的知识与专业技能? 他们对现有的品牌与组织有什么印象?

在每个接触点上,实际的客户体验是什么样子的? 也就是说,现有的产品和服务有没有满足他们的期望或有没有给他们超乎预期的体验?

每个接触点真正发出的信息是什么? 也就是说,每个接触点对品牌、公司以及客户或潜在客户的承诺究竟传递了什么内容? 营销传播者是不是发出了与广告内容不符合的信息? 信息与客户的期望是否一致? 在每个接触点上分配了哪些资源? 同时,所分配的资源是否与接触点对客户的重要性及适用性相称? 投资的消费是不是与传播的效果不相符合?

这些问题能够全方位地反映客户对于品牌的看法和体验。可以看出,品牌接触审核对于制订营销渠道及规划传播内容是非常有帮助的。它可以确定哪些接触点最有办法传

---

① 资料来源:Lisa Fortini-Campbell, Communications Strategy: Managing Communications for the Changing Marketplace, Presented at Northwestern University, Evanston, IL, October 19, 1999。转引自〔美〕唐·舒尔茨、海蒂·舒尔茨:《整合营销传播——创造企业价值的五大关键步骤》,何西军、黄鹏等译,中国财政经济出版社2005年版,第120页。

递信息和激励，它与顾客的实际期望有多少距离，以及该怎样在每个信息点上分配信息资源等。目前看来，它能够比较好地体现出顾客与品牌接触各方面的需求。

不过，笔者认为不足之处在于所有资料并没有显示出各项指标是如何被具体量化的。例如，在第二个步骤中顾客评估品牌的重要性时，虽然顾客给予了"重要"或者"不重要"的评估，但重要或不重要完全是顾客自己的主观判断，并没有一个客观的衡量标准。另外，虽然前面的矩阵图能够在大的方面将品牌重要性与品牌印象加以归类，但在顾客对于品牌的具体看法上，该图表并未提出量化和可测量的方法。笔者希望能在未来的文献中看到解决的办法。

以下我们举例来看看品牌接触点如何在现实生活中起作用。

> 2024 年，中国正经历实体经济的寒冬。但河南许昌一家名为胖东来的超市却逆流而上，在 2024 年全年销售额达到 169 亿。其经营模式就是不放过每一个细节，真正做到了把顾客奉为"上帝"，为顾客提供贴心的服务和有爱的关怀。

> 胖东来直观清晰地标明进货价、销售价及毛利润，价格实惠，公开透明，若同款产品经过线上正规网站渠道查询比胖东来便宜，商家可直接按照线上价格销售，这是对自身产品品质与企业诚信经营的自信。针对不同产品，胖东来大量采用温馨提示的产品标签，注明产品的产地源头、挑选方法、储存方法、制作方法等，甚至还提供大量菜谱让消费者根据菜单选购食材；胖东来所提供的果切拼盘和肉类保质期均为 1 天，并设置定时打折促销，既避免浪费，还能让消费者享受到优惠力度。

> 胖东来从 1999 年开始，就推出了"不满意上门退货"服务并始终坚决执行这一承诺。胖东来支持"无理由退货、无条件退货"以及"7 日内退差价"的做法，为顾客提供了良好的售后保障。不仅如此，胖东来还配备了专门的售后服务团队，开通了投诉建议通道，官网上也有意见公示台，让顾客不满意就投诉。胖东来还设置了顾客留言板，对于顾客的意见虚心听取。对于顾客的投诉，胖东来及时处理并快速给予处理结果。

> 在胖东来购买的家电可免费修理，购买后的产品一旦降价，七日内联系顾客退返差价；顾客若没有购买到自己想买的商品，可以写到留言板里反馈，工作人员会四处采购，然后打电话联系顾客。据不完全统计，胖东来慷慨地提供了包括手机免费充电、商品免费配送、家电免费维修、衣物免费干洗、电脑免费试机、免费看书、免费唱歌以及免费停车等在内共 84 项免费服务，让广大顾客切身享受到了全方位的实惠，真正将顾客当作了"上帝"。

> 在胖东来购买海鲜，在海鲜区挑选海鲜后由工作人员控干水分称重，不会让顾客吃亏，高档海鲜可免费现场加工，平价海鲜也可提供挑选虾线等服务，还配有柠檬洗手水可清洗，去除海鲜腥味；顾客在水果区挑榴莲时提供手套防扎手，如果切开后不满意，可以更换，换到满意为止。

胖东来公共区配有休息室、吸烟室、育婴室,还安装了直饮水,满足各类人群的不同需求。卫生间还配备专为儿童设计的卫生间,卫生间内还配有挂衣钩、手机架、烘干机、梳子、棉签、护手霜等物品。门口还设有专门的宠物寄存处,贴心设置了棚顶,不会晒到太阳,还配有专人喂水喂食。

胖东来针对各阶段人群的需求,打造了七种不同类型的购物车,其中包括为老人和婴儿设计的购物车,更有为成年人准备的手提购物篮、双层购物车等,更贴心为老年人准备了放大镜。购米处还提供一次性手套及回收处,可在置物台查看米的颜色、产品的好坏、有无虫等。就连那些用手难搓开的购物袋,也配备了湿手器。由此可见,胖东来可谓将服务做到了无微不至,永远比顾客先想一步。

正是由于胖东来对客户全方位的贴心服务,在每一个顾客接触点都尽心尽力,才使得它在实体经济寒冬的今天逆行而上,成为中国零售业的一匹"黑马"。

二、确定品牌接触渠道

在进行了品牌接触点审核以后,接下来的问题就是决定客户希望以什么方式来接收品牌信息。例如,消费者比较喜欢的是广告的形式还是直销的形式,消费者更愿意去零售店购买挑选还是送货上门? 整合营销传播既然是多种营销方式的整合,那么在选取销售渠道的时候就要充分考虑各种营销方式的利弊,或采取一种或采取多种,将它们合理地搭配组合在一起。在这一项中又有两方面的问题需要考虑,一个是客户与品牌的接触关系,这其中包括客户与品牌是否有相关性和接受度。只有相关性与接受度都能够最大化实现时,使用各种各样的传播渠道才有意义。第二个是分析各种传播渠道,包括是采用广告、人员销售、直销等营销方式,还是通过电视、广播、报纸、网络等媒体传送。整合营销传播的优势就在于把各种各样的渠道排列和整合起来,从而找出最佳途径。整合营销传播的品牌接触传递系统见图 7-2。

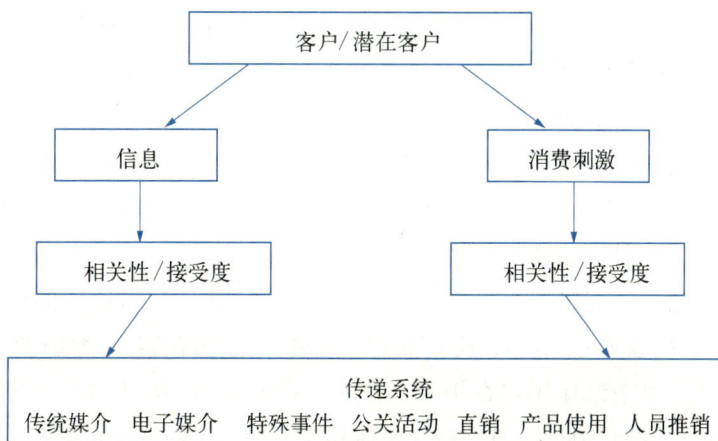

图 7-2　IMC 模型的品牌接触传递系统

1. 客户与品牌的接触关系

在上文中我们探讨客户与品牌的关系有 5 个 R。通常在两种情况下,品牌接触点对客户和潜在客户才有意义:一是必须具有相关性(Relevance),即产品必须和客户相关;二是必须具有接受度(Receptivity),也就是必须在客户可以接受的时候传递信息。二者缺一不可。

品牌接触点要有相关性是指品牌必须在客户和潜在客户想要或者需要的时候出现,而不是在营销人员想要的时候出现。例如,在顾客考虑买房的时候为顾客推荐房地产的信息,或者在顾客想要买保险的时候推销公司的保险业务。如果不这么做,往往会让顾客反感。一些营销人员贸然上门推销产品被顾客拒之门外,一些营销人员在顾客忙碌时拨打手机进行问卷调查,都是违反品牌相关性原则的做法。

同样,接受度和相关性也有直接的关系。当客户有当前需求或者潜在需求解决问题或选择市场时,他对品牌接触的接受度是最高的。例如,当准妈妈即将要正式做妈妈时,她就会特别关注婴儿用品,因为此时婴儿用品与她的相关程度最高。而这时去推销婴幼儿产品会产生较高的选择度。当一个顾客准备持有货币买房时,房地产各方面的信息会与顾客产生较高的相关性,而顾客也容易接受房地产方面的信息。

2. 传播渠道的确立

在了解了顾客与产品的相关性和接受度以后,接下来就要挑选顾客最可能接受的传递系统,即营销渠道。营销渠道是市场营销组合的重要组成部分,是克服生产者与消费者之间的差异和矛盾,满足市场寻求,实现企业目标的重要方式。产品或服务由生产者制造或提供,消费者消费产品或享受服务。在这两者之间存在时间差异、地点差异和所有权差异。换句话说,就是生产者提供的产品或服务与消费者消费这些产品或服务的位置不同、时间不同,所有权在消费前后分属不同的所有人。营销渠道的作用正是弥补产品、服务提供者与使用者之间的这些差异。

在第一版中我们介绍了很多传统的营销渠道,包括广告、公共关系、人员推销、直复营销、事件营销、演出和展会等。每一种渠道有它特定的使用群体。互联网的普及催生了一些新的传播渠道,在后文中我们会一一详细介绍,包括互联网广告、音频、短视频等内容营销、社交媒体营销、直播带货、粉丝社群营销、路径营销等。互联网营销与传统营销相比,最能体现互联网营销特性的就是渠道策略。内容营销是指通过生产和分享有价值的内容来吸引目标受众,并转化为潜在客户和忠实用户。内容可以是文章、视频、图片等形式,通过在博客、视频平台、社交媒体等渠道发布,吸引用户关注和分享,间接推广产品和服务。社交媒体营销是通过社交媒体平台来推广产品和服务,通过发布优质的内容、与用户互动、进行精准广告投放等方式,可以提高品牌知名度,吸引潜在客户,增加销售量。直播带货是指通过在线交易平台让用户在平台上购买产品和服务,常见的电商平台有淘宝、京东、天猫等。粉丝社群营销是指通过社交媒体和线上平台,将一群对某个品牌、明星、产品或服务有共同兴趣和热情的人群聚集在一起,形成紧密的社群。这些社群成员通过互动交流、分享经验、参与活动等方式,形成强烈的集体认同感和归属感。粉丝社群的特点包括高度互动性、高度忠诚度和高度影响力。互联网时代的营销渠道,大多需要依赖于对用户数据库的应用,其基础是对消费者数据和资料比较完整的保存。

三、构建品牌网络

当品牌成功地通过各种营销渠道和媒体植入消费者心中时,消费者就与品牌产生了密不可分的联系。"品牌联想"就是在这一时刻产生的。品牌联想指的是消费者在看到某一特定品牌时,从他的记忆中所能引发的对该品牌的任何想法,包括感觉、经验、评价、品牌定位等。这些不同的来源均可能在消费者心目中树立起深刻的品牌形象。品牌专家Aaker 认为,品牌联想是任何与品牌记忆相联结的事物,是人们对品牌的想法、感受及期望等一连串的反应,可反映出对品牌的认识或产品的认知。德国品牌专家韦尔德曼曾用6 年的时间分析了将近 20 000 个品牌中最有效的品牌活动。他形象地把品牌的联想比作一个在大脑中放映电影的过程,不同的品牌联想就是一部部不同的电影。美好的、丰富的品牌联想,往往就意味着品牌被消费者所认可和接受。

根据学者们的简单统计,麦当劳品牌通常能引起人们 20 个主要的联想和 30 个次要的联想。这些联想组成了有意义的概念。一提到麦当劳,消费者心中就会出现 M 形状的金色拱门、麦当劳的小丑形象、炸薯条、麦香鸡、麦当劳玩具、麦当劳服务生、小朋友的生日聚会等。

一些学者更进一步提出了"品牌网络"的概念。"品牌网络"(Brand Networks)是指客户或潜在客户头脑中的图像、想法、观念以及经验在大脑里结合起来,并在汇集后形成个人对特定品牌的整体印象与意义。品牌网络是一个品牌缔造了与消费者的无数关联后理想的状态。一旦消费者对该品牌形成了品牌网络的联想,那么这个品牌在消费者心目中就有了根深蒂固的印象。

关于形成品牌网络,美国学者弗兰森和鲍曼列举了一个七喜汽水的联想例子,如图7-3 所示。每个联想网络都是由子网络交织而成,联想的强度则是以联系的各个子网络的比重来表示。研究人员总结到:"每个品牌通常都会让人联想到一种或多种产品,并以联想网络的形式呈现在我们的记忆中。"[1]

形成了品牌网络则意味着品牌在客户头脑中的构建比较成功了。这也是规划下一步传播内容的基础。不过,在对待客户与品牌网络的关系中还有几点需要说明。

一是客户头脑中的品牌网络不易形成,但一旦形成就会比较稳定。在没有形成品牌网络之前客户对于品牌、产品或者服务没有什么概念,很难加入新观念或者植入新信息;但一旦形成了品牌网络之后,客户头脑中的网络则是相对稳定的。例如,一个消费者在没

① Giep Franzen and Margot Bouwman. 2001. The Mental World of Brand: Mind, Memory, and Brand Success. Henley-on-Thames, England: World Advertising Research Center. at 178.

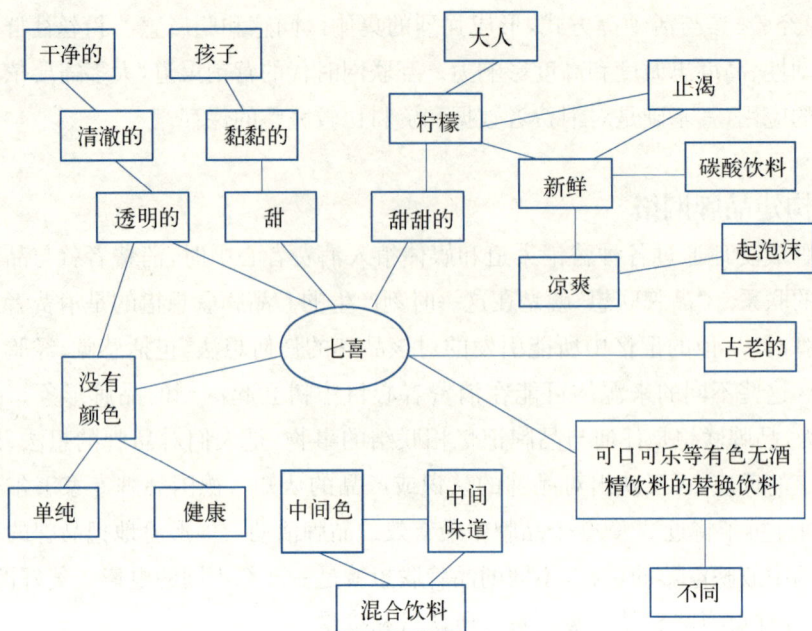

图 7-3　七喜品牌网络建构示意图①

有喝过"七喜"饮料之前，可能很难记住这个品牌的名字，他会分不清七喜饮料与雪碧等其他饮料的区别。但一旦他喝过这个饮料并且对此留下了深刻的印象之后，他就会在自己头脑中形成与上述网络类似的品牌网络，其他与七喜无关的特征将很难被纳入这个网络中。因此，营销传播要加大力度尽快在客户头脑中形成品牌网络。

二是营销传播计划要尽可能提供与客户头脑中网络相一致的信息。一旦客户形成品牌网络之后，客户就会定期测试他们所碰到的各种传播或接触要素。当客户储存了某个品牌网络，但公司的营销传播计划却发出了矛盾的信息之后，客户或者潜在客户就会面临以下两种选择：（1）接受新信息并改变原有的品牌网络；（2）忽略新信息并坚持原先所储存的内容。因此，一旦知道客户形成了品牌网络，营销传播就要积极地稳固这种品牌形象。例如，"七喜"饮料给人的形象是"甜甜的碳酸饮料"，如果营销传播在某一次发出七喜是"非碳酸饮料"的信息，就会与原有的信息造成冲突，混淆品牌定位，也使客户不知所措。

三是在综合运用多种营销渠道和媒介手段时，各种营销计划所传达的信息应该是一致的。如果品牌传播者以两套营销传递系统发出两种截然不同的信息，例如一种通过大众媒介来宣扬产品的某一种定位，而另一种通过人际传播来宣扬产品的另一种定位，就有可能使客户头脑中的信息发生紊乱，不知道哪一种信息应该被储存在客户头脑中的品牌

① Giep Franzen and Margot Bouwman. 2001. The Mental World of Brand：Mind, Memory, and Brand Success. Henley-on-Thames, England：World Advertising Research Center. 转引自〔美〕唐·舒尔茨、海蒂·舒尔茨：《整合营销传播——创造企业价值的五大关键步骤》，何西军、黄鹂等译，中国财政经济出版社 2005 年版，第 131 页。

网络之中。当然,如果两种媒介能传达一致的、相互补充的信息,则能够起到更好的传播效果。例如大众媒体传达"七喜"的"凉凉的、甜甜的碳酸饮料"的定位,同时人际传播也传输同样的信息,就能够使"凉凉的、甜甜的碳酸饮料"的定位更加深入人心。所谓整合营销传播要整合多种媒体产生协同效应、传递某一种信息就是指的这个意思。

四是选取客户喜爱的宣传渠道也很重要,好的传播渠道能使品牌网络的构建事半功倍,而不合适的传播渠道则很有可能使一个良好的营销传播计划成果毁于一旦。

在实际情况中,品牌网络有可能变得十分复杂,它的背后蕴含着品牌功能、特征、象征以及组织文化等更深入的问题。而在本书中,笔者只需要读者知道品牌网络是人脑中所存储的一切品牌和营销传播的基础即可。

第二节　规划营销传播的内容

在上一节中我们探讨了如何建立信息渠道以及建立怎样的信息渠道,在这一节中我们要探讨怎样规划营销传播的内容。这是一个"从形式到内容"的过程,它不同于传统营销传播中的"从内容到形式"。在传统的营销传播中,规划营销传播的内容往往是最为重要的一个环节,它通常表现为先是战略的制定,然后是战术的执行,但归根结底是"从内容到形式"的过程。那么我们来探讨一下这种"从形式到内容"的规划有什么特别之处。

一、创造客户需求

"创造客户需求"这一术语来自西北大学凯洛格营销学院的教授丽莎·弗蒂尼-坎贝尔。她认为创造客户需求是规划营销传播内容的首要前提。之所以称为"创造客户需求"而不是"了解客户需求",是因为客户需求在某些情况下是可以主观创造出来的。

在某些情况下,客户心中有一些强烈的动机愿望,然而并不知如何将它们完整清晰地表达出来。如果营销传播所规划的内容正好能够与客户的这种需求相吻合,那么营销传播就可以说将客户的需求"创造"出来了。例如,王老吉凉茶在上市之前苦心经营,试图找到一个适合于自己的产品定位。经过一系列市场调查之后,将自己定位为"怕上火就喝王老吉"。它既不是普通的饮料,也不是上火了以后能够降火的药,而是在顾客即将上火之前喝了就能够避免上火的"凉茶"。这一定位立刻满足了大量喜欢吃火锅的顾客内心并不十分明确的需要,因此创造了大量的客户需求。

由此看来,创造客户需求比了解客户需求更高一个层次,它是在了解了客户需求的基础之上,设置的与企业的营销传播计划有关的品牌接触点,从而使客户需求与公司的营销计划产生相关性。实现了"创造客户需求"的品牌会使客户觉得公司了解他们,尊重他们并能够预知他们的需要。这是产品能使客户感到满意的前提。

那么,要如何做才能创造客户需求、了解客户的消费动向呢? 丽莎·弗蒂尼-坎贝尔进一步认为：**首先要开发并测试客户需求**。这要求营销人员对公司的产品要有一个准确的定位。**其次,要让机构的能力与客户需求相匹配**。在很多时候客户的体验与公司提出的承诺相去甚远,例如,营销人员可能不太在意客户的问题导致客户对营销人员的态度不满意,销售人员在接到客户的投诉电话以后不回电话,维修人员不能及时赶到,产品的使用说明含糊不清,产品的体验也没有达到广告所宣传的效果等。这些使得营销与传播之间存在一定落差。要解决这种落差才能让客户感觉到公司是有能力来满足客户需求的。

以上两点是在创建客户需求中组织需要遵循的原则和理念。在真正了解了客户的需求并且公司也有能力来创造客户需求时,就应该在战略上制定一系列行之有效的计划。这就是通常我们所说的营销传播的战略规划。营销传播战略规划的制定有很多种,在不同学者的研究中提出了各种不同的战略规划模式。在这里,我们引用唐·伊·舒尔茨提出的一个"传播策略发展表"。虽然它被称为"传播策略发展表",但我们认为把它叫作"传播策略发展七大步骤"更为合适。在下文中,我们来详细介绍每一个发展步骤。

二、实施客户需求开发信息与激励的战略制订

"传播策略发展七大步骤"在本质上是对营销传播战略计划的制订。它严格地遵循了"以消费者为中心"和"由外到内"的原则。以下我们详细地介绍这些流程。

> 在介绍过程中,我们以"阿那亚"的案例来说明这些流程是怎样进行的。
>
> 位于秦皇岛北戴河的阿那亚社区最初因一座海边的孤独图书馆而声名鹊起。在房价飙升、都市压力加剧的背景下,这座静谧的图书馆成为 80 后、90 后精神寄托的象征,吸引了无数文艺青年前来打卡。这一营销策略堪称经典。随着阿那亚的走红,其背后的商业逻辑也逐渐浮出水面。

传播策略发展七大步骤如下。

第一步：确定消费者的特征。

这主要包括分析以下几点：消费者的特征如何(我们在前文中已经分析过这主要指的是消费者的行为特征,例如他们曾经购买过什么、目前有什么需求、对这类产品的态度如何等,而不仅仅是年龄、性别、区域等群体特征)? 他们的主要购买激励是什么? 他们对产品有什么评价? 他们希望从这类产品中得到哪些现在得不到的东西? 唯有客观地分析产品的现状以及潜在消费者目前对于产品的认知,才能将营销传播继续下去。

> 十年前,阿那亚不过是秦皇岛一个在生死边缘苦苦挣扎的偏僻楼盘,无人问津,销售艰难,面临着随时烂尾的困境。阿那亚的成功背后是创始人马寅在困境中大胆转型、精准定位以及精心运营的成果。他在确定阿那亚目标客户的时候另辟蹊径,将目标投向了 80 后的职场精英：80 后作为新兴的消费主力军,正处于人生的黄金阶段,他们在职场上拼搏奋斗,积累了一定的财富和社会地位,家庭收入稳定,具备较强的消费能力。然而,长期的忙碌工作让他们渴望在生活中寻找到一片宁静的港湾,追

求生活品质与精神享受。阿那亚所倡导的"回归本我,回归自然,回归有灵性的生活本身"的理念,恰好与80后城市新中产的内心需求相契合。

第二步:产品或服务适合这群人吗?

这主要包括:

(1)产品和服务的内容、功能情况怎样? 它有什么区别于其他产品的地方?

(2)客户对产品或服务有什么看法?

(3)产品或服务适合这群客户吗?

与了解消费者情况一样,营销人员对于产品性能的深入了解也非常重要。客户或者潜在客户觉得产品的品质如何? 它们是不是物有所值? 这一品牌能否为客户创造信心? 客户对竞争品牌有什么看法? 新闻报道、零售店的盈利情况、价格对消费者有什么影响? 这个品牌是不是总在销售? 它是不是显得很陈旧? 潜在客户相信零售店吗? 这个品牌对使用者来说有什么意义? 另外,此类产品是否明显地模仿了其他品牌的产品? 如果产品没有好到给予消费者足够的信心,那么此时就应该考虑其他最可能的促销策略,比如降价促销或创造激励。

> 阿那亚之名,源于梵语"阿兰若",意指"人间静谧之地,寻觅自我之所"。在秦皇岛的沙滩边,"孤独的图书馆"成为高知的中产阶级的心灵避难所;而海边礼堂静静地伫立在海岸线旁,成为众多向往孤独与美的年轻人来拍照打卡的网红场地。阿那亚的社区巧妙融入了一些小而精致的"诗意建筑",使得整个小区都散发着浓郁的文艺气息,堪称文艺青年的理想居所。秦皇岛离北京不远,成为众多在北京奋斗的中青年周末或假期可以驱车前往,暂时逃离北京的一个理想境地。他们在这里喘一口气、放松一下疲惫的身心,找到一些心灵的安慰,然后重新回到北京继续奋斗。也有很多人来了一次就在这里买房了。可以说,阿那亚将消费群体定义为北京的80后职场精英,是非常精准的。

第三步:竞争对手对这项产品或服务有什么影响?

这主要包括:

(1)主要的竞争范畴是什么?

(2)竞争对手目前给消费者带来的利益是什么?

(3)竞争对手将如何反击我们的方案?

(4)竞争对手的弱点在什么地方?

认识竞争对手有很多意义。首先,公司必须判断自己正在和谁竞争,消费者心中有哪些品牌网络和品牌可以选择。明确了这些以后才能够对自己的产品有一个清晰的定位,从而在战略上制定可行的政策。例如,这种阿司匹林与其他品牌的阿司匹林相比有什么优势和劣势?

但要切记的是这种不同一定要是消费者心目中的不同。例如,同是化妆品,玉兰油保湿霜和大宝润肤霜可能在产品制作中并没有什么原料和加工过程的不同,但它们在消费者心目中明显有着不同的地位。消费者普遍认为玉兰油属于中高收入女性使用的品牌,而大宝则为工薪阶层使用的品牌。正如同我们在前面的章节中论述到"定位"的理论一样,关于产品的定位实际上是产品在消费者心目中的定位,而并非产品本身的区别。了解这一点以后,营销传播者就应该知道对于竞争者来说并不是一味把握产品的质量和性能就足够了,在消费者中的宣传策略也同样重要。

　　由于阿那亚社区的消费水准整体较高,在阿那亚火出圈后,也出现了一些竞争对手。阿那亚诞生之后,在全国各地也产生了一些阿那亚的"平替",比如河北承德的北京山谷、秦皇岛的蔚蓝海岸、天津春山里、三亚的阿那亚酒店,等等。似乎只要沾上阿那亚这三个字,就能够轻松获得流量。这些地区都拥有丰富的自然资源和旅游设施,吸引了大量的游客和投资者。顾客的消费水平整体比阿那亚的低一档次,服务设施也没有阿那亚的那么完善。以蔚蓝海岸为例,其海边也建造了一所图书馆、入驻了各种餐厅,但酒店、食堂等配套措施并没有完全跟上,社区服务也远不能和阿那亚相比。那些去过阿那亚"平替"的人们最终还是返回了阿那亚,因为阿那亚的文艺范儿和服务始终是一流的。

第四步：对竞争者的充分了解。

在充分了解竞争者之后,竞争分析的结论应该能判断出哪个品牌在市场上最容易受影响、你的品牌最可能抢到哪家公司的生意以及哪些人是最有可能争取到的新客户等。这就要求产品要具有一个明显的"Sweet Spot",即我们前面所说的"关键点"——使客户最能够接受的一点。你已经了解了你的客户、产品和竞争对手,现在有没有一个关键的利益点可以诱使客户去买你的产品,而不是竞争对手的产品? 例如,玉兰油多效呵护霜将自己在消费者心目中定位为"能一次对付 7 种岁月痕迹",这一特征独一无二并能使消费者相信它的价值。当消费者告诉你他们想要从品牌中得到某样东西时,他们所指的就是这种涉及利益的陈述或承诺。这种陈述具有方向性,而且绝对不是设计好的传播信息用语。同样切记利益必须根据消费者的心理来决定,要保证这是消费者所需要的东西。

　　在了解到竞争对手的弱项以后,阿那亚也采取了一系列措施,包括：去地产化——不再依赖传统的房地产销售模式,而是通过提供高品质的生活方式和社区服务来吸引客户。独特社区打造——提供丰富的文化活动和设施,如音乐节、艺术展览等,吸引了大量年轻人和文艺爱好者。注重服务品质的提升,通过自建服务团队,提供全方位、个性化的服务,让客户感受到家的温暖和关怀。同时,阿那亚积极开展社群运营,重建人与人之间的亲密关系,增强客户的归属感和忠诚度。文旅地产项目应重视服务和运营,提升服务质量,打造优质的社区文化,为客户提供更好的体验。这些都是竞争对手们无法比拟的。

第五步：产品的营销传播有哪些有利之处？

这包括产品质量或服务本身有哪些突出的地方，消费者能从什么渠道了解到产品或者服务的好处，营销传播又能用什么传播手段让人相信产品或者服务的好处等几个方面。

当营销经理想从消费者那里获得切实的利益，他们要如何找理由让消费者相信他们的品牌值得信赖以及承诺都会实现？例如，当宝洁公司宣传他们的玉兰油产品让人用了以后能使肌肤"像剥了壳的鸡蛋一样光滑"，他们如何使消费者相信这一点并购买他们的产品？在这一环节中，仅靠大众传播并不能做到这一点，还必须把劝服性传播融入营销的每一个部分。劝服性的传播主要采用人际传播的手段，它的诀窍在于：要怎么说或者怎么做才最能让消费者相信产品的价值？该不该利用传统的宣传式信息？能不能利用退款保证的激励？是通过私人信件来传播还是通过一般的群发邮件来传播？

不管用哪种方法进行说服，每种方式使用的传播都必须有一致的目的，这样才能使结果明确有效。整合营销传播的基本理念就是：所有传播，包括价格、商标、识别记号、促销以及配销等，锁定的竞争性利益都应该是为了协助说服所选择的群体而创造的。一致性越高，影响力与说服力就越大。

将目标表述清楚以后，还要对消费者进行不断监控，这表现为一些产品的售后服务和对产品销售情况的监控。如果没有达到目标，显然应该检查或修订策略的内容和各种战术，要弄清楚问题是可能出在营销人员没有贴近消费者，还是消费者没有正确地使用产品，等等。

> 阿那亚通过三个运营重点，将其建设成独具特色的文化社区。
>
> 在建筑和设计方面，马寅提出"有品质的简朴，有节制的丰盛"这一理念，为阿那亚的建筑风格定下基调。
>
> 在运营和服务方面，阿那亚注重服务品质的提升，通过自建服务团队，提供全方位、个性化的服务，让客户感受到家的温暖和关怀。同时，阿那亚积极开展社群运营，重建人与人之间的亲密关系，增强客户的归属感和忠诚度。
>
> 阿那亚尤其在文化建设方面投入巨大。它致力于使艺术生活日常化。在进行了充分的市场调研以后，了解消费者的需求和偏好，打造差异化的产品和服务。比如深夜食堂、驻馆计划、电影院、DDC车库排练厅等众多文化艺术项目纷纷落地。为了提升文化品质，阿那亚积极整合资源，与众多知名文化艺术机构合作，每年都会举办各种文艺节日，如文学节、诗歌节、戏剧节、音乐节、舞蹈节、马术节、生活节等。这些文艺活动不仅丰富了业主的精神生活，也吸引了大量游客前来体验，进一步提升了阿那亚的知名度和影响力。

第六步：弄清消费者的品牌接触点，力图让有说服力的信息或者激励在最有效的接触点上打动客户。

前文我们详细谈到过，消费者与品牌间有很多的接触点，但营销传播者并不知道在哪一个接触点上有可能打动客户。也许客户是因为喜欢产品的包装而购买了该产品,也许客户是觉得销售人员态度非常可亲而购买产品,或者仅仅是由于他喜欢促销附带的另一产品。总之,传播战略应该通过客户的反馈调查来研究这些有可能使客户满意的接触点,将它们纳入传播策略计划中,从而为长远的战略传播奠定基础。

在运营与服务方面,阿那亚力图与客户建立亲密关系。自建服务团队,团队涵盖商业中心、度假中心、物业中心三大板块。商业中心为业主和游客提供丰富多样的商业服务,满足他们的日常购物需求;度假中心则精心策划各类度假活动,让人们充分享受度假的乐趣;物业中心更是全方位保障社区的正常运转,从基础设施维护到安全管理,无微不至。

每年,阿那亚都会举办上千场文艺活动,涵盖诗歌、音乐、戏剧、运动等多个领域,让人们在艺术的熏陶中丰富精神世界。阿那亚拥有 50 多个兴趣社区,涵盖诗歌、戏剧、音乐、马拉松等多个领域。这些兴趣社区不仅是业主们交流兴趣爱好的平台,也是他们结交志同道合朋友的地方。社群运营从线上延伸到线下,组织各种丰富多彩的活动。无论业主提出什么问题,阿那亚创始人都承诺 5 分钟内给予回复,30 分钟内给出解决方案。这种真诚的沟通方式,让业主们感受到被尊重和关怀,增强了他们对社区的认同感和归属感。可以说,在每一个品牌接触点上,阿那亚都用心经营,时刻将用户奉为上帝,才能够在细节中打动用户。

第七步：对未来研究的计划和展望。

这包括列举未来在进一步制定整合营销传播策略时所需要的研究类型,以及每一种类型的原因。每一个战略都应该以规划未来作为结束。在此次研究的基础之上,未来应该要从事什么研究才能建立更完美的战略? 比如,是否要用一年的时间来研究消费者如何反应? 他们有没有接受传播中的改变? 他们是否相信产品的承诺? 他们对产品的反馈如何? 这些问题的答案都可以协助随后几年的战略修订。IMC 战略要不断修订才会完备,因为消费者在不断改变。营销人员的传播、竞争对手的传播、新产品的出现以及大众生活方式的变化,都可能影响新的战略制定。

最后,有效的营销本质是要与消费者建立长期的联系。营销人员不能仅仅靠一两次的成功销售来建立信心,也不能因为消费者对本次产品服务感到满意就停止努力。只有与消费者以及潜在消费者一同建立彼此的信赖感,随时沟通、对话或者联系,才能一直处于成功的位置。简而言之,只有从开始到结束都从客户的观点出发,才能够说明已经形成了一个有效的整合营销传播战略。

展望未来,阿那亚的发展前景令人充满期待。在项目拓展方面,阿那亚已迈出坚实步伐,不断在全国范围内寻找优质地块,布局新的项目。继秦皇岛之后,阿那亚在承德金山岭、雾灵山,张家口崇礼,广州九龙湖,海南三亚等地纷纷落子。这些项目充分结合当地独特的自然景观和文化底蕴,为当地文旅市场注入了新的活力。

　　在文化与品牌建设上,阿那亚将继续深化文化内涵,加强品牌塑造。阿那亚戏剧节、海浪电影周、童话月、虾米音乐节等一系列文化 IP 活动已经成功"出圈",未来这些活动将不断升级,吸引更多国内外知名艺术家和文化机构参与,进一步提升活动的品质和影响力。同时,阿那亚还将积极探索与其他领域的跨界合作,拓展品牌边界,打造多元化的文化生态。

　　在服务与运营方面,阿那亚将持续优化服务质量,提升运营效率。随着项目数量的增加和客户群体的扩大,阿那亚将不断完善服务体系,利用先进的技术手段,为客户提供更加便捷、个性化的服务。在运营管理上,阿那亚将加强对各个项目的统筹协调,确保每个项目都能保持高品质的运营水平。阿那亚的成功不仅为文旅地产行业树立了标杆,也为我们展现了一种全新的生活方式。

思考题

1. 在建立信息渠道方面有哪些步骤? 各自的具体流程是什么?
2. 在规划营销传播内容方面有哪些步骤? 各自的具体流程是什么?

精讲视频

第八章 评估客户投资回报率

这是五大步骤中的第四步，也是非常关键的一步。审核营销传播的投资回报是评价营销传播成功与否的关键，也是判断下一步该采取何种营销措施的基础。同时，这一部分内容也是五大步骤区别于其他营销传播流程理论的关键内容。

第一节 传统营销传播效果评估

在传统的营销传播中，评估营销传播的回报是以客户的态度改变与否来衡量的。在很长一段时间里，因为找不出更好的衡量办法，人们普遍认为客户的态度是能够影响客户购买率的唯一因素。前文我们简单介绍了态度测量法，这里再来详细介绍一下这种传统的态度测量法是如何实现的。

1961年，两种主要的方法率先问世。第一种是由罗伯特·拉维奇（Robert Lavidge）与加里·斯泰纳（Gary Steiner）提出的"效果等级法"。该模型认为：个人在达成购买决定之前，会先经过一连串的态度阶段。接触广告信息会把他们从认知一路带往最终的购买行为。该模式还假设，营销传播是促成这种行为的工具。因此，客户或潜在客户接触越多的信息就能越快地做出一系列的行动，最终促使他们购买营销人员的产品或者服务。

第二种方法是由美国国家广告商协会的营销顾问罗素·科里提出的"叠码模型"（DAGMAR）。科里认为广告的成败应视它能否有效地把想要传达的信息与态度在正确的时候花费正确的成本、传达给正确的人。为此他在著名的《为衡量广告效果而确定广告目标》一书中提出"为度量结果而确定广告目标"的方法（Defining Advertising Goals for Measured Advertising Results）。我们称其为叠码模型（DAGMAR 模式）。其广告效果模式如图 8-1 所示。

图 8-1　叠码模式示意图

知名(Awareness)：潜在顾客首先一定要对某品牌或公司的存在"知名"。

理解(Comprehension)：潜在顾客一定要了解这个品牌或企业的存在，以及这个产品能为他做什么。

信服(Conviction)：潜在顾客一定要达到一种心理倾向并信服想去购买这种产品。

行动（Action）：潜在顾客在了解、信的基础上经过最后的激励产生购买行为。

我们可以看到叠码模型与效果等级法非常类似，都显示了从对广告的认知到产生购买行动的过程。这两个模型所依据的观念都是：**消费者或潜在消费者在购买某种产品或服务以前，会先经历某种可以衡量的、结构性与线性的"态度改变过程"。它们都假设态度的改变会导致行为的改变**。效果等级法和叠码模型都认为广告或营销传播的作用是在消费者的学习过程中逐渐改变消费者意识与态度。换言之，广告被认为是在告知或说明，以便让客户认识到营销人员传达的信息。这两种模型还假设，广告若是有效，也就是要使消费者的行为产生改变，就必须多出现几次。

在这两种理论的基础之上产生了广告效应的 S 曲线理论，该理论成为研究态度转变的重要理论，很多学者将之看作广告效果研究的基础。

如图 8-2：横轴是广告播放的次数，纵轴是消费者对于广告的回应。S 曲线理论认为，前一两次广告播放对消费者没有什么作用，但第三次出现时广告信息就可以被知晓，广告的影响力也会显现。而从这个时候起消费者的态度就会有所改变，逐渐从不关注产品转向关注产品直至购买产品。广告媒体的规划和采购大部分都是以 S 曲线假设为依据，而 S 曲线又以效果等级和叠码模型为基础。

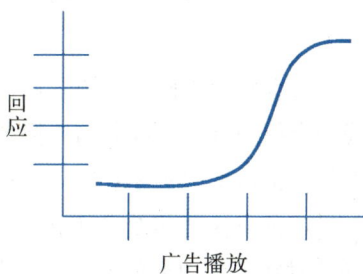

图 8-2　广告效应的 S 曲线

对于这一 S 曲线的印证，一些学者进行了调查和分析。美国学者约翰·保罗·琼斯和欧文·艾弗朗通过对现有的资料进行重新分析后发现，广告的作用可能以不同方式发生。除了传统上被认为具有强化品牌的长期价值外，广告还可能有立竿见影的效果。琼斯和艾弗朗的研究表示，广告效果取决于"最近购买时间"。也就是说，从影响消费者行为的角度来说，广告经常具有短期的效果，这一点与效果等级模型的概念相一致。因此他们便提出了以 S 曲线为基础的最近购买时间模型。该模型认为：当消费者在前一周目睹或有机会看到某个品牌的电视广告后，他购买这个品牌的几率比没有看过这则广告的人高得多。换句话说，就实际产生的销售量来说，近期性或者在比较接近购买点的时间播出广告，可能和播放广告的频率一样重要或更重要。

另一个相关的理论是西蒙·布劳德本特(Simon Broadbent)提出的，他是价值导向型整合营销传播规划与评估的先驱。他认为广告评估观念不只是看广告播放或者"收视机会"，其目的应该是评估广告的长期效果。由此他提出了"广告积累效果评估"的说法，其定义是客户和潜在客户对品牌长期建立的良好感觉、态度和经验的总和。他认为，对于客户会不会继续购买某个品牌或成为该品牌的拥护者，广告积累效果有很大的影响。营销人员只要看到品牌的广告积累效果，就可以知道广告与其他各种营销传播对购买行为的长期影响。随着时间的推移，广告积累效果会逐步衰减，原因可能是消费者想不起来、接触到竞争对手的产品与广告，或者是环境的影响。因此，营销传播的目标应该是维持广告积累效果或是客户对产品的良好感觉，使品牌在未来选购时能继续受到消费者的青睐。布劳德本特也认为，广告自身有着不同的效果，有的可能在短期内带来立即的销售量，有的则会被储存起来并逐渐产生效果。

　　他的广告积累效果评估的观点相较前人的观点前进了一大步，因为他已经提出了要注重广告的长期效果。但是他仍然把重点放在播放广告所引起的态度转变上，并没有从客户购买行为的角度来评估，这仍然是传统营销传播效果研究的局限所在。

第二节　整合营销传播效果评估的原理与方法

　　整合营销传播与传统营销传播的最大不同，在于对传播效果的评估上。在这一节中，我们介绍一种与传统营销传播的"态度评估"完全不同的方法，即采用客户投资回报率来评估营销传播的实际效果，也就是从顾客的行为角度来评估的方法。

　　这种方法与传统营销传播的态度评估根本不同之处在于：首先，营销人员可以分别针对数据库中所储存的信息挑选他认为最好的潜在客户。接着，营销人员可以先判断出客户对于品牌的价值，以形成某种明智的投资决定。这样一来，营销人员就可以计算出针对所选的个人采用某种传播计划，或者叫作挑选某一种传播渠道。一旦知道传播成本与产品利润，对传递与服务的要求进行评估后，即可判断出传播的投资回报率。在这种情况下，营销人员可以把支出与回报直接联系起来，并且将所得到的回报进行量化。虽然还是存在一些未知的因素，如不受营销人员控制的竞争信息、经济变化，以及会使评估过程变得复杂的类似条件等。但是从总体上来说，投资与回报的循环总是能够形成。

　　同样重要的是，若客户对于品牌的这种短期回报率可以与客户长期的购买行为联系起来，营销人员便可利用这些模式对目前的客户的终身价值作出判断，同时还能够提出一系列可以预测这些未来回报的假设与模式。"客户终身价值"(Customer Lifetime Value, CLV)的算法就是这样发展而来的。这种客户终身价值的评估对一个公司也有非常大的作用。

这种获得客户短期回报和终身价值的计算方法在营销传播中是一个全新的领域，它一问世即引起了众多学者的关注。它的问世可以说填补了广告及营销传播效果测量的空白，它为营销传播的效果提出了一整套量化的、科学的操作方法。有关 ROCI(Return of Customer Investment)的研究成为营销传播研究中的热点话题，在《整合营销传播》(*Journal of Integrated Marketing Communications*)、《国际广告》(*Journal of International Advertising*)等一些学术期刊上陆续有学者对它进行研究。例如美国学者马琳·本德(Marlene Bender)和阿特·赞比安奇(Art Zambianchi)于 2006 年在《整合营销传播》上发表的对 Dell 公司的整合营销传播效果进行测量的"The Reality of ROI"一文就可以看作是这项研究成果的典范。

在介绍这一方法之前，我们首先需要来熟悉一些关键的财务概念，因为它们都是在计算客户投资回报率中所必须要用到的概念。

1. 短期客户投资回报率与长期客户投资回报率

根据顾客回应可望出现的时间，可以将客户投资的回报分为短期和长期两种。短期回报主要是指在本财务年度内创收的"业务拓展"活动；长期回报则是指"打造品牌"活动在超过某一财务期间和财务年度后所逐渐增加的回报，通常指的是三年以上的回报。为了带来短期回报，企业可进行一些见效快的营销传播活动，例如进行一些促销等，但为获得长期回报则需要进行一些长久的方案，例如强化品牌信息等，其目的是提高客户留住率和忠诚度。长期的品牌信息会着重在品牌持久的品质上，并强调它的可信赖感、可靠度或品质。它的首要任务不是吸引新客户，而是从现有的客户群中培养出忠诚的用户。这些长期的信息与激励结合在一起能对品牌的资产价值产生影响。

2. 现金流与股东价值

在现今的全球经济中，大部分组织的运作都是以两个主要价值为基础：(1)增加或稳固公司的现金流，以提供维持固定运营的资源并保持灵活性，如此才能迅速轻松地适应市场的变化。(2)增加或改善股东价值，希望借此提高投资人的兴趣，并扩大资金来源。一般来说，只要有助于实现其中一种价值，营销传播就可以认为是成功的。具体来说，营销传播人员所从事的营销传播投资必须设法实现下面四种价值。

增加现金流。设法赢取可以带来新现金流的新客户，或者是提高现有客户的回报率。

加速现金流。由于公司的运作大部分都是以某种"净现值"为基础，即公司目前所持有的钱比未来所拿到的钱更有价值，因此营销传播必须加速获取客户的现金流。

稳定现金流。对任何组织来说，这都是一大挑战。只要有稳定的现金流，就可以减少借贷，使计划更具战略性。稳定现金流的一个方式是提高客户的忠诚度与持续性。

建立或提高股东价值。过去股东价值的增长都是来自公司拥有或控制的珍贵的有形资产，但随着公司转变为无形的经济体，并因此强调现金流与短期收入时，营销传播建立股东价值的重要性便有增无减。要创造这些价值的方法是让财务分析师与投资界觉得组织的价值远不止于此；另一个方法是建立品牌与其他无形资产的形象，使别人觉得它们的价值胜于以往。

3. 营销传播的投资与公司有限资源

所有组织的资源都是有限的，而且各种形式的营销传播购买和分配都会使用这些有限的资源。没有花在营销传播上的资金可以分配给其他活动，用来支付股利、提高利润、美化资产负债表。因此，公司对于营销传播计划的投资必须视为与其他任何有限资源一样，而且必须带给组织一些回报。同时，营销传播者也必须知道组织的资源有限，必须和其他投资一样有所计划，对于预期的回报也要有概念。

4. 时间误差

营销传播活动与公司的财务系统不一样。几乎所有的组织运营都以财务年度为基础，财务约定和合同可能横跨好几个财务区间。例如广告时间或者版面可能是在当年的秋季订购，但这些广告时间或者版面要等到下一年的春季才使用或者付款，而且可能会跨两个财务年度。由于传播的花费发生在某段期间，但成效却要到下一阶段才会显现，因此传播变得难以评估，长期投资更是如此。但从财务的角度来看，营销传播必须遵循这个规律。因此，整合营销传播有一个简单的做法，即设定财务期间架构，然后以传播投资与回报来迁就组织运作时所采用的会计与财务标准。这样做虽然简单，但营销传播计划的影响与效果也会打折扣。

5. 净现值

计算净现值已经成为组织的运营与衡量公司价值非常重要的因素。由于组织开始将现金流或金钱的净流出当作重点，因此公司的管理阶层的重点也在发生偏移。过去评价公司的基础是有形资产，也就是它所拥有的、可以出售或者具有市场价值的实体对象或因素；如今的重点显然是公司有多少流动现金可以用于运营。

由于现金流的储存会经历市场风险和通货膨胀等，因此管理决策通常认为目前握有的现金比未来的现金更为值钱。对于计算未来的现金流情况，组织通常采用"现金流折现"的方法来计算现有的金钱在未来能有多少价值。计算现金流折现成为整合营销传播方法的重要因素。具体如何折现在以后的章节中会详细论述。

6. 边际收益/增量回报

营销传播计划必须为组织带来回报，而且在理想的情况下这笔回报会高于成本。整合营销传播通常至少必须达到收支平衡，以使得管理高层认为它是可行的投资。因此，在整合营销传播方法中，营销传播所带来的回报必须高于成本，而且一定是在短期内其回报高于成本。

7. 品牌资产与品牌投资

整合营销传播流程有一个关键因素，就是公司所拥有的品牌是它最珍贵的资产。不过在往常，品牌通常不被当作公司的资产来管理，相反，它们往往被当成短期投资，并希望能立即带来回报。在现在的整合营销传播中,品牌价值是逐步建立的,品牌回报需要长期积累,品牌的营销传播计划也必须获得理解,并根据长期的投资回报率来评估。

第三节　评估短期客户投资回报率

这一节将讨论计算客户投资回报率的基本方法。在这一部分中,我们引用唐·伊·舒尔茨在他的《整合营销传播——创造企业价值的五大关键步骤》中所提出的框架以及案例原型来加以解释和分析,因为在现实中笔者并未找到比这一案例更为完整典型的案例。按照唐·伊·舒尔茨的思路,我们先提出一个可以适用于任何类型组织的框架,再以详细的案例来证明这个方法,从而说明营销传播管理者在评估整合营销传播计划可能带来回报时所采取的实际步骤。

一、对拓展业务中营销传播投资的边际分析

整合营销传播提供了边际分析系统来评估营销传播计划。这套系统的原理是:将短期或者成效客观的营销传播投资作为组织的"变量成本",而不像以往仅仅是作为固定费用。这样,用销售所获得的利润减去"变量成本",就可以得到营销传播所获得的利润。

这种计算变量成本的好处在于:假如营销人员可以决定客户或潜在客户的经济价值,他们就能决定应该对这些个人或群体投资的数额。在第二大步骤中我们曾经提到过,客户价值必须根据边际贡献来计算,看客户带给组织多少收入流。如果我们调整一下贡献数字,除去所有成本与其他费用,使边际贡献率的数字只包含营销传播的费用与利润,那么投资的回报就可以迅速、简单地被确定。目前,很多美国公司通过作业成本法(Activity-Based Costing Methodologies)来计算投资回报。在这种方法中,贡献数字只包含营销传播的成本与利润,没有用在营销传播上的金额变成了利润,没有被用掉的利润则可以用在营销传播上。所以,基于财务的目的,营销传播便被调整为组织的变量成本(这在以后的例子中会说明)。

我们来看看整合营销传播和传统营销的预算与分配流程在看待拓展业务的营销传播投资与回报时的区别。表8-1列出了一项简单的日常消耗品的支出项目预算,其中的广告和促销都被列为固定项目费用。这项产品的预算是以组织的预算模式为基础的。在这个例子中,该产品预算占到销货总额的6%,再加上10%的固定通货膨胀系数,因此,这些功能性营销传播活动也要分别比前一年增加这么多预算。只要利用年度财务预算电子表格,营销传播管理者就可以分配来年的营销与传播计划,但要牢记高层管理者在预算过程中所设下的限制。

表 8 - 1 日常消耗品的支出项目预算①　　　　　　　　　　　（单位：美元）

	1995 年（百万）	1996 年（百万）	1997 年（估计百万）
总销售额	1 750.00	1 897.00	2 108.00
销售数量	500	550	620
单位价格	3.50	3.45	3.40
管理费用	170.00	166.60	163.27
广告及促销费用	105.00	115.00	127.05
占总销售额比例	6％	6％	6％
固定费用成本	275.00	282.10	290.32
税前毛利与销货成本	1 475.00	1 615.40	1 817.68
销货成本	525.00	550.28	590.24
税前毛利	950.00	1 065.13	1 227.44

在表 8 - 2 中，我们发现上面并没有功能性传播预算项目，因为所有的营销传播计划在预算表上都被归为可变生产成本。既然费用被归为生产成本，那么营销传播管理者唯一的任务就是针对每个客户群体制定自身的收入流目标。如此，所有的营销传播投资都会被记为生产费用的一部分。

表 8 - 2 拓展营销传播后的业务②　　　　　　　　　　　（单位：美元）

	1995 年（百万）	1996 年（百万）	1997 年（估计百万）
总销售额	1 750.00	1 897.50	2 018.00
销售数量	500	550	620
单位价格	3.50	3.45	3.40
管理费用	170.00	166.60	163.27
固定费用总额	170.00	166.60	163.27

---

①　资料来源：转引自〔美〕唐·舒尔茨、海蒂·舒尔茨：《整合营销传播——创造企业价值的五大关键步骤》，何西军、黄鹏等译，中国财政经济出版社 2005 年版，第 170 页。

②　同上。

续　表

	1995 年(百万)	1996 年(百万)	1997 年(估计百万)
税前毛利、销货成本与营销传播费用	1 580.00	1 730.90	1 944.73
占总销售额比例	90%	91%	92%
销货成本	525.00	550.28	590.24
税前毛利	950.00	1 065.13	1 227.44
营销传播费用	105.00	115.50	127.05
占总销售额比例	6%	6%	6%

从这两个表的对比中可以看出,拓展营销传播业务的投资方法是基本的经济边际分析的一种形式。通过这种边际分析,组织在理论上可以针对客户或潜在客户群体投入无限的营销传播资金,只要回报的收入流不低于支出即可,因为营销传播被当成了可变生产成本。

二、运用增量收益法来评估营销传播计划所带来的实际回报①

专为规划整合营销传播所提出的客户投资回报率衡量系统有一个前提,就是所有的拓展业务营销传播计划都会增加组织的回报。规划人员必须事先估计或说明营销传播计划可望或预期应该带来的额外营业收入。因为所有的组织都离不开现有客户所带来的或者潜在客户可望带来的收入流。因此,额外投资营销传播应该可以扩大或者保护这些营业收入来源,以带来更多的现金流量,并希望借此提高获利。

这种增量营业收入的方法有可能成立,因为有些客户收入流或客户群体价值的衡量指标在执行营销传播计划前就可以知道。因此,增量营业收入的方法的目标是在计算累计财务回报,而不是决定传统预算中的总营业额或利润。除此之外,累计收益的方法同样适用于留住客户的策略。营销人员可以估计保住客户收入流的开支,然后根据开支来决定投资额度与客户投资回报率。同样,营销传播管理者也可以评估或计算吸引新客户的成本,在购买之前这些客户为组织所带来的起始收入流是零。因此,无论是对哪一种客户的营销策略,在此提出的流程对其中大部分都一样有效。

这一方法中还有一点需要说明的是:它是以客户或者潜在客户群体或者个人为对象的。如果规划人员可以估计或计算出每位客户的回报,对于大部分组织来说固然是非常理想的状况,但是大多数情况下不太可行。因此我们操作的重点是客户群体,而不是单个的客户。

---

① 以下实例均来自〔美〕唐·舒尔茨、海蒂·舒尔茨:《整合营销传播——创造企业价值的五大关键步骤》一书。

　　我们列一详细的表格来说明这个流程的运作过程。这一表格以标准化的方式列出了典型的客户投资回报率的组成要素(见表8-3)。

表 8-3　客户投资回报率分析的组成要素

类别需求假设	
1. 估计类别需求	历史资料/估计
基本收入流假设	
2. 基本需求占有率	历史资料/估计
3. 基本收入流	行1×行2＝
4. 非传播成本(生产成本、固定成本、一般与管理费用等)	营运估计
5. 边际贡献率(%)	100%－行4＝
6. 边际贡献(美元)	
假设情况 A：无传播投资	
7. 需求占有率的变化	估计
8. 所得到的需求占有率	行2＋(行7×行2)＝
9. 所得到的客户收入流	行8×行1＝
10. 扣除非传播成本(生产成本、固定成本、一般管理费用等)	－(行9×行4)＝
11. 扣除营销传播成本	$0
12. 净贡献	行9＋(行10＋行11)＝
假设情况 B：有传播投资	
13. 营销传播活动	估计
14. 营销传播总投资	从13A到M的各行
15. 需求占有率的变化	估计
16. 得到的需求占有率	行2＋(行15×行12)＝
17. 得到的客户收入流	行16×行1＝
18. 扣除非传播成本(生产成本、固定成本、一般与管理费用)	－(行18×行4)
19. 扣除营销传播成本	－行14
20. 净贡献	行18＋(行19＋行20)
计算客户投资回报率	
21. 增量收益/亏损与"无传播投资"对比的假设情况	行20－行12＝
22. 增量客户投资回报率	行22/行14＝

　　资料来源：唐·伊·舒尔茨、杰弗利·瓦特：《测量品牌传播投资回报率》，转引自〔美〕唐·舒尔茨、海蒂·舒尔茨：《整合营销传播——创造企业价值的五大关键步骤》，何西军、黄鹏等译，中国财政经济出版社2005年版。有改动。

在最上方的标题栏中,按照客户的行为对客户进行分类。这些客户群体可大可小、可多可少,一切视所评估或计算的市场需求而定。对于每个客户群体,营销传播管理者都要订立在衡量期间计划所要达到的行为目标,如赢取新客户、留住老客户、扩大业务占有率、通过各种产品组合转移客户,或者摆脱花费多、利润低的客户等。要注意的是,有时候营销人员想要摆脱花费多、利润低的客户。

该表格包括五个部分:类别需求假设、基本收入流假设、无传播投资、有传播投资、计算客户投资回报率。

类别需求假设

这部分是决定客户对于产品类别的总体需求,它涵盖所有卖方(要注意的是,如果组织是经过销售渠道来销售,这个数字就要根据工厂方面的销售量来估计)。其中包括:

第1行:估计类别需求。这是以历史或"假定推测"客户购买行为资料为基础分析得到的,它以金额而非单位、载货量或其他非财务的衡量标准来表示。

基本收入流假设

根据品牌客户占有率的需求以及品牌成本动态提出基本的假设,然后根据不同传播开支额度,再将这些系数应用在各种假设情况选项中。

第2行:基本需求占有率,是指以历史数据或"假设推定"分析的假设情况数据为基础得出的营销人员的品牌目前在用户的总类别需求中所占的比例。

第3行:基本收入流。将客户的总类别需求乘以该需求在营销人员的品牌中的百分比,就是客户群体带给品牌的现金收入流。

第4行:非传播成本,指除了营销传播成本外,经营公司时所有的固定成本与变动成本。为了简化起见,它以收入流的百分比表示。

第5行:边际贡献率(%)。以100%减去第4行中的说明非营销传播成本的百分比。

第6行:边际贡献(美元)。以金额来表示对品牌的边际贡献,它是由第3行乘上第5行所得到。

假设情况A:无传播投资

这一部分建立了利润率的基线。如果品牌没有进一步的传播投资,它在分析期间可以从每个客户群体身上得到多少利润?当然,有时候没有进行任何形式的营销传播,品牌仍然会保持一定的客户量,不过客户需求或占有率等都会有一些变化。该表格的这个部分针对可能的影响提出了假设,这样一来,根据前一个部分所得到的系数重新推算品牌的收入流、成本和净贡献。

第7行:需求占有率的变化,这指假如没有营销传播投资,品牌的需求占有率在这段时间的估计变化。在大部分情况下,这个结果都是负数,比如需求占有率减少了15%。

对很多组织来说,主要的问题在于要如何才能正确估计客户或潜在客户的需求变化。历史资料丰富的公司可以从过去的经验来推断,或者依靠管理者本身的专业判断以及从经验中得到的见解。还有一些公司只能采用市场测试的方法。

第8行:所得到的需求占有率。根据第7行所列的系数增减来调整第2行的初始需求占有率。举例来说,假如品牌的初始需求占有率是50%,但经理人觉得要是没有传播的支持,这个品牌占有率就会减少25%,那么所得到的需求占有率就是$0.50+(-0.25×0.50)=37.5\%$。

第9行:所得到的客户收入流。将第8行中调整过的需求占有率乘上第1行的客户总类别需求。这一行是指假如没有营销传播支出,品牌在那段时间的收入流会产生的情况。

第10行:扣除非传播成本。将第4行(涵盖所有非传播成本及利润的百分比)乘上第9行中调整过的收入估计值。

第11行:扣除营销传播成本。在这个假设中,这一行是0美元,因为这段分析期间不会有营销传播费用。

第12行:净贡献。将第9行所估计的收入流减掉第10行和第11行的相关成本以后所得到的结果。根据这个数字就可以估计出,如果投资整合营销传播计划(如下列的假设情况B所示),公司可以获得多少增量收益。

假设情况B:有传播投资

这一步是估计假如执行所规划的传播计划,每个客户群体价值的变化。

第13行:营销传播活动。只要是组织打算对特定客户或潜在客户群体执行的营销传播计划,一切可以分辨的费用都包括在内。

第14行:营销传播总投资。公司对整合营销传播计划的总投资,如第13行内的各个项目所示。

第15行:需求占有率的变化。这一行是在估计整个传播计划可望使品牌的需求占有率增加或减少的比例。

第16行、17行、18行分别为重新计算修订后的需求占有率、客户收入流与扣除非传播成本。

第19行:扣除营销传播成本。这个数字相当于第14行的总整合营销传播投资数字。它同样是负数,所以可以从非营销传播成本与收入流中扣掉。

第20行:净贡献。扣除了所有的传播和非传播支出后所得到的净收入。

计算客户投资回报率

第21行:增量收益/亏损与"无传播投资"对比的假设情况。比较第21行与第12行这两个净贡献的估计值。要注意的是,它们是有整合营销传播计划对品牌所造成的增量收益(或亏损)或没有整合营销传播计划对品牌所造成的累积收益(或亏损)。

第22行：增量客户投资回报率。这个比率得自总增量收益亏损(第22行)除以第14行的投资。

下面,我们举例来说明增量客户投资回报率是怎样得到的。

表8-4 以增量收益法来计算营销传播回报的实例

归类客户群体	忠实客户	不固定品牌客户	新的或新兴客户	问题客户	客户群体总和
行为目标	维系	扩大占有率	吸引	放弃	
类别需求假设					
1. 估计的类别需要	$1 000	$1 000	$1 000	$1 000	$4 000
收入流的基本假设					
2. 基本需求占有率	75.0%	40.0%	10.0%	15.0%	35%
3. 基本收入流	$750.00	$400.00	$100.00	$150.00	$1 400.00
4. 非传播成本	75.0%	80.0%	80.0%	90.0%	78.4%
5. 总边际贡献率	25.0%	20.0%	20.0%	10.0%	21.6%
6. 总边际贡献	$187.50	$80.00	$20.00	$15.00	$302.50
假设情况 A：无传播投资					
7. 需求占有率的变化	−20.0%	−25.0%	−30.0%	−20.0%	−22.1%
8. 所得到的需求占有率	60.0%	30.0%	7.0%	12.0%	27.3%
9. 所得到的客户收入流	$600.00	$300.00	$70.00	$120.00	$1 090.00
10. 扣除非传播成本	− $450.00	− $240.00	− $56.00	− $108.00	− $854.00
11. 扣除营销传播成本	$0.00	$0.00	$0.00	$0.00	$0.00
12. 净贡献	$150.00	$60.00	$14.00	$12.00	$236.00
假设情况 B：品牌传播投资					
13. 电视广告	$0.00	$5.00	$4.00	$0.00	$9.00
14. 电台广告	$0.00	$2.00	$2.00	$0.00	$4.00
15. 消费性杂志	$0.00	$3.00	$2.00	$0.00	$5.00

归类客户群体	忠实客户	不固定品牌客户	新的或新兴客户	问题客户	客户群体总和
16. 直接邮件	$4.00	$1.00	$2.00	$0.00	$7.00
17. 促销	$0.00	$5.00	$3.00	$1.00	$9.00
18. 公关	$2.00	$2.00	$2.00	$1.00	$9.00
19. 特殊事件或赞助	$2.00	$2.00	$2.00	$1.00	$9.00
20. 传统媒介	$4.00	$0.00	$0.00	$0.00	$4.00
21. 改善客户服务	$2.00	$0.00	$0.00	$1.00	$1.00
22. 品牌传播投资总额	$14.00	$20.00	$17.00	$4.00	$55.00
23. 需求占有率的变化	0.0%	10.0%	40.0%	3.0%	6.0%
24. 得到的需求占有率	75.0%	44.0%	14.0%	15.5%	37.1%
25. 得到的客户收入流	$750.00	$440.00	$140.00	$154.50	$1 484.50
26. 扣除非传播成本	− $562.50	− $352.00	− $112.00	− $139.05	− $1 165.55
27. 扣除品牌传播成本	− $14.00	− $20.00	− $17.00	− $4.00	− $55.00
28. 净贡献	$173.50	$68.00	$11.00	$11.45	$263.95
计算客户投资回报率					
29. 假设情况 A 的净贡献	$150.00	$60.00	$14.00	$12.00	$236.00
30. 假设情况 B 的净贡献	$173.50	$68.00	$11.00	$11.45	$263.95
31. 增量收益/亏损与"无传播投资"对比的假设情况	$23.50	$8.00	− $3.00	− $0.55	$27.95
32. 增量客户投资回报率	23.50/14	8/20	−3/17	0.55/4	27.95/55

　　在上面的表 8-4 中，产品指的是某个消费品牌，它是通过零售商来销售的。一年当中，家庭用户通常购买 3—4 次，市场渗透率很高。这类产品没有什么品牌忠诚度可言，所以相互竞争的品牌通常会大举降价或打折促销。在这种情况下，类别中自然充斥着经常变换的现象。

　　就这个例子来说，它根据客户和品牌的关系将客户分为四个群体。第一个客户群体是忠实客户，这些长期客户大部分都是买这个品牌。根据以前的分析显示，这群人的需求不会大幅增长，但是品牌必须维持这些客户所带来的可观收入流。因此，营销传播管理者的目标就是要使这些客户的收入流保持和过去同样的水平。

第二个客户群体是轮流使用各种品牌的客户。这些人经常轮流使用相互竞争的品牌。虽然这类客户偶尔会购买公司的产品,但通常发生在促销期间。营销传播管理者认为他们可以靠营销传播活动强化与这些客户的关系。

第三个客户群体是新兴客户。这个群体有望迅速扩张,而且即使营销人员的品牌目前在这群人中只占一部分市场份额,但营销人员的目标还是要在当前与未来争取更多的收入流。

第四个客户群体被称为问题客户群体。在某些情况下,这些客户只会给营销人员的品牌带来很少的份额,有时候他们对这个类别的需求普遍偏低,有时候他们还会要求一大堆服务和支持。因此留住他们需要很高的客户服务成本,进而压低营销人员的产品利润。这使得营销人员希望公司减少对这群人的营销传播投资,甚至还可能放弃其中某些客户。但是营销人员不可以赶走这些客户,因为这会破坏公司的声誉,进而影响到其他比较有价值的客户。

为了更好地说明这一表格,每群客户的预计类别需求在特定期间被有意设定为相同的价位(1 000美元)。此外,为了配合这个例子,这项分析所引用的实际数据都已经被调查过。

当完整的类别需求建立后,下一步就是要决定每个客户群体对品牌的基本价值。第2行详细列了品牌对于各个客户群体的基本需求占有率。在这个例子中,营销人员有75%的收入流是来自忠实客户在这个类别已经花费或者将要花费的金额,所以基本收入流(第三行)是750美元。轮流使用各种品牌的客户将40%的业务给了这个品牌,所以营销人员得到了400美元。新兴客户所提供的收入流是10%,相当于100美元。问题客户的收入流是15%,所以金额是150美元。

接着,第4行估计了除去营销传播成本以外的所有成本。这是对所有的固定与可变成本进行的分配,比如制造与分销产品、员工薪水、管理费用等。一般来说,不同的客户群体在成本方面都会有一些固定的差异。例如,新客户所耗费的管理费用比较高,因为设计开户和稽查信用等。另一方面,服务老客户往往最容易也最有效率,因为他们了解产品,也不需要营销人员太费心。在这个例子中,75%的总计客户收入流才能涵盖忠实客户的所有非传播成本需求。不固定品牌客户和新兴客户的流失率比较高,所以管理费用也较高。而问题客户需要大量的客户服务与支持,促销与维系成本往往也很高,所以这个客户群体的成本系数是90%。

将这些成本系数从基本收入流中减去,就可以得到各个客户群体的边际贡献百分比(第5行)。它的算法是以100%减去第4行中各个百分比系数,第6行则是以金额来表示总边际贡献。在这个例子中,边际贡献分别为忠实客户的187.50美元、不固定品牌客户的80美元、新兴客户群体的20美元和问题客户群体的15美元。

分析完客户的价值以后,接着是理清营销传播计划所能创造的增量价值。它的方法是先评估：假如没有营销传播投资，品牌的收入流会受到什么影响。接着再用这些结果与营销人员制定并执行各种营销传播计划预期产生的结果相比较，最后得到的结果往往出人意料。

首先我们在第 7 行到第 12 行建立"无传播投资"的假设情况。方法是评估或计算假如把所有的营销传播计划撤销一段时间，品牌的客户需求占有率会下降多少。由于我们列举的例子是竞争性的品牌，因此客户的忠诚度比较低。营销传播管理者在第 7 行的评估为：假如没有对这些群体投资促销，品牌对忠实客户的需求占有率会下跌 20%；在不固定品牌客户中下跌 25% 和 30%；假如没有营销传播活动，对问题客户群体的需求占有率会下降 20%。不过，根据经验，营销人员的品牌所拥有的需求占有率通常会因为缺乏一些营销传播支持而下跌，但客户购买该类产品的速度可能会保持不变。

第 8 行到第 12 行旨在重新计算净贡献的所有形成条件，因为净贡献对品牌十分重要。由于忠实客户的需求占有率下跌了 20%，因此所得到的需求占有率便从 75% 降为 60%。将它乘上 1000 美元的基本类别需求后，公司品牌的收入流就是 600 美元。其中包括 450 美元的生产、管理与其他非传播成本。因此这群人所产生的净贡献是 150 美元，低于第 6 行的基线 187.50 美元。

同样，不固定品牌客户的需求占有率也下跌了 25%。这表示占有率调整了 30%，收入流也因此变成了 300 美元。其中有 80%（240 美元）属于非传播支出，所以这群人的净贡献是 60 美元。

对于新兴客户群来说，由于他们对产品的选择缺乏经验，需要尝试各种产品。如果没有强大的传播计划，他们的需求占有率会减少 30%，最后只剩下 7% 的需求占有率与 70 美元的收入流。扣除分配成本 56 美元后，这群人对营销人员品牌的净贡献是 14 美元。

最后，假如撤销营销传播计划，对于问题客户群体来说需求占有率会减少 20%。这些客户调整后的需求占有率是 12%，所产生的收入流是 120 美元。扣掉分配的传播成本 108 美元后，所得到的净贡献是 12 美元。

营销人员可以将各组所显示的净贡献收入流作为基础，来衡量品牌的整合营销传播计划所产生的增量收益或亏损。

接下来我们进入第二种情况，即对各种客户群体进行一种或者多种营销传播活动的情况。在这个例子中，营销传播活动一共有九种，如第 13 行到 21 行所示。其中有些是针对各个客户群体，但信息、激励和传递系统可能不同。在某些计划中，所使用的传播元素只有一两种。

营销传播者在进行分析时，必须先确定各项营销传播活动的成本。重要的不是各种传播方式的投资总额，而是确定应该分配给个别客户群体的金额。针对各种不同的客户群体制定不同的营销传播措施。例如在电视、广播和消费杂志上所推出的广告活动是为了吸引新客户，而针对忠实客户会采用直接邮件和公关等措施等。

第 22 行针对各个客户群体的总传播投资进行了总结。忠实客户群的总花费是 14 美元,不固定品牌客户群是 20 美元,新兴客户群是 17 美元,问题客户群则是 4 美元。

在这种假设情况下,问题是:假如有以上营销传播投资,并通过各种传播活动运用在客户及潜在客户身上,品牌的需求占有率和收入流将发生什么样的变化? 如果的确带来了变化,品牌的业务会增加多少? 利润也会增加吗?

就像前面提到"无营销传播投资"的假设情况一样,关键在于评估或计算出整合营销传播活动对于需求占有率是否带来了变化。这些评估与计算通常使用的是过去的行为资料,建立在客户和潜在客户对品牌的信息及激励传递系统响应方式的某种评估或分析上。它的目标并不是企图评价各种单独或特定的传播活动,然后将它们加起来。相反,在整合营销传播的计划中,它的目标是要确定整合营销传播计划的各种元素所产生的综合效果。

当营销人员就营销传播计划直接对品牌的需求占有率的影响进行了判断或者估计后,接着就可以重新计算各个客户群体对于品牌的所有收入、成本与净贡献,如表格中第 23 行所示。

此时可以发现的是,虽然品牌投资了 14 美元用于忠实客户传播,但他们的需求占有率并没有受到影响,还是跟原来一样。表中显示,收入流还是 750 美元,而且其中有 75%(562.50 美元)是分配给非传播成本。不过,它还必须扣掉 14 美元的传播费用,才能得到这个客户群体的净贡献(173.50 美元)。

不固定品牌客户的估计需求占有率增加了 10%,这使品牌总需求占有率达到了44%,所得到的收入流则是 440 美元。虽然收入增加了,但成本也增加了,而且其中有80%(352 美元)的收入是分配给非传播成本。因此,扣掉了 20 美元的营销传播投资后,剩下的净贡献是 68 美元。

新兴客户对品牌的营销传播计划接受程度很高,因此公司可以将这个客户群体的需求占有率提高 40%,达到 14%,收入流也可以增加到 140 美元。非传播支出占了其中的80%。扣掉了 17 美元的整合营销传播投资后,公司从这个客户群体得到的净贡献是 11美元。

遗憾的是,整合营销传播计划对于问题客户群体的需求占有率所造成的影响非常小。营销传播管理者并不想对问题客户的传播进行大量投资,但发现他们总会接触到某些传播活动。于是营销传播管理者拨给了这个群体 4 美元的总经费,并提高了需求占有率,但只提高了 3%,同时也使总体的需求占有率变成了 15%。如此一来,品牌的收入流便成了154.50 美元。扣掉 139.05 美元的非传播成本与 4 美元的传播投资,净贡献是 11.45美元。

做完这些运算后,就可以着手估计这四个客户群体的实际客户投资回报率。只要将第 30 行的数值减去第 29 行的数值,就可以计算出营销传播对于这四个客户群体产生的利润。

　　忠实客户使公司的盈利额增加了 23.50 美元(173.50−150 美元)。因为品牌对于这个群体的客户所支出的传播投资额是 14 美元,那么客户投资回报率就应该是其盈利 23.50 美元除以 14 美元,为 168%。

不固定品牌客户的增量收益是 68 美元减去 60 美元,为 8 美元。根据它所花费的 20 美元的营销传播投资,可以计算出客户投资回报率是 8 美元除以 20 美元,为 40%。

新兴客户群体的传播投资金额则没有那么大的影响。由于花费大量成本进行营销传播,它的净贡献还亏损了 3 美元,除以 17 美元的营销传播成本,其客户投资回报率是—18%。这也说明了要花大钱才能争取到新客户的原因,而且他们的价值多半也要经过一段时间才能显现出来。在很多情况下,如果在投入庞大的金额吸引新客户以前,先努力巩固从现有的客户关系中所建立起来的业务,这样对组织反而更加有利。

对问题客户群体的传播也会降低客户投资回报率。虽然需求占有率略有提高,但净贡献却从 12 美元变成 11.45 美元,所以增量亏损是 0.55 美元,客户投资回报率则是—14%。

这个例子来自真实的经验。为了更好地说明计算客户投资回报率的流程,我们已经将它予以调整与简化。其中的评估和计算纯粹是以论证为目的。其他公司在使用这种方法与流程时,营销传播计划所带来的回报可能会有所增减。

计算结束以后,营销传播者通常会面临一个问题,即如何判断这种客户投资回报率? 多高的水平是可以接受的? 多低的回报率是不能接受的? 营销传播者显然希望能和类似的组织或竞争对手有某种比较,但实际上这种衡量标准并不存在。各个组织只要和自己的需求相比较就可以了。当客户投资回报率的数字符合组织的财务或财务期望需求时,便可称得上是"好的";如果达不到期望的要求,则是"不好"的。在美国,一些公司期望的范围在 20%—50%之间,一些公司认为 10%—20%就很不错了。如果同样一笔资金在自己的公司能够得到比同样资金在其他公司更多的客户投资回报率,营销传播者就应该为这个成果感到满意。

第四节　评估长期客户投资回报率

上一节评估了短期客户投资回报率,但这只是客户投资回报率的一部分。在这一部分我们要对长期的客户投资回报率进行评估。一直以来,评估长期的回报率面临着两难的处境。一方面,众所周知,组织的真正价值来源于目前所产生的现金流,以及把这些现金流延续到未来的可能性。但由于现金在未来需要进行折现处理,因此一些人会认为长期回报对公司的价值不大〔财务分析人员通常计算未来现金流折现的方法是,将未来现金流和目前的金额进行比较。一般来说财务人员所折现的比例是 15％,也就是说,1 000 美元的现金总额到了第二年时所产生的价值大约为：1 000－1 000×0. 15＝850 美元;而到了第三年时 1 000 美元折现为：1 000－1 000×0. 15－(1 000－1 000×0. 15)×0. 15＝722.50 美元〕。

虽然现金流折现法有它的问题,但几乎所有的投资都被认为是对公司的业务具有某种持续或者长期的影响。虽然营销传播管理者共同关注的是实现当季或者年度的销售与利润目标,但预计的长期回报往往才是加强短期投资与回报的基础。事实上,在某些情况下,组织之所以能在未来取得成功,是因为它们目前所确立的产品、客户或者渠道具有一种前进趋势,这种趋势会延续到下一段时期,或是帮助组织度过短期的困境。这样一来,所建立的趋势可以扩大或提高回报,超出人们正常的预期。

另一方面,公司也要维护带来持续现金流的忠诚客户。有很多营销专家表示,公司吸引新客户的成本是维系老客户的 5—10 倍。稳定的客户收入流会使公司的运营与财务管理容易得多。一些研究早已显示出提高客户的忠诚度可以为营销机构带来可观的未来结算利润。例如弗雷德里克·赖希赫德(Frederick Reichheld)提到过,5％的客户忠诚度可以增加多达 75％—100％的结算回报[1]。组织有了忠诚客户后,通常还可以减少因为客户的购买行为不确定而造成的收入流的起伏,从而使运营的财务层面更加稳定。只要大概了解将来两到三年后会出现哪种收入流,公司就可以把有限的资金管理得更好。因此,维护忠诚客户以使持续现金流维持稳定状态是有相当大的价值的。

一、终身客户价值法

在预测营销传播计划的长期回报时,有两种框架可以帮助营销人员解决上述困难。第一个框架是**以客户为中心**,关注从客户或客户群体身上得到的持续收入流。第二个框架是**以品牌为中心**,在考察品牌的财务价值时会评估品牌对公司盈利进度或既有资产的贡献。

我们首先考察第一种方法,即"**终身客户价值法**"。它由直销和目录销售人员提出,用来解释未来可能的客户收入流。这种方法采用概率预测模型,以过去和现在的经验为依据。预测的现金流估计出来后还要加以折算,以说明它们的净现值。

终身客户价值法认为,目前有些客户将来还可能继续购买公司的产品或服务,进而创造未来的收入流。与此同时,有些客户则会因为投靠竞争对手、搬家、死亡或其他种种原因而流失。只要把维系、折损、预期的支出形态以及估计的成本加起来,就可以算出每位客户的终身客户价值。

终身客户价值等于所有收入的净现值减去所有与一般客户有关的可归属成本[2]。它

[1] Frederick Reichheld. 1996. *The Loyalty Effect*, Princeton. NJ：Harvard Business Press. 转引自〔美〕唐·舒尔茨、海蒂·舒尔茨：《整合营销传播——创造企业价值的五大关键步骤》,何西军、黄鹏等译,中国财政经济出版社 2005 年版,第 204 页。

[2] Bob Stone and Ron Jacobs. 2001. *Successful Direct Marketing Methods*. New York：McGraw-Hill.

的做法就是把上一节所提到的开发短期客户投资回报率指标进行延伸，然后把时间延长。举例来说，假如要估计终身客户价值，就要在特定的假设下多估计几个会计年度的短期回报，然后把它们相加起来。

在计算过程中有一点必须注意的就是要把货币的时间价值考虑进去。这其中有两个假设需要考虑到：第一是客户投资回报率的目标。任何营销传播的目标一定都是获取能够反映货币的时间与风险价值的回报。一般来说，客户投资回报率的目标起码必须和公司过去的权益回报率一样高。因此，假如公司为公司所有者或股东带来的投资回报为15％，那么长期回报率低于15％的营销传播投资就不会被采纳。如果市场的波动很大，技术发生了改变，或者客户忠诚度发生变化，此时营销传播投资通常需要比较高的回报率才划算。反之如果市场稳定，几乎可以确保未来的收入流，营销传播投资就不必承担这么大的风险。

第二是评价客户价值的实际期间。它所反映的期间必须能合理预测未来的购买行为，并评估传播计划的持续影响。换句话说，有些产品(例如尿布、青少年杂志、婚纱照等)和客户的关系只限于生活中的某些期间，所以客户存在的平均时间比较短；而有些产品则可能获得数十年的忠诚与使用。但实际上，当时间超过三到五年时，通常大部分的产品都很难准确地预测。因此，我们在下面举的例子中也只以三年为限估算三年内的客户投资回报率，因为三年以后的回报率比较难以估算。

二、终身客户价值计算方法实例

下面我们来举一个例子说明终身客户的价值是如何被计算出来的。这是美国的数据库顾问杰克·施密德(Jack Schmid)与艾伦·韦伯(Alan Weber)所提出来的计算终身客户价值的方法①。在这里选取的时间段是三年，因为考虑到现金流通常会折现，而折现的比例在年限长了以后则很难计算，所以我们在这里以三年为限来计算客户的长期价值。

首先我们要将吸引客户的投资计算出来。这里分几个步骤。

(1)确定吸引新客户的成本。假设公司将目录寄给潜在客户的成本是0.60美元，根据经验，公司租用外面的可能客户名单所能达到的首次邮寄响应率是1.1％，所以吸引新客户的成本是54.55美元(0.6/0.011＝54.55)。

(2)确定平均销售金额可以获得多少毛利。假设每位新客户的平均初次购买金额为70美元，每位客户扣掉交付成本后的平均毛利是40％，首次订购的平均毛利就是28美元(70×0.40＝28)。

(3)确定吸引客户的净利润或净亏损。营销人员只要把首次销售利润减掉第一步的客户吸引成本即可(28－54.55＝－26.55)。由此看来，公司吸引每一位新客户都造成了

① Jack Schmid and Alan Weber. 1997. *Desktop Database Marketing*. Lincolnwood, IL: NTC Business Books. 转引自〔美〕唐·舒尔茨、海蒂·舒尔茨：《整合营销传播——创造企业价值的五大关键步骤》，何西军、黄鹂等译，中国财政经济出版社2005年版，第213页。

亏损。但是如果在接下来的阶段能够变得有利可图,便仍然可以为公司带来利润。问题是确定新客户在未来可能带来多少利润,这就要求营销人员先推算未来的购买量,然后减掉续约成本以及在这个过程中所要耗费的任何服务或维修成本。同时营销人员还要考虑货币的时间折算价值。

(4) 确定每年的邮寄次数和邮寄的平均响应率。假设新客户在首次购买产品后,有 3 年的时间会持续向公司主动购买,而且每年会收到 4 次目录。当客户被吸引进来后,每本目录的邮寄成本只要 0.50 美元。但随着时间的推移,顾客的响应率会逐年下降。经验显示,经过初次购买后,客户群体对于第一年 4 本目录的响应率通常是 16%,到了第二年,这个比例就会下降到 13%,第三年则会下降到 11%。

(5) 确定长期的累积响应率。有了这些响应资料后,接着就可以根据吸引客户的时间长短计算出累积响应率,而算法则是把平均响应率乘上每年的邮寄数。以此推算,客户在第一年对于每次邮寄的平均响应率是 16%,乘上每年的邮寄次数 4,就会得到 64% 的累积响应率。到了第二年,累积响应率是 52%。到了第三年,累积响应率是 44%。

(6) 确定重复销售的利润。在这个例子中,营销人员所采用的首次邮寄毛利都是 40%,但公司很快发现,现有客户的平均订购金额比较高,每笔续订的平均金额是 75 美元,所以每笔订购带给公司的毛利是 30 美元。而每年的毛利则应该是每年的累积响应率乘上平均订购毛利,分别为第一年 19.20 美元,第二年 15.60 美元,第三年 13.20 美元。

营销人员必须从中扣除对现有客户营销的年度成本。由于每年要以每份目录 0.50 美元的成本对每位客户邮寄 4 次,所以组织对每位客户的年度营销成本就是 2 美元(4×0.5)。当年度毛利扣掉了年度营销成本以后,就可以得到每位客户的净盈余:第一年为 17.20 美元,第二年为 13.60 美元,第三年为 11.20 美元。

(7) 把预期的现金流折现为净现值。下一步营销人员需要计算货币的时间价值,而公司所采用的每年折算系数为 20%,即现金流每年损失掉的价值为 20%。因此,折算系数的时间价值在第一年是 1.2(1+1×0.2),第 2 年则是 1.44,第三年则攀升为 1.73。接着把每年的盈余除以适当的折现系数,就能算出每年预计盈余的净现值。所以预计盈余的净现值在第一年是 14.33 美元,在第二年是 9.44 美元,第三年则是 6.48 美元。

从这些计算中可以看出,三年的盈余总净现值是每位客户 30.25 美元(14.33+9.44+6.48),然后再扣除当初 26.55 美元的投资,就可以算出客户投资回报是 3.70 美元。

表 8-5 终身客户价值的实例

行次		第一年	第二年	第三年
1	每年的邮寄次数	4	4	4
2	每次邮寄的平均响应率(%)	16	13	11

续　表

行次		第一年	第二年	第三年
3	年度响应率(第1行×第2行)	64	52	44
4	平均续订金额(美元)	75.00	75.00	75.00
5	平均订购毛利：40%(美元)	30.00	30.00	30.00
6	每年的毛利(美元)(第3行×第5行)	19.20	15.60	13.20
7	扣掉四次目录邮件的年度成本：每笔0.50美元	(2.00)	(2.00)	(2.00)
8	每年的净盈余(美元)(第6行—第7行)	17.20	13.60	11.20
9	折算系数：20%	1.20	1.44	1.73
10	盈余的净现值(美元)(第8行/第9行)	14.33	9.44	6.48

3年后的盈余总净现值　　　　30.25美元
扣掉原始吸引客户的成本　　　—26.55美元
3年的客户投资回报　　　　　=3.70美元

三、3C分析：一种新的长期品牌价值整合模型

除了从财务的角度来测量客户的终身价值外，还有一种衡量客户价值的3C方法。因为客户对于品牌的贡献，除了在财务上产生回报或者现金流以外，仍然存在与客户的持续贡献有关的其他价值，例如客户拥护度。"客户拥护度"的概念除了包含"客户忠诚度"的概念外，还包括了一些拥护品牌的积极行为，例如向他人推荐品牌、把品牌的商标或图标穿在身上，或者公开表达自己对于品牌的热爱与支持等。这些都是在客户忠诚度能够产生的财务价值之外的价值，而这些价值可以通过3C方法加以测量。这种方法由克里夫·汉柏在论文《消费者对品牌的测量》中提出，该论文在伦敦克兰菲尔德管理学院的"品牌权益在创建战略价值的杠杆作用"会议上被宣读[1]。3C方法也是唐·伊·舒尔茨在《整合营销传播——创造企业价值的五大关键步骤》一书中所重点推荐的理论。这3C分别为：

客户贡献(Customer Contribution)，指客户带来的长期收入流，它的评估结果显示在边际贡献行中。客户贡献是由组织在营销传播上所花费的净额所构成，所以回报必须以净额的形式来评估。

客户承诺(Customer Commitment)，是客户需求占有率的观念经过简化后的版本。客户承诺的前提很简单：他们会用钱包来投票，会买自己相信或是偏好的产品。这种客户

---

[1]　Adapted from Clive Humby，"Customer Measures of the Brand"，Presented at the Cranfield School of Management Conference on Leveraging Brand Equity to Create Strategic Value，Cranfield，England，April 19，2002. Used with permission from Dunnhumby associates.

喜好指标比询问客户对于产品或服务有什么感觉或看法的态度指标要好得多。在 3C 方法中,各个客户群体的客户承诺要分开确定,因为根据经验,不同的客户群体对于不同品牌的承诺程度都不一样。

客户拥护(Customer Champions),指客户投入与支持品牌的程度。客户会花多少力气去把品牌推荐给别人。其中最有力的评估指数就是客户到底有没有把品牌推荐给亲友或同事,而且客户拥护评估的仍然是行为,而不是态度。接着就指望客户所传递的信息与激励能使公司以比较低的成本从新客户身上得到额外的销售量。

辅之以 3C 的概念,规划人员可以建立出立体的"客户方块"。当上述三个指标结合起来时,它们就会在方块内形成格子使之具有量化的尺度,形成一个三维的立体方块。这三个维度包括客户贡献的数字、客户承诺的数字和客户拥护的数字。有了这个三维的方块,客户的行为可以随时显示在方块中的某一个位置,而这个位置便可以量化地表示出客户的现状,如图 8-3。

3C 分析有以下几个主要的作用。

(1) 直接了解客户的现状。在每一个维度上客户处在哪一个量化标准上可以直接反映出客户对品牌的贡献、客户承诺与客户拥护的程度,这样使得客户的现状一目了然。

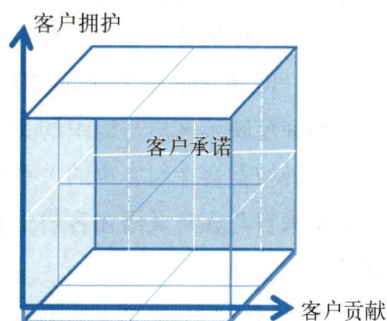

图 8-3 3C 方块

(2) 该图可以显示出客户在三个维度上不同的区域中平移的情况。例如,客户从原先靠近客户贡献和客户承诺的位置移到了靠近客户拥护的位置,这说明他对品牌的忠诚度进一步提高了。这也可帮助营销传播管理者了解客户与不同客户群体的行为活动变化。例如,哪些客户从方块中的某一区移到了另一区,哪些客户没有移动等。这可以间接地反映营销传播的效果。

(3) 可以帮助判断客户的行为活动变化是否与营销传播活动有关。例如,某一客户在某一年度恰好刚开始购买婴儿食品和纸尿裤,那么这可能不是由营销传播计划造成的,而更可能是因为家庭结构产生了变化引起的。3C 分析可以帮助营销传播管理者洞悉营销传播的贡献与使客户行为产生变化的外部因素。

(4) 可以帮助了解客户的生活方式和生活状态。如果能够长期观察客户的转移,那么建立适当、高效的营销传播计划影响未来的行为应该就会容易得多。

(5) 提供确定营销传播计划能改变客户或者潜在客户的行为的困难程度的指标。只要能找出客户,与他们沟通,然后评估传播效果,很快就可以帮助营销传播经理人筛选出因营销传播行为明显改变的客户群体,以及可能需要其他传播形式或公司活动才能够改变行为的客户群体。

由此,营销传播管理者便能够确定传播计划的某些目标,或维系客户现有的行为,或激励客户群体出现新的行为,或采取激励与回报措施,以鼓励客户成为拥护者或者支持者,等等。

经过上述分析,我们发现 3C 方法的优势在于以下方面。

(1) 对于营销与传播的回报提供了直接的基准。因为它所评估的是客户实际行为的重大变化。通过这样的评估,便可以帮助消除在看待或评估品牌时将客户一律"平均"对待的内在危险。而以往营销活动与营销传播计划平均看待客户的现象为组织带来了严重的问题。

(2) 3C 方法结合了营销传播计划的长期与短期回报指标。举例来说,这种方法可以整合短期的营销传播投资决策,并掌握这些决策对于各个客户群体的影响。这样一来,分析时就可以评估各个客户或客户群体的现有与未来价值。

(3) 3C 方法的最大好处在于,它进一步证实了品牌必须被当作公司的资产来看待,因为品牌反映了客户与组织的关系。品牌虽然无形,但还是可以为组织带来很大的价值,因为品牌权益会在与客户的关系中建立起来。这可以让公司了解到,在大部分情况下,成功都是来自与客户及潜在客户保有持续的关系,而且这些回报通常都是客户忠诚度带来的结果。

不过,这种 3C 方法并没有被学者们阐述得非常完善。它只是揭示了可以被用来衡量的客户的长期价值,并没有揭示客户的长期价值如何具体被衡量出来,也没有具体的量化指标。这也是该理论值得被进一步拓展的原因。

在这一章的内容中我们介绍了评估客户短期投资回报率和长期投资回报率的方法,其中的核心部分是以客户财务上所能带来的价值来计算他们的投资回报率。另外,本章节也阐述了评估品牌资产的办法,同样,对品牌资产的评估也是通过品牌在财务上所带来的价值来计算和衡量的。这是本章节的核心思想,也是贯穿全书的重要思想。

📋 **思考题**

1. 传统的营销传播效果测量有哪两种方法? 它们各自的原理是什么?
2. 评估短期客户投资回报率的方法是什么? 它的原理是什么?
3. 评估长期客户投资回报率有哪几种方法? 它们各自的原理是什么?

精讲视频

第九章　项目执行后的分析与未来规划

第一节　总结与重新规划

到此为止,整合营销传播的流程就基本结束了。而营销传播者们在这里也可以为公司高管们回答四个问题:(1)我们的公司应该在营销传播上投资多少?(2)我们会获得什么类型的财务回报?(3)回报多久才会出现?(4)客户与品牌是否能保持均衡的、稳定的关系?营销传播者只需要逐步对营销传播项目实际的财务成绩进行评估,就可以判断项目是否成功。当回答了这样几个问题后,营销传播者们对这一轮的营销传播是否成功也就有一个判断了。

评估完回报以后,下一步显然就要延续已经成功的营销与传播方法,而修改不成功的方法。同样,对营销传播项目所挑选的客户和潜在客户群体也必须进行评估。如果上述过程带来了预期的回报,项目就有继续执行的理由。通过第一个回合,营销人员可以很快了解市场对营销传播活动的响应,因为短期成绩会在当年会计年度中评估出来。了解了市场的反应,就可以根据需求立即对项目进行修改或调整。了解项目得失成败可以为将来的项目计划提供借鉴,营销传播流程的循环就此结束。

最后,就是根据现有的营销传播结果来预测和规划新的营销传播方案。与传统营销传播流程不同的是:在传统的营销传播流程中,是先制定营销方案和预算设计,因为先有了方案才能够执行。营销人员先确定可以花多少钱,然后才负责在这些财务限制内制定计划,这是一种"指挥控制型"的管理方式。营销传播只具有战术上的作用,而没有战略上的作用。整合营销传播则扭转了这一局面。整合营销传播流程不从预算开始,而是从规划中形成预算。这是一种从客户的角度出发,在充分了解客户以后再制定内部策略计划的方式和手段,是真正的"由外而内"的做法。

五大闭环真正考虑到了从消费者出发的原则,将消费者的选择与感受放在制定营销计划的第一步,这使得五大闭环完全脱离了传统营销传播以营销者为中心的局面。然而,笔者认为:五大闭环的图看似经典,但也存在一些问题。主要问题就是该图没有显示出营销传播中的干扰因素和环境的影响。事实上,唐·伊·舒尔茨在他的书稿中曾经多次提到营销传播中干扰因素的影响,然而他没有把它们纳入整个五大步骤环节中,也没有在图中将它们显示出来。笔者认为:五大闭环中的干扰因素和环境的影响是非常重要的,它们也时时刻刻影响着营销传播的效果。下面我们就来具体分析五大闭环中的干扰因素和环境因素。

第二节　五大闭环的干扰因素和环境分析

一、五大闭环的干扰因素

整合营销传播的过程与任何传播过程一样,都存在着"噪声"。"噪声"指的是信息在传输过程中受到的干扰和阻碍。在营销传播的实际运作中,来自各个角度和不同形式的无关因素对信息传播的影响不可低估。这些影响很容易使信息接收受到歪曲或者干扰。唐·伊·舒尔茨曾在他的著作中提到:在评估客户短期投资回报率与长期投资回报率时,营销传播效果都因为一些干扰因素而难以评估。笔者认为,干扰因素主要有以下几点。

1. 来自客户的主观因素

舒尔茨提出了"黑盒子"的说法,意思是当一个人把信息传达给另外一个人时,每个人都会在头脑中将信息重新加工一遍,很多信息会流失和重组。同时,每一个人对所传递信息的理解也不一样,造成了虽然广告传播是一样的,但是客户对此的反应各不相同。因此在很长一段时间里,人们在评价营销传播时往往把重点放在容易评估的因素上,例如媒体曝光的次数与时间、覆盖范围与广告传单分发等,因为这些因素是可以量化测量的,而忽略那些由大脑主观屏蔽掉的因素。但是这样评估的明显缺陷就是所衡量的信息都是评估营销人员所发出的信息,而不是这些信息给他们带来的"成果"。

另外,即使客户都接受了相同的营销传播信息,但是在促成消费行为的时候也会有意外情况发生。例如,一个情绪化的忠实客户在某一时刻突然厌倦了购买一贯购买的品牌产品,突然想采用其他品牌的产品,而商家则很难推测到底是什么原因使原本忠诚的客户放弃了这一品牌。再例如,有人仅仅是出于民族情绪,会对他国的货物产生一种排斥的感觉,无论他国的货物质量再好,营销传播再努力,也难以激起该顾客的购买兴趣。

2. 来自客户的客观因素

例如,一个在固定地点做美容的客户由于突然搬家可能导致其离开原本忠诚的美容店。来自客户的客观因素是导致整合营销传播不能够顺利实现的重要原因。

3. 来自媒介自身的信息

信息的激励与来源对于效果的评定也有直接的影响。客户和潜在客户接收信息的来源各式各样,从电视广告、产品包装到简单的口耳相传等。一些传递系统的效果非常微弱,例如某些时段的电视广告,而另一些传递系统的效果非常明显,如口耳相传等,因此熟悉各种信息来源对于营销人员判断其营销传递效果有着明显的帮助。

在整合营销传播过程中,由于多种媒体要协同作战,因此任何一个媒介的信息干扰都有可能影响整个营销传播活动。最常见的是媒介信息混乱,比如不同广告的诉求点混乱不一,或者广告与其他营销传播形式所传达的信息互不协调等。还有单一的媒介传递信息的干扰:在网络传输中,由于网速过慢而影响了营销信息的传递,在电视传播中由于信号不足而影响了营销传播的效果等,这些都会在营销传播中形成干扰。

另外在很多情况下,媒介本身具有某种信息价值,它在传送信息过程中也不免要释放自己的信息。例如,某产品发布会请了一位美丽的模特儿来做形象代言,但很可能大家对于模特儿本身的关注超过了对于产品的关注,这位模特儿就对此次营销传播活动产生了干扰。

4. 来自营销传播者的信息

即便营销方案计划得再周密、花费的财力物力再多,整个营销方案也有可能因为营销传播者自身的原因而出现问题。例如,营销传播者的人员变动、对营销传播计划的各自理解的不同,或者是不同营销传播者对于营销方案会提出不同的意见等,都会直接影响营销传播的效果。

5. 时间与时机的因素

客户对营销传播有一个最常见的反应,即客户虽然看到或听到了传播信息,但要过一阵子才会采取行动,这就是所谓传播计划的“时滞效应”。时滞有几个可能的原因:客户目前对这个类别没有需求,客户需要一段时间进行考虑,客户需要更多信息才能形成最后的购买决定等。例如买汽车、去国外度假、选择教育机构等只是其中几个例子,这些产品的考虑购买周期都很长。

企业对企业的营销传播计划也有很多延迟效应的例子,例如决定产品设计、挑选成分、开发产品以及其他活动都要好几个月甚至好几年才能完成。企业对企业的组织在会计年度投入传播经费时,多半都知道回报要很久以后才会出现。

在这其中最大的难度就是没有人知道这种滞后会延续多长时间。有时候短暂的促销刺激能够取得迅速的结果,但创造品牌等营销传播则需要很长时间。因此给营销传播的效果测评带来了很大的难度。在大部分情况下,组织通常会采用“关联度分析”或一些营销组合模型等,根据历史上的销售资料和营销传播活动的费用等去估计它们过去的市场回报。但由于存在着时滞效应的问题,历史的市场回报并不能预测未来的回报。

6. 来自品牌各个接触点的困难

在前文中我们探讨过品牌接触点(Contact Points)。由于消费者在接触品牌过程中会遇到各种各样的接触点,因此随时随处都有可能遇到障碍。唐·伊·舒尔茨曾举出一个例子来说明:一位潜在客户看了报纸广告或电视广告后,想要去购买某一种产品,但他在购买过程中遇到了很多干扰因素：(1) 找不到停车位，放弃寻找而在另一家店买了其他品牌的产品；(2) 去了零售店，但想要的产品缺货所以没买成；(3) 在店里找到了产品，但零售商的报价比制造商的报价高出很多，于是他转而买了竞争对手的产品；(4) 走进了零售店，价格也不贵，但销售人员对产品的性能特征一无所知，回答不出关于产品的问题，于是他又放弃了；(5) 试图去公司网上订购，却发现输入系统很复杂，信用卡也无法使用等问题，于是又放弃了。从传统的营销传播角度来看，如果从营销人员的角度出发上述这些营销传播都发挥了作用，那么营销传播真正所能达到的效果就很小了。

即便不是所有的环节都出现问题，只要在一个关键点出现了障碍，也可以使得原本有良好消费愿望的顾客远离产品。例如，本来具有良好声誉的品牌店突然由于购物环境的改变让许多顾客感到不适应，找不到原来熟悉的货架上的产品，他们会懒于花时间寻找而放弃购买；某一品牌由于更换了包装便失去了原本忠诚的顾客，或者某一品牌由于从不更换包装也可能使顾客产生厌倦心理等；在 Vero Moda 店，售货员由于过于殷勤地紧紧跟随在消费者后面、不停地为他们介绍品牌信息，这可能偏偏引起某些顾客的反感，因为他们喜欢单独挑选货品而不受人打扰；在 ZARA 等一些品牌店，消费者常常因为找不到空的试衣间而放弃购买这种产品；在海底捞餐饮连锁店，顾客会因为等待就餐时间过长而更换餐馆；在麦当劳，顾客也可能因为必须付现金而不能刷卡而放弃购买。在营销传播的每一个环节中都可能产生干扰因素，因此在设计营销传播流程时就必须尽可能地把这些产生的干扰因素考虑进去，才能尽可能地避免损失。

7. 现行会计制度的内在困难

全世界通行的会计制度是衡量营销传播投资的长期回报时所面临的第一个困难。会计制度通常以年度为单位审核，因此，如果营销传播计划在公司会计年度的第四季度投资，客户收入流则是在下一个会计年度的第一季度才开始出现，那么当年看到的只是投资支出而没有回报，第二年看到的只是收入而没有成本。这就是吸引客户的计划会对组织以及营销传播经理造成困难的原因。因为这样的客户往往是起步的成本高、最初的回报低，而且回报往往要等到以后的会计期间才会出现。例如，很多企业一开始都要雇佣销售员，替他们准备销售资料，然后派他们去发掘与培养客户，这一切都要花很多钱。但销售人员很可能在一两年之内拿不出任何销售业绩或是现金流回报。这其实是很正常的现象。如果营销传播经理能够更加看重客户所产生的长期收入流，而较少地看待营销传播支出，这种困难就会缓解一些。不过，由于财务制度的影响，营销传播人员在看不到当年的利润以后通常会感到很大的压力。

8. 确定品牌忠诚度的困难

忠诚客户通常都被称为是有利可图的客户，但近年来的研究却开始质疑这种由来已久的假设。忠诚本身并不代表客户有利可图。例如，当客户每年都购买一瓶 Windex 清洁剂时，可以说他对这个品牌 100% 的忠诚。不过，当客户每年都买 10 瓶清洁剂，其中只有 3 瓶是 Windex 时，尽管买 10 瓶的客户只有 33% 的需求占有率，他的盈利潜能却是买一瓶者的3倍。因而,确定哪些客户、多少客户对公司保持忠诚度存在一定困难。

即便是可以确定的忠诚的客户,其突然流失也是难以预计的事情。例如,临时的搬家;客户突然对此品牌产生厌倦,想要尝试其他品牌的产品;或者接收到于品牌不利的信息,以及其他一些外界因素,都有可能使忠诚客户瞬间离开这个品牌而去购买其他品牌产品。每年在各公司的忠诚客户名单上都会有一小部分突然流失,而这便给计算长期客户投资回报带来了困难。

9. 确定品牌资产长期增长面临的困难

财务上的品牌资产价值是指投资人而非客户或潜在客户为品牌所赋予的价值。在说明营销传播计划可能产生的未来价值时,财务上的品牌资产价值是一个重大的挑战。虽然营销传播会对在投资界和客户那里树立品牌价值造成影响,但这两个指标却大相径庭,所以必须分开考虑。

投资人在比较各种股票的潜在价值时,判断公司盈余的稳定性与增长是主要方法。因此,假如营销传播投资可以形成客户活动,进而转化成持续的客户收入流,这些营销传播投资也会对股东价值造成影响。此外,假如营销传播可以在某一段期间投资,在以后的其他期间产生回报,营销人员就能很有把握地说,他对于未来的盈余有所贡献。不过,目前还没有完全成熟的财务模型能够把销售水平、客户忠诚度、营销传播的其他作用直接与股价及后续的股东价值结合起来。

二、五大闭环的环境监控

每个组织与其外部环境之间的关系都是动态的。一系列外部因素构成了营销决策的外部环境。这些因素包括经济、竞争、技术、社会、文化、人口变化和政府监管的影响。因此营销传播过程也必须不断监测环境的变化,以使营销传播能够适应环境的影响或者主动实施控制。

要想成功地开展营销传播,必须不断了解竞争对手、社会事件、经济发展、政府动态等。SWOT分析法是对环境进行监测的一个有效办法,该环境监测主要包括组织内部环境监测和组织外部环境分析。组织内部主要是分析财务状况和人员状况,一个具备强大的财务储备和沟通人才队伍的公司有许多机会开展卓有成效的创造性活动,而财务、人才两缺的公司能做的就很有限。外部环境分析主要是对机会和挑战的分析,主要方面包括一个品牌在某特定时刻所面临的机会和威胁——经济形势、竞争对手的活动、法律环境、分销渠道等。如果不采用SWOT分析,采用一些其他的方法也可以对外部情况随时进行了解,只要能够随时和外部环境保持互动就可以了。

另一个环境监控方面的理论是"环境控制主张",即一个公司可以通过营销沟通和其他营销行为改造现存的环境条件。换句话说,营销沟通各个特定领域的经营者必须努力去影响和改变环境,以便最大限度地为公司利益服务。尽管组织不可能完全控制环境,但是它们必须对环境进行不断的监测,以便随时更改政策、战略和战术来适应环境。成功的公司能预见到环境变化并提前做好准备，而不是仅仅在剧变之后被动地作出反应。

　　跨国公司本土化就是营销传播适应与控制环境的一个典型做法。肯德基在美国的产品只有炸鸡块、汉堡、鸡米花、苹果派等，进军中国以后，为适合中国本土老百姓的口味拓展了很多新的产品，例如加入大葱、甜面酱的老北京鸡肉卷，嫩五方牛肉等，非常受中国老百姓的欢迎。海尔的张瑞敏在20世纪90年代考察市场时，曾听一些农民抱怨海尔的洗衣机不好洗地瓜，这在当时被海尔的员工传为笑谈。可是张瑞敏不这么看，他认为既然有需求就应该去满足。于是他组织人专门研发了一种能够洗地瓜的洗衣机，该产品一上市后立刻供不应求，受到农民朋友的广泛欢迎。由此看来，企业是能够主动地适应并改造环境的，而且主动改造的环境才能够使营销传播活动始终走在市场的前列，才能够占据市场的主动权。

　　笔者认为，考虑了干扰因素和环境因素的五大闭环图应如图9-1所示。

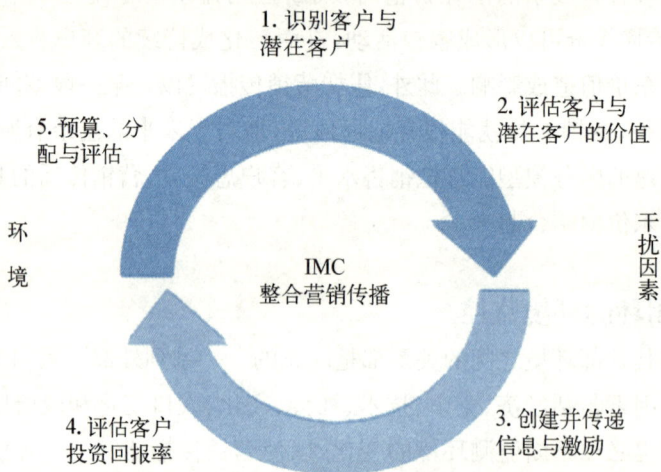

图9-1　考虑了干扰因素和环境因素的五大闭环图

思考题

1. 影响五大闭环流程的因素有哪些？请举一些例子说明。
2. 在五大闭环干扰因素中客观因素有哪些？请举一些例子说明。
3. 你如何评价五大闭环的流程？

精讲视频

第三部分

整合营销传播实践

在本书的前几章我们了解了整合营销传播的流程，接下来的章节将重点阐述在整合营销传播的实践中要采用的一些媒体和渠道。正如我们已经明确的：整合营销传播是对多种媒体和传播手段的整合运用，因此我们将具体阐述这些不同的营销传播渠道各自在IMC之中的角色和运作方式。第十章和第十一章主要是介绍各种媒体的特征以及它们在整合营销传播中如何被使用；从第十二章开始则是对各种具体营销传播手段的介绍。

这些不同的营销传播模式在整合营销传播中应该被综合起来使用，但是我们并没有找到特别完整的能够将所有营销传播手段综合起来使用的很好的案例。有的企业采用了"混媒"的营销传播手段，但是离真正的整合营销传播还差一定的距离。因此在这本书中，我们仍然将各种营销传播形式逐一介绍，希望读者能够深刻地了解各种营销传播模式的本质。虽然在其他一些书中，这些营销传播模式也曾被介绍过，但本书希望能够有所突破的是：结合这些营销模式的最新发展，使读者了解这些营销传播模式有可能在整合营销传播中所起到的重要作用，并且与中国的实例结合起来，充分探讨它们有可能在中国市场上发挥的作用。

第十章　营销传播媒体的选择

第一节　媒体的类型与特征

在整合营销传播中,媒体的角色必不可少。所有的营销传播信息都会通过各种形式的媒体进行传播。要将各种传播形式整合起来,多种媒体的协调与综合运用非常重要。

媒体的分类方法有多种,最常见的是将媒体分为传统媒体和新兴媒体。传统媒体指的是平面、广播电视、户外媒体等,而新媒体指的是互联网、手机等互动性强的媒体。不过也有学者对此提出质疑,认为由于出现了太多的新兴媒体而导致"媒体并无新旧之分"。对此说法笔者表示赞同。但为以示区别,在本书中我们将"新媒体"定义为互联网出现以后的新兴媒体。新媒体的互动性较传统媒体强,但新媒体并不等同于互动媒体,因此为行文的需要我们仍然将"新媒体"作为一个媒体类别加以阐述。在营销传播中,媒体还包括产品与顾客接触的一切接触点(Contact Points),例如电话、邮件、咖啡桌、T恤、产品包装、黄页、公司文具和办公用品,甚至包括员工服务态度等。任何与顾客创造联系的接触点都可被称为媒体。

媒体又可分为大众媒介和小众媒介。在过去的30年中,媒体的发展经历了巨大的变化。由单一的、强大的大众媒体一统天下的局面转变成为媒体的碎片化和长尾化。所谓媒体的碎片化是指媒体的形态多种多样,各种形态的媒介面对的是小众市场。媒体的长尾化是指过去人们只能关注重要的媒介或大众化的媒介,而置各种各样的小众媒介于不顾。而在当今各种小众媒介的组成所产生的社会效应可能远远大于"大媒介"。处于曲线尾部的"小众媒介"应该引起注意,这就是长尾理论。在媒介的长尾化和碎片化时代,各种媒介已经融为一体,这给营销传播者以及代理更多的空间来选择达到顾客的方式。在如此众多的不同媒体上吸引顾客注意,比起在一家大众媒介上传递信息意味着更多的挑战。

图 10-1 是克里斯·安德森在首次提出长尾理论时所画的一个图。排名 25 000 的曲目被下载的次数非常多,排名 25 000 以后的曲目虽然下载次数非常少,但其货架空间是无穷无尽的,虽然这些零星销售是一桩桩有效的、低成本的生意,但由于其尾数是一个极长极大的数,因此最终销售的利润也非常可观。事实一次又一次地证明,传统的实体零售商们没有开拓出来的那些新市场的规模远比人们想象的要大,而且越来越大。

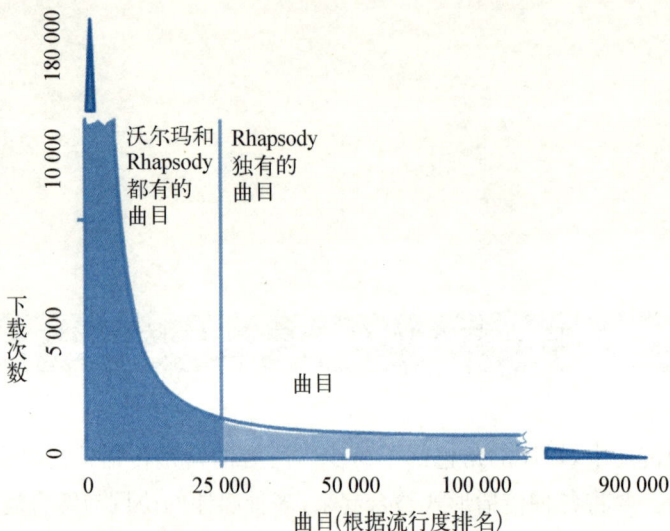

图 10-1   长尾理论示意图

按照媒体所传递大众的广泛性,媒体又可分为入侵程度高和入侵程度低的媒体。所谓入侵程度高是指它对受众的影响力比较大,而入侵程度低是指它对受众的影响力相对较小。媒体策划者清楚地了解各种媒体的侵入程度是存在差异的。入侵程度高的媒体是非常个人化的媒体,如个人推销等,因为销售代表的出现需要顾客的高度注意。侵入程度低的媒体是印刷媒体(报纸、杂志等),因为客户可以自己选择什么时候和如何使用这些媒体。一般而言,一种媒介的侵入程度越高,它就越个性化,但是使用成本也就越高。

第二节   传统电波媒体

传统电波媒体主要包括两类:广播和电视。传统电波媒体的商业广告的侵入程度高于印刷媒体上的品牌信息。因为广告在印刷媒体上出现时,受众可以有较强的选择性来选择他们所想要得到的信息,但在传统电波媒体中却很难有选择性。同时,它的侵入性较高,广告价格也相对高。以中央电视台新闻频道为例,在傍晚 7 点前后这一时段每 10 秒广告大约耗资 198 000 元(2025 年)。

传统电波媒体的展示率以视听率来测量。一个视听点就是指,在某种沟通载体展示的某电波节目所覆盖区域的 1%。例如,如果中央电视台的《新闻联播》节目宣称在国内有 90% 的视听率,意思即在本节目平均市场为 15 分钟的单元中,90% 的家庭正在收看此节目。不过,虽然电波时段的价格取决于视听率,但策划者也必须了解:视听率只是揭示了某区域内收看某电视台和收听某电台节目的家庭百分比。视听率并不能测量有多少人注意了广告。媒体展示并不等同于信息展示,对于传统电波媒体而言,实际的信息展示率只占节目展示率的 25%—50%。

与视听率相关的另一个术语为**占有率**,即在某一时段收看、收听某特定电视台、电台的人数占此时所有使用电视、广播总人群的百分比。一个节目的占有率数值常常高于其视听率,因为不可能每个家庭在某一时段都在收听广播或者收看电视。所以那些视听率较低的电台、电视台一般更愿意谈论它们的占有率。

电视观众的测量在我国由央视索福瑞等公司来完成。这些公司提供了有关电视网络及各电视台决定其主要时段广告价格的视听率基础信息。例如央视索福瑞(CSM)的调查网络推及中国内地 12 亿 2 千万和中国香港 630 万的视听人口。它不仅对全国 218 个市场(1 个全国测量仪网、25 个省网和包括香港特别行政区在内的 192 个城市网)提供独立的收视率及收听率调查数据,也对 1 272 个主要电视频道的收视情况和 409 个主要广播频率的收听情况进行不间断的监测。

电波时段的广告销售一般以 30 秒和 60 秒作为基础价格单位。例如中国国际广播电台,30 秒钟的常规广告索价是 15 000 元(2025 年)人民币,而套播广告或其他特殊广告形式则有不同的价位。要价不仅与广告时间长短有关,还取决于受众数目的估计值。例如,甲台对每个 60 秒广告要 10 000 元,乙台则要价 8 000 元。但如果甲台的受众人数是乙台的两倍,或者甲台的视听率是乙台的两倍,那么甲台比乙台贵了 2 000 元,但甲台的单位售价仍然比乙台理想。

传统电波媒体的广告单价比印刷媒体更有协商的余地。因为电波广告时段既容易固定,也容易浪费。我们说它更容易浪费,是因为某一广告时段如果未被销售出去,就纯粹地流逝了。电波广告的单价更有回旋余地的另一原因在于,不管某台的广告时段是部分还是全部售出,此台的运营成本根本不受任何影响。与其一无所获地白白浪费既定广告时段,不如降低其单位售价。但是,如果在好的时段,其广告定价也容易被抬高,这取决于所播放的节目、某频道的影响等。下面我们来分别谈谈广播与电视媒体。

1. 广播媒体

广播媒体在我国分为调频、调幅和卫星电台几种。调频电台发送的信息传递较远,而调幅的信号则传递较近。卫星电台比传统的调幅或调频的优越之处在于卫星公司可以承诺全国性覆盖率,但是卫星电台收听成本高。

广播曾经在特定的历史时期起到了不可磨灭的作用。在电视还未普及之前,广播曾是大众传播的最主要方式。目前在广大农村广播仍然有着其他媒体不可替代的功效。但在互联网等新媒体出现以后,广播工作者曾经面临了极大的困惑和挑战,新媒体和电视带走了一大批广播听众，广播如何发挥它的优势？好在在探索中广播还是找到了一条属于自己的可行的道路。目前，在一些城市一些频道的广播成为特定受众不能离开的信息来源，例如北京交通台就成为北京收听率最高的节目频道，2007 年它的平均日听众数能达到 565 万[①]，中国国际广播电台也是颇受欢迎的频道。

收听广播是一种亲密且个性化的体验。一旦有了收听率，它就会和听众保持稳固的联系。广播节目的好坏与主持人密切相关，因此广播节目带有强烈的个性。广播还提供影像转换进程。在此过程中，如果某目标受众接收过某一品牌电视广告的视觉和听觉展示，那么当他再次听到类似的音律时，就会回忆起这则广告的视觉画面。换言之，如果观众曾经看过一则具有强烈视觉冲击效果的广告，那么广播可以支持、强化并提醒听众对这则信息的印象。同时，由于广播的主持人就是该广播电台的品牌，听众们常常会将他们与该电台联系起来。为了影响这些广播主持人，许多广告商并不投资于实际录制的商业节目，而是将这些主持人作为广告发布的形式。良好的主持人效应会使得广告出现较好的影响。

广播媒体有以下优势：(1) 它的时效性比较强，因为它只需要运用声音媒体进行传播。(2) 它更具有个性化特征，并能够与特定的受众保持高度的稳定关系。(3) 广播更能够本土化，它的信息更能够引起当地居民的关注，而且因为广播主要是一种区域性的消费者媒介，所以它很少运用于 B2B 的品牌信息传递。它更多的是针对受众进行个性化的服务。(4) 它随时可听、随处可听，携带方便，成本少。(5) 相比起电视等大众媒体，它更容易与听众形成互动。(6) 人们在收听广播的同时可以做一些其他的事情。

广播的劣势在于：(1) 它只能提供声音，因此生动性不能与电视相比；在此情况下，它播出的广告所引起的关注程度也较低。(2) 与电视一样，广播是带有强迫性的，而许多人在发现了广播的强迫性以后，习惯于将其品牌信息忽略。(3) 广播在很多时候只是一种背景音乐，虽然人们在收听广播的时候可以做一些其他的事情，但是也因此很容易忽视广播的存在。(4) 受众难以测量。即使采用最老到的受众测量技术，也很难检测到受众真正获取品牌的信息是多少。比起杂志的覆盖率和电视的收视率，广播的收听率难以测量。

广播的广告时间通常以 15 秒、30 秒和 60 秒为单位销售。且因广播是一种背景媒介，因此它给了广告商更多机会来注意和进行展示。广播广告的价格取决于电台的评点，它因时段及受众人口特征的不同而各有差异。一些人总认为广播是便宜的媒介，因为一个广播商业广告的花费比起在电视节目中的成本要低廉得多。但事实是，广播对于受众的影响比起电视要小得多。

2. 电视媒体

在所有媒体中，电视有着最广泛的覆盖率。根据尼尔森媒体调查，几乎 99% 的美国

---

① 数据来源：北京交通信息网，2007 年广告组合销售及套播办法及数据分析，北京交通台广告经营部，2007 年 9 月。

家庭都有电视机。在中国,电视机在城镇居民中的覆盖率也是100%。鉴于电视拥有大量受众且能以高度显著的效果来传播信息,许多大公司都将电视作为一种重要媒介使用。尤其是在品牌销售中,能让品牌在消费者、股东、投资者、雇员和潜在雇员、供应商以及各利害关系者的认知中占有主要地位。

相对于其他媒体来说,电视的观众是最为碎片化的。因为电视的频道如此之多,而观众分散在各种地方。这对于广告商来说既是优势也是劣势。优势在于:电视拥有了如此众多的观众,这使得一种品牌通过电视广告能获得广泛的影响力,它常常被认为是营销传播的权威媒介。当零售商们计划推出一条新的产品线时,通常电视会被考虑为首选媒介。而电视的劣势在于:由于它的受众难以估算和测量,以至于大多数品牌都在为获得那些既非顾客也非潜在顾客的人而投资。而且电视广告的成本高昂,尤其对于小品牌而言。这使得很多中小企业难以承受。最后,电视媒体还有一个劣势就是喧闹。目前黄金时段已经有近三分之一的时间安排了广告,这使得观众容易对众多广告产生反感。

电视广告按照编排播放形式可以分为以下几种:(1)普通电视广告片。即广告主向电视台购买或赞助一个专栏节目,提供节目制作经费,然后在节目播出期间穿插自己企业的广告。广告播出时间的长短依据赞助费用的多少和播放期限而定。(2)标版广告。标版广告时间较短,一般为5秒或更短,通常只有一两个体现企业形象的画面和一句广告语。但由于该类广告对提高企业的知名度和提升企业形象有很大帮助,因此为很多企业看好。中央电视台每年的"标王"之争已连续多年成为各大媒体争相报道的焦点。(3)栏目冠名广告。冠名广告将电视台的某些栏目以企业的名称或产品的品牌命名。如"蒙牛酸酸乳超级女声电视大赛"等。(4)直销广告。这是一种一般长度在2分钟以上的广告片,内容大多是对产品功能的介绍和演示。同其他电视广告最大的不同之处是,这种广告一般会出现产品的价格,并一律会提供一个销售热线供人们电话订购。例如很多电视台在白天时段播出的手机广告、化妆品广告等。(5)贴片广告。这种广告在内容上同普通电视广告片或标版没什么区别,不同之处在于它的播放时间。所谓贴片,就是固定在某一部电视连续剧中插播。例如《丑女无敌》电视剧中就经常播出立顿奶茶的贴片广告。(6)字幕广告。部分地方电视台,尤其是市县级电视台在播放正常节目时会在屏幕下方打字幕,播放产品信息。这种形式虽然较易引起人们的反感,属于被禁之列,但不可否认,该类广告有一定的效果,尤其是在播放促销信息时。

由于电视广告的价格日益昂贵,广告的平均长度已不再是早期的一分钟或者两分钟,而是明显缩短。与广播一样,营销者在电视中也购买时段名,或某些其观众最可能符合品牌市场形象的特定节目。如中央电视台新闻频道广告在黄金时刻《东方时空》栏目前价位可达到5秒广告费用158 000元人民币。而在午夜新闻后广告最为便宜,大概5秒11 700元。广告销售利润以广告能够达到的千人成本(CPM)来算。CPM即Cost Per Thousand。在一般情况下,CPM小于100,则这一广告可能产生利润,而CPM大于100,则这一广告在一千人中达到的成本较大,不利于利润产生。

第三节　户　外　媒　体

在传统媒体中除了印刷媒体和电波媒体外还有一大类就是户外媒体。在传播学中传统的三种媒体并没有涵括户外媒体，这是因为户外媒体的唯一功能是广告，并不是传递新闻信息。但是我们如果要着重阐述媒体的营销传播功能，则户外媒体是相当重要的一种媒体。常见的户外媒体包括广告牌、影院和影碟，一些非传统媒体如热气球、标语、T恤上的文字图案等都属于户外媒体的范畴。

一、户外广告

户外广告起源于罗马帝国，当时人们就将商业图案绘制在城墙之上。现代社会，汽车或高速公路已经占据我们的视野，所以沿路的大幅图案广告牌就成了传递信息的据点。据统计，全球的户外广告年度支出的估算值在 48 亿美元左右[①]。

根据户外广告的不同形态可以将户外广告分为两种：户外固定广告和户外移动广告。户外固定广告包括霓虹灯广告、墙体广告、机场广告、电梯广告等；户外移动广告则包括公交车身广告、地铁广告、热气球广告等。广告商一般从公共运输部门购买广告空间，招贴可以张贴于公交车、地铁和出租车之上等。其他可供张贴的地方还有购物中心、零售店、图书馆、社区等。只要是人们有可能阅读信息的地方，就适宜于张贴那些传递较为复杂信息的广告。不过，目前户外固定广告与户外移动广告的区分已经不太明显了，由于要降低成本，固定广告牌常常也被当作移动广告牌使用，在不同的地区轮换使用。例如，在某一个地铁站常常见到的固定广告牌可能经过几个星期后被移到另外一个地铁站使用，这样既减少了成本，又扩大了效益。

另外一种分法是将户外广告分为传统的和非传统的。传统的户外广告是指在过去一些年常见的广告，例如公交车广告、霓虹灯广告、墙体广告等，而非传统的户外广告则是指近些年涌现的新形式的户外广告模式，例如购物袋、太阳帽、街头卡通人物等。包括产品和消费者所接触的任何点，都可以被理解为一种新形式的户外广告。不过，非传统户外广告与传统户外广告的界限非常不清晰，很难判断哪些户外广告属于传统的而哪些属于非传统的。非传统的户外广告通常存在以下特征：受众测量困难、具有高生产成本和运作成本等。它不像传统户外广告一样具有统一的测量与购买手段，因此使用起来比较麻烦。

户外广告的优势在于：(1) 户外广告通常有很高的曝光率，尤其是在人口密集的地方。(2) 户外广告生动活泼，能引起人们的关注，广告效果好。(3) 户外广告也为目标市

---

① 汤姆·邓肯：《广告与整合营销传播原理》，机械工业出版社 2006 年版，第 220 页。

场定位提供了地理上的灵活性。它有时能用于大型宣传活动,尤其是在新产品上市时,例如宝马的"MINI 传奇"所示。但户外广告也有明显的缺陷,主要在于:(1)人们容易从广告牌前擦肩而过却熟视无睹。(2)户外广告牌必须争取从周围的某种视觉刺激中脱颖而出,这就意味着它们所传达的信息必须简洁明快而引人入胜。(3)如果过度使用信息功能就会丧失效应,因为人们会对它视而不见。(4)户外广告存在负面感知的问题。环境保护主义者指责户外广告为"定点的视觉污染"。(5)户外广告的效果难以测算,因为其曝光率很难被正确捕捉,这比起电视的收视率与广播的收听率有着更大的计算难度。

二、户外广告的测量

户外广告的基本销售单位被称为曝光率。曝光率是一个估测的百分数,如人口总数的 25％、50％或者是 100％。25％的曝光率意味着此市场人口数量的 25％一天中会接触到这个户外广告的信息,100％则意味着此市场人口的 100％在一天中都能够接触到这个户外广告的信息。为了使曝光率增高,品牌信息就会尽可能多地出现在众多的广告板上。这种媒介在美国的媒体支出中只有 2％,但是在其他一些国家,尤其是发展中国家是传递品牌信息使用得最广泛的方式。

第四节　互联网新媒体

互联网(Internet),又称国际网络,是以通过通用的协议将计算机网络互相连接在一起的、覆盖全世界的巨大国际网络。它始于 1969 年美国的阿帕网。从媒体研究的角度,互联网被看作是继传统报纸、广播、电视之后的第四媒体,也是新生代媒体,在 20 世纪 90 年代以后,掀起了巨大的社会效应。

互联网具有传输范围大、速度快、交互性强等特征。中国互联网络信息中心(CNNIC)发布的第 54 次《中国互联网络发展状况统计报告》显示,截至 2024 年 6 月,我国网民已经达到 10.996 7 亿人。互联网的用户曾经分为 PC 端用户和移动端(手机端)用户,但近年来由于互联网用户越来越向移动端倾斜,网民越来越多地使用移动端来浏览互联网,使 PC 端用户和移动端用户已经没有太大区别。截至 2024 年 6 月,我国移动端网民已达 10.96 亿人,网民使用手机上网比例为 99.7％。因此,我们在下文所介绍的"互联网广告"不仅包括 PC 端的互联网广告,也包括手机端的"移动端广告"。

一、互联网广告

互联网广告早在 20 世纪 90 年代就轰轰烈烈登场。早期的互联网广告几乎都被嵌入在网页中,实质上就是传统广告的网络复制版。但互联网广告与传统广告在性质上完全不同,互联网广告可以在相当程度上弥补或克服传统广告的缺陷。

(一) 互联网广告的几种方式

1. 原生广告

原生广告(Native Advertising)，是一种让广告作为内容的一部分植入到实际页面设计中的广告形式。也有学者认为，原生广告是指通过在信息流里发布具有相关性的内容产生价值，从而提升用户体验的特定商业模式。此类广告只能在单独平台中被付费投放，比如脸书(Facebook)、微博等，并且此种形式正好适合此种平台的浏览环境。它通过与平台"和谐"的内容呈现品牌信息，不破坏用户的体验。

具体而言，原生广告从用户体验出发，由广告内容所驱动，并整合了网站和APP本身的可视化设计，简单来说就是融合了网站、APP本身的广告，使其成为网站和APP内容的一部分。比如Google的搜索广告、Facebook的Sponsored Stories以及Twitter的Tweet式广告，都属于这一类范畴。Buzzfeed的总裁曾说过："当你用内容的形式冠以该平台的版本，就成为一种原生广告。比如在推特里面，它会是一则推特，在Facebook里面，它会是一则新的状态，在Buzzfeed里面，它会是一则报道。"美国Deep Focus公司的CEO说："这是一种以消费者本身使用该媒体的方式，去接触消费者的广告方式。"[①]美国雅虎的销售副总裁认为，原生广告形式更多元，它可能是图片、影音，或是文字，只要是消费者体验的一种，它都可以被称为是原生广告的形式之一[②]。

所以，原生广告在不同的载体上呈现出不同的形态。比如视频类原生广告，可以是某个视频背景中的一个广告牌，也可以是视频人物手中拿的一个物品，也可以是视频暂停、

图 10 - 2　百度原生广告

---

① 以上内容引自百度对于原生广告的简介。
② 史安斌、叶倩：《原生广告对新闻业的重塑：冲击、拉锯与共生》，《青年记者》2020年第1期。

加载、结束后弹出的广告插屏。有主题表情的原生广告,就是通过深度的植入,将广告信息制作成各种主题、皮肤等。有游戏关卡的原生广告,就是在游戏的通关奖励中植入的广告。有桌面原生广告,就是通过在手机桌面、应用功能中设计 icon 按钮,点击后进入一个广告墙。有信息流原生广告,就是如 Facebook、微信等在信息流中插入广告。有手机导航类原生广告,其功能就是帮助用户方便地找到喜欢的应用。

2. 其他网络广告

横幅广告指的是横跨于网页上的矩形公告牌,也叫作旗帜广告(Banner ads)。当用户点击这些横幅的时候,通常可以链接到广告主的网页。它是网络广告最早采用的形式,也是目前最常见的形式。横幅广告通常是一个表现商家广告内容的图片,放置在广告商的页面上,尺寸是 480×60 像素,或 233×30 像素,一般是使用 GIF 格式的图像文件,可以使用静态图形,也可用 SWF 动画图像。除普通 GIF 格式外,Rich Media Banner(丰富媒体 Banner)能赋予横幅更强的表现力和交互内容,但一般需要用户使用的浏览器插件支持(Plug-in)。

由于横幅广告有较严格的尺寸规定,因此,当广告商认为横幅广告已不能满足吸引受众的需求时,就产生了通栏广告。通栏式广告实际是横幅式广告的一种升级。它比横幅式广告更长,面积更大,更具有表现力,更吸引人。一般的通栏式广告尺寸有 590×105 像素,590×80 像素等,它也已经成为一种常见的广告形式。

弹出式广告是互联网上的一种在线广告形式,意图透过广告来增加网站流量。它通过用户在进入网页时,自动开启一个新的浏览器视窗,以吸引读者直接到相关网址浏览,从而收到宣传之效。这些广告一般都通过网页的 JavaScript 指令来启动,但也有通过其他形式启动的。由于弹出式广告的过分泛滥,很多浏览器或者浏览器组件也加入了弹出式窗口杀手的功能,以屏蔽这样的广告。

按钮式广告是一种小面积的广告形式,这种广告形式被开发出来主要有两个原因:一方面是可以通过减小面积来降低购买成本,让小预算的广告主能够有能力进行购买。另一方面是更好地利用网页中比较小面积的零散空白位。常见的按钮式广告有 125×125 像素、120×90 像素、120×60 像素、88×31 像素四种尺寸。在进行购买的时候,广告主也可以购买连续位置的几个按钮式广告组成双按钮广告、三按钮广告等,以加强宣传效果。按钮式广告一般容量比较小,常见的有 JPEG、GIF、Flash 三种格式。

电子邮件广告是以电子邮件为传播载体的一种网络广告形式。电子邮件广告有可能全部是广告信息,也可能在电子邮件中穿插一些实用的相关信息;可能是一次性的,也可能是多次的或者定期的。通常情况下,网络用户需要事先同意加入该电子邮件广告邮件列表中,以表示同意接受这类广告信息,才会接收到电子邮件广告,这是一种许可行销的模式。那些未经许可而收到的电子邮件广告通常被视为垃圾邮件。

(二) 互联网广告与传统广告的区别

互联网广告与传统广告在多个方面存在显著区别,主要包括传播方式、精准度、形式多样性、成本、效果评估和互动性等方面。

(1)从传播方式上看,互联网广告通过互联网传播,能实现即时、互动的传播。用户可以随时查阅广告内容,不受时间和地域限制。而传统广告主要通过电视、报纸等传统媒体传播,信息传递单向且非交互。

(2)从精准度上看,互联网广告借助大数据等技术精准定位目标受众,根据用户的行为、兴趣、地理位置等信息展示广告,实现个性化推广。而传统广告只能面向广泛的受众,难以实现精准投放。

(3)从形式多样性上看,互联网广告的形式丰富多样,包括弹窗、信息流、视频等。而传统广告的形式相对固定,仅有如电视广告、户外广告牌等形式。

(4)从成本上看,互联网广告的成本相对较低,尤其是按点击付费(PPC)或按展示付费(CPM)的广告模式,可以根据预算灵活调整。而传统广告制作和投放成本较高,如电视广告和印刷广告,且成本固定,不易调整。

(5)从效果评估上看,互联网广告的效果评估更及时、准确,可以通过数据实时监测,如点击率、转化率、用户行为等。而传统广告的效果评估通常依赖于市场调研和销售数据,难以精确测量广告的直接影响。

(6)从互动性上来看,互联网广告具有高度的互动性,用户可以点击广告了解更多信息,甚至直接进行购买或参与互动。而传统广告则通常是单向传播,用户无法直接与广告内容互动。

二、网络视听新媒体

网络视听新媒体是以互联网技术和新兴传播媒介为基础,通过网络媒体和移动媒体进行传播的数字视频影像媒体,是互联网时代催生的新模式、新业态,是数字化转型带给人们的新体验新成果,也成为每个人日常生活不可或缺的一部分。它强调视听觉的综合作用,具有交互性特征。"网络视听"就是在网上"看"和"听",从类别上看,当前网络视听涵盖广泛,包括网络综艺、网络剧、网络电影、网络微短剧、网络纪录片、网络动画片等内容形态。

网络视听新媒体区别于传统视听媒体的特征主要在于:

一是交互性。与传统广播电视的单向传播不同,网络视听新媒体具有双向互动的功能,用户可以参与内容的创作和传播。

二是有技术基础。它基于互联网技术和新兴传播媒介,如5G、智能终端、虚拟现实、大数据、云计算等。

三是内容形态更为丰富。主要包括网络视听节目,如短视频、音频、直播、点播等。

随着技术的不断进步,视听新媒体在内容生产、媒体建设、用户体验等方面不断创新。5G网络的全面联通、智能终端的快速发展、虚拟现实技术的加持,使得视听新媒体在用户体验和内容创新方面有了显著提升。此外,视听新媒体在融合服务方面也表现出色,持续赋能行业高质量发展。

《中国网络视听发展研究报告(2024)》显示,截至 2023 年 12 月,我国网络视听用户规模已达到达 10.74 亿人。2023 年,网络视听服务机构总收入 7 795.45 亿元,同比增长 16.57%。截至 2023 年底,持证及备案的网络视听机构 2 989 家[①]。

在下文中,我们主要介绍视听新媒体最普遍的两种形式:音频媒体平台和视频媒体平台。

(一) 音频媒体平台

音频媒体平台是指提供音频内容创作、分发和收益分享的服务平台。这些平台允许用户上传、编辑和分享音频内容,包括有声书、播客、音乐、教育课程等,并且通常提供多种变现方式,如广告分成、付费订阅和打赏等。

1. 音频媒体平台的种类

目前,国内的音频媒体平台主要分为以下几类:

(1) 在线音乐平台——网易云音乐

国内知名的在线音乐平台主要有“网易云音乐”和“酷狗音乐”等。网易云音乐是一个集音乐播放、社交互动等功能于一体的在线音乐平台。用户可以在此平台上发现喜欢的歌曲和音乐人,并与其他用户分享音乐体验和感受。其特色是用户评论丰富,具有强大的音乐推荐系统。

酷狗音乐是一个拥有海量曲库的在线音乐播放平台。除了高品质的音乐播放,还提供铃声、电台、直播等功能,满足用户的多样化需求。其界面设计简洁明了,易于操作。

(2) 在线音频分享与交流平台——喜马拉雅 FM

喜马拉雅 FM 是一个以音频分享为主的社交平台,拥有众多主播和用户创造的音频内容,涵盖了娱乐、教育、文化等多个领域。用户可以在此平台上聆听喜欢的节目、发表自己的观点,并进行互动交流。其特色在于内容丰富多样,满足了不同听众的需求。

(3) 综合型音频平台

除了上述几类平台外,还有像蜻蜓 FM、荔枝 FM 等音频平台。这些平台集成了音乐播放、有声读物、电台直播等多种功能,为用户提供一站式的音频娱乐体验。用户可以在这些平台上找到各种类型的音频内容,满足自己的娱乐和学习需求。

2. 音频媒体平台的营销方式

音频媒体平台的主要营销方式如下。

(1) 付费订阅

在商业化运营中,付费订阅逐渐成为互联网音频媒体平台的主要营销模式。付费订阅模式是指用户在支付一定费用后,获得对互联网音频媒体平台中特定内容的持续访问和收听权益。通常来说,互联网音频媒体平台会提供一部分免费内容,同时还会有高质

[①]　中国网络视听协会:《中国网络视听发展研究报告(2024)》,2024 年 3 月 27 日。

量、独家或特定主题的付费订阅内容，通过这种模式获取收益。

付费订阅模式的优势有：

① 提供稳定可持续的收入来源。与传统广告模式相比，付费订阅模式能够更好地保证互联网音频平台的稳定收入。通过订阅费用，平台能够规划更长期、更稳定的运营计划，提供更高质量的内容和用户体验。

② 优化内容品质。付费订阅模式对于互联网音频平台而言，是一种有效的激励机制。平台需要为付费用户提供具有高附加值和独特性的内容，以吸引并留住订阅者。这种机制强迫平台提升内容质量，推出更具吸引力的专业制作、深度解读等内容形式。

③ 提供个性化服务。付费订阅模式不仅可以实现音频平台的商业化运作，还能提供更个性化、更专属的服务。通过分析订阅用户的偏好和行为数据，平台可以针对用户提供有针对性的内容推荐和定制化服务，提升用户体验和满意度。

未来，付费订阅将出现更加多样化的付费模式。除了传统的按月/按年计费模式，平台还会推出更加灵活的计费方式，如分期付费、付费针对性内容等。这将更好地满足用户多样化的需求。随着多元主体参与内容制作的增加，独家内容的竞争会进一步加剧，互联网音频平台将会加大独家内容的投入和开发。拥有独家内容的平台更容易吸引用户，培养用户黏性，从而在竞争中脱颖而出。此外，用户需求的不断提升也加大了社交与互动功能的整合，付费订阅模式将进一步融合社交和互动功能，创造更加丰富和完整的用户体验。用户可以通过评论、分享、互动等方式参与到音频内容中，加强用户之间的互动和碰撞，形成更加活跃和黏性的社区。

（2）主播打赏

网络音频媒体平台的打赏功能是一种让用户通过支付一定金额来表达对主播或创作者支持和喜爱的功能。用户可以通过打赏功能直接向自己喜欢的主播或创作者赠送虚拟礼物或货币，以表达感谢或鼓励。这种功能不仅增加了用户与创作者之间的互动，也为创作者提供了一种额外的收入来源。

在不同的网络音频平台，打赏功能的操作方式略有不同。例如，在喜马拉雅平台，用户需要先登录主播账号，进入主播管理中心，找到打赏服务并选择要开通的专辑即可开通打赏功能。用户在使用时，可以设置打赏金额和打赏语，然后在播放界面选择打赏按钮进行支付。在荔枝平台，用户需要打开应用，选择要打赏的主播，进入声音播放界面后点击打赏按钮，选择打赏方式并赠送即可。

一般来说，对于主播获得的打赏收入，平台会抽取一定比例的分成。

打赏功能对网络音频平台和创作者都有重要意义。对于平台而言，打赏功能增加了用户黏性，提高了用户活跃度，同时也为平台带来了额外的收入来源。对于创作者而言，打赏功能为他们提供了一种直接的收益方式，鼓励了更多优质内容的创作和分享。

（3）广告分成

网络音频平台的广告分成机制主要是通过将广告费用与创作者进行分配，以激励创作者创作更多优质内容。这种收益分配机制不仅能够激发创作者的积极性,还能吸引更多的创作者加入平台,从而丰富平台上的内容。

广告分成的计算方式一般是按照广告主支付的费用进行分配。当广告主在平台上投放广告时,会设定一定的广告费用。当广告被观看或点击时,广告主支付相应的费用给平台,平台再根据事先协商的比例与创作者分成。

具体的分成比例和计算方式因平台而异。例如,在喜马拉雅平台,创作者可以通过制作声音内容吸引粉丝和播放量,参与平台的广告分成。广告分成收益包括贴片广告和其他形式的广告收入。此外,平台还会根据创作者的互动能力和内容质量给予不同的奖励和提成。比如,在喜马拉雅平台上的主播广告收入=(广告收入-广告成本)×分成比例。由于音频作品的版权方、后期制作方不同,所以分成比例也是不一样的,不过一般来说,分成比例大概在30%—50%之间。

(二) 视频媒体平台

视频媒体平台是指提供视频内容发布、分享和互动服务的在线平台。这些平台允许用户上传、观看和分享各种类型的视频内容,包括但不限于电影、电视剧、短视频、教育视频等。这其中,最受用户欢迎的视频形态还是短视频。我国研究机构 QuestMobile 发布的《2024 年中国移动互联网半年报告》显示,2024 年我国短视频月活跃用户数已经达到9.89 亿。

从视频形态上来看,视频分为长视频和短视频。国内知名的长视频平台有爱奇艺、腾讯视频、优酷视频、芒果 TV、搜狐视频等。在国际上,著名的长视频平台有美国的流媒体奈飞(Netflix),简称网飞。它是一家会员订阅制的流媒体播放平台。用户可以通过 PC、TV 及 iPad、iPhone 收看电影、电视节目,可通过 Wii,Xbox360,PS3 等设备连接 TV。

本书中我们着重介绍短视频平台。短视频平台是指提供短视频内容创作、分享和观看服务的在线平台,也是当下重要的内容营销平台。这些平台通常具有用户友好界面,允许用户上传、编辑和分享各种类型的短视频,如技能分享、幽默搞怪、时尚潮流、社会热点等内容。短视频的时长通常不超过 5 分钟,适合在移动状态下和短时休闲状态下观看。随着移动互联网的普及和 5G 技术的推广,短视频平台的用户数量持续增长。短视频不仅在娱乐领域占据一席之地,还在教育、营销和品牌推广等方面展现出巨大潜力。

国内知名的短视频平台如下。

抖音(在海外叫作 TikTok):由北京字节跳动公司开发,是一款音乐创意短视频社交软件。抖音在音乐、时尚和娱乐等领域有着广泛的影响力,并与多个大型活动合作,成为其独家社交媒体传播平台。其海外版 TikTok 在全球范围内拥有大量用户,覆盖了超过150 个国家和地区,成为全球最受欢迎的短视频应用软件之一。

快手:快手也是国内最受欢迎的短视频平台之一,由北京快手科技有限公司推出。快手的短视频内容以搞笑、生活、美食、美妆、宠物等为主,用户可以通过快手发布自己的短视频,也可以通过观看别人的视频来获取灵感和乐趣。快手的用户群体覆盖了各个年龄段，其用户主要聚集在三四线城市，具有巨大的"下沉"市场。

B站：B站是一个以动画、漫画、游戏和文化为主的二次元社区平台，它也提供了短视频分享功能。B站的用户群体主要是年轻人，通过B站可以看到很多高质量的动画和漫画作品，也可以通过短视频分享自己的二次元生活和创意。B站的用户群体非常热爱文化和创意，B站是一个很有个性的社区，也是传播二次元文化的重要平台。

在国外，知名的短视频平台有 TikTok，YouTube，Instagram，Snapchat 等等。TikTok，即抖音的海外版，近几年在海外的影响力显著上升。到2024年底，TikTok的海外用户量已经超过10亿，覆盖了150多个国家和地区。其中，美国是 TikTok 的第一大市场，拥有1.7亿的活跃用户，占到了国家人口的50%以上。印度尼西亚则是 TikTok 的第二大市场，拥有1.09亿的用户。此外，巴西、墨西哥等国家也是 TikTok 的重要市场之一。YouTube 是美国第一大搜索引擎谷歌旗下的视频网站，用户可以在 YouTube 上创建和观看最多60秒的短视频。2024年，YouTube 全球用户量已经达到25.62亿。凭借 YouTube 的强大资源和用户基数，YouTube Shorts 为创作者提供了丰富的创作工具和广泛的曝光机会。Instagram Reels 是 Facebook 旗下的视频平台，它允许用户创建和分享15秒到90秒的短视频。Reels 成功地将短视频融入 Instagram 中。借助 Instagram 庞大的用户基础和社交网络效应，Reels 在全球范围内迅速流行，尤其受到年轻人的喜爱。Snapchat 是另外一款以即时消息和短视频为核心的社交应用，用户可以分享瞬时的短视频、图片和消息，其"故事"功能还允许用户创建24小时内可见的短视频集合，这种独特的社交互动方式吸引了大量用户，尤其是在美国和欧洲地区。

图 10-3　国内外知名短视频平台

短视频平台的盈利方式多种多样，主要包括但不限于以下几种。

一是广告收入。如同长视频一样，短视频平台由于播出优质内容，会吸引广告商的加入。到目前为止，广告收入仍然是短视频收入的主要来源。

（1）前贴片广告：在视频播放前插入一段广告，用户需观看完整广告或等待跳过广告的时间后才能观看视频内容。

（2）信息流广告：将广告内容嵌入到用户的信息流中，与普通视频内容混排显示，提高广告的曝光率。

（3）植入广告：与品牌商合作，通过定制化的内容植入广告信息，实现品牌推广的目的。

二是电商带货。当创作者拥有一定知名度获得了自身 IP 后，通过短视频展示商品，引导观众购买，从而获得销售佣金或直接销售商品获利。这种方式需要创作者具备一定的影响力和粉丝基础，以便更好地推广商品并提高销售转化率。

三是粉丝打赏。在一些短视频平台上，粉丝可以直接对喜欢的创作者进行打赏，创作者由此可以获得一定的收益。

四是直播带货。通过直播功能进行商品销售，创作者可以直接与观众互动，增加销售机会。这个将在后面的章节中重点阐述。

五是内容付费。将优质内容设置为付费观看，吸引愿意为内容付费的用户。一些平台会推出付费会员制度。由于用户对平台产生了黏性，在用户提交一定的会员费之后可以给用户提供一些优质服务和优惠活动。例如，去广告观看：付费会员可以享受无广告打扰的观看体验；高清画质：提供更高清晰度的视频内容，满足用户对画质的要求；独家内容：为付费会员提供独家或优先观看的内容，增加会员价值感。

六是平台签约。优质创作者可以与平台签约，获得更多的流量和分成比例。与此同时，依托平台的 MCN 服务机构可以提供运营、拍摄等方面的支持和指导，帮助创作者更好地发展。

短视频平台通过上述商业模式和盈利方式，不仅为用户提供了丰富多样的内容和服务，也为平台自身带来了可观的经济收益。随着技术的不断进步和市场需求的变化，短视频平台将持续探索新的商业模式和盈利途径，以实现可持续发展。

三、社交媒体平台

（一）社交媒体平台的类型及特点

社交媒体平台也被称为"社会化媒体"平台，是人们用来创作、分享、交流意见、观点及经验的虚拟社区和网络平台。社交媒体平台与视听新媒体平台的内涵有一些重合之处。有些社交媒体平台也是以传播音频或视频内容为主的视听新媒体平台，如抖音、快手等，它们既是社交媒体平台也是视听新媒体平台。但社交媒体平台与视听新媒体平台在功能上有所不同：视听新媒体平台更注重以音频和视频为主的传播内容，而社交媒体平台更注重其在社交方面的功能。

社交媒体平台早期以 BBS 和聊天室为主，是互联网 1.0 时代的产物。随着网络的高速发展和带宽的进一步提升，互联网传输图片和音视频的能力大大增强。今天的社交媒体已经拥有多种类别并在国内外蓬勃发展。在国外，有综合性社交媒体平台，如Facebook 和 Twitter，有以发布视频为主的 YouTube，有以发布照片为主的 Instagram，有即时聊天工具 Whatsapp、Snaptchat，以及职业社交媒体平台 LinkedIn 等。在国内，有以发布文字、图片内容为主的综合性社交平台微博、微信，有以发布视频和图片为主的抖音、快手、小红书、B 站等。社交媒体在当今社会不仅成为媒体的主要形式，也成为人们离不开的生活方式。

社交媒体的特点有以下几个方面。

一是形态的多样性。社交媒体包括社交网站、微博、微信、博客、论坛、播客等多种形式。

二是多元主体的用户关系。社交媒体建立在用户关系的基础上，任何用户可以在社交平台上分享意见、见解、经验和观点。

三是交流的互动性。在社交媒体上，用户可以相互沟通、评价和讨论内容。

四是广泛的传播性。社交媒体的信息可以通过网络迅速传播，影响范围广泛。

（二）国内常见社交媒体平台

在国内的社交媒体平台中，我们主要介绍微博、微信公众平台这两个常见的社交媒体平台。

1. 微博平台

微博（MicroBlog）是一种基于用户关系的信息分享、传播以及获取的社交网络平台，用户可以通过关注机制分享简短实时信息。微博允许用户通过多种终端发布文字、图片、视频等内容，实现信息的即时分享和互动。发布的内容一般较短，有 140 字的限制，微博由此得名。

微博于 2009 年 8 月由新浪率先推出。经过多年的发展，它已经成为中国最大的社交媒体平台之一。它不仅是一个信息分享的平台，更是一个社会互动的场所。微博的功能包括信息分享、社会互动、热点追踪等，使得用户能够随时了解时事热点，极大地增强了信息分享的即时性和互动性。

2013 年 6 月，新浪微博用户规模达到 3.31 亿，这是中国微博发展的鼎盛时期。之后，伴随着微信等其他社交媒体的兴起，微博的用户使用量逐年下降。2014 年 3 月 27 日晚间，在中国微博领域一枝独秀的新浪微博宣布改名为"微博"，并推出了新的 LOGO 标识，新浪色彩逐步淡化。若没有特别说明，"微博"就是指新浪微博。

微博平台具有以下特点。

一是便捷性。微博用户既可以作为观众，在微博上浏览感兴趣的信息，也可以作为发布者在微博上发布内容供别人浏览。其即时通信功能非常强大，在有网络的地方，只要有一部手机就可以随时更新自己的内容。发布信息便捷，传播速度快。一些大的突发事件或引起全球关注的大事，微博客可利用各种手段在微博账号上发表出来，其实时性、现场感以及快捷性超过所有传统媒体。

二是传播性。微博草根性强,入门没有任何"门槛"。一方面,任何享有公民权的人都可以加入。在信源的选取、关注的话题和个人的叙事方面都可以保持一定的独立性。另一方面,用户可以根据自己的兴趣偏好,依据对方发布内容的类别和质量来决定是否"关注"某用户,并对所关注的用户群进行分类。微博账号的影响力,取决于其内容的质量和现有被关注的用户数量。对该用户感兴趣、关注该用户的人数也越多,其影响力越大,信息共享也更便捷迅速。

三是原创性。在微博,140 字的限制将平民和莎士比亚拉到了同一水平线上,这一点导致大量原创内容爆发性地被生产出来。一些学者认为,微博的出现具有划时代的意义,真正标志着个人互联网时代的到来[①]。"沉默的大多数"在微博上找到了展示自己的舞台。

四是泛娱乐化倾向。微博也有它的一些缺陷。有学者从微博的热门话题、实时热搜等方面发现,微博传播内容和传播方式都存在泛娱乐化倾向。具体表现为:(1) 微博热搜主体明星化显著;(2) 以"娱乐""情感""星座"为热搜关键词,民生政治新闻被淡化;(3) 恶搞传播符号,凸显"形象感性化";(4) 微博事件评论的娱乐化,背离了新闻传播的初衷[②]。也有学者认为,微博娱乐化倾向表现为内容软化、以文害意、调侃不当、格调庸俗[③]。微博泛娱乐化易产生大量流言和谣言,使用户丧失独立思考、理性批判的能力,陷入全民狂欢中。

2. 微信公众平台

微信公众平台,简称公众号,是在微信应用程序内推出的,为个人、企业和组织提供业务服务与用户管理能力的服务平台。人们利用公众账号平台进行自媒体活动,即进行一对多的媒体性行为活动,如商家通过申请公众微信服务号通过二次开发展示商家微官网、微会员、微推送、微支付、微活动、微报名、微分享、微名片等,已经形成了一种主流的线上线下微信互动营销方式。

微信公众平台于 2012 年 8 月 23 日正式上线。2013 年 8 月 5 日,微信公众平台进行升级,将微信公众平台分成订阅号和服务号两种类型。

服务号是公众平台的一种账号类型,旨在为用户提供服务。服务号一个月内仅可以发送四条群发消息。服务号发给用户的消息,会显示在用户的聊天列表中。并且在发送消息给用户时,用户将收到即时的消息提醒。

订阅号也是公众平台的一种账号类型,为用户提供信息和资讯。订阅号每天可以发送一条群发消息。发给用户的消息将会显示在用户的订阅号文件夹中。在发送消息给用户时,用户不会收到即时消息提醒。在用户的通讯录中,订阅号将被放入订阅号文件夹中。

---

① 　汪侠静:《微博泛娱乐化倾向的影响及对策》,《今传媒》2017 年第 8 期。
② 　同上。
③ 　李杨:《警惕政务新媒体过度娱乐化倾向》,人民网,2021 年 2 月 23 日。

　　此外，微信公众号还提供了申请自定义菜单、订阅号升级微服务号、群发消息等其他服务。2019 年 8 月 26 日，微信公众平台已经汇聚了超 2 000 万公众账号，不少作者通过原创文章和原创视频形成了自己的品牌，成为微信里的创业者。2023 年 10 月，微信分批次分阶段引导"粉丝"量 50 万以上的"自媒体"账号对外展示实名信息，在第一批次中首先引导了有 100 万"粉丝"以上的"自媒体"账号对外展示实名信息。

　　微信公众号的营销方式有不少，最主要的包括以下几种。

　　一是内容营销：通过发布有价值的内容吸引用户关注，内容可以包括行业资讯、产品介绍、活动预告等，注重内容的原创性和独特性，避免重复和泛滥。

　　二是互动营销：通过设置互动环节，如线上问答、抽奖、投票等活动，提高用户的参与度，加深对品牌和产品的认识。

　　三是社交营销：利用微信的社交属性，通过合作推广、朋友圈转发等方式，扩大品牌的传播范围。利用其他社交媒体平台进行联动推广，如微博、抖音、快手等，引导用户关注。

　　四是数据营销：通过对用户数据的分析，了解用户的需求和喜好，提供更精准的服务和推荐，优化运营策略。

　　五是付费推广：利用微信广告、朋友圈广告等方式进行投放，精准定位目标用户，制定合适的投放策略。

　　当前，社交媒体已经成为人们日常生活的重要组成部分。它不仅用于保持联系、拓展社交圈，还成为信息传播和舆论形成的重要平台。它改变了人们的沟通方式，影响了信息传播的速度和范围，同时也带来了新的商业机会和挑战。

思考题

1. 传统的营销传播媒体有哪几种？它们各自有什么优势？
2. 互联网营销媒体有几种？它们各自有什么优势？
3. 你认为社交媒体平台的发展前景如何？为什么？

精讲视频

第十一章　互联网下的整合营销传播媒体策划

　　媒体策划是营销传播策划中的一个重要组成部分。媒体策划是采用最具成本效益的媒体组合来达到一系列媒体目标的决策过程，即通过怎样的组合来保证成本的最小化而获得最大的经济效益。如果选择的媒体没有传播品牌信息，并帮助品牌使其影响最大化，那么销售额将会遭受巨大损失，在媒体上的大部分投入也就是一种浪费。

　　在整合营销传播中，大部分公司会考虑不止采用一种媒体来宣传品牌，主要是由于以下几种原因：（1）不同的媒体有着不同的传递信息的方式；（2）不同的媒体策略的效果是不同的；（3）只通过单一的传播工具是不能够接触到所有的目标消费者的。由于品牌信息传播方式的增加，制订媒体计划也就越来越困难。一般来说，媒体策划过程可以分为四个步骤：（1）识别媒体针对的群体；（2）设定媒体目标；（3）制定媒体策略；（4）明确媒体投放的安排。下面我们依次来阐述。

第一节　媒体针对的群体——寻找目标消费者

　　营销策划就是要识别品牌的目标消费者。弄清楚消费者的目标市场是媒体策划中重要的一个环节。策划人的工作是去选择传播工具和最符合目标消费者的市场。例如：谁是目标群体？他们在哪里？目标消费者容量多大？每个目标家庭的消费有多大？与其他市场相比，品牌在该市场的表现如何？等等。

　　一般来说，媒体与目标市场相符合的程度要看目标消费者与人口平均水平有多大差异。例如，有的目标消费者比一般群体有两倍可能购买一件商品，那么媒介就可以在这一目标消费群体中重点投放。例如在城镇居民中家电产品的销量通常会更高，那么关于家电产品的广告应该集中在城市投放。

　　有时，目标消费者的多少也会影响媒体决策。一般来说，目标消费者越少，信息的个性化和互动性就越强，例如，一个城市有 100 000 个家庭，要将信息传达到其中的 5 000 个家庭，则互动性的媒体比大众媒体更合适。但如果目标消费者都在城市相同的区域，则大众媒体会更具成本效益。

一个目标消费群体的共同特点也会影响媒体选择。年轻的妈妈们会很关注与婴儿相关的各项产品，那么婴儿用品就应该采取年轻妈妈们喜爱的媒体形式来重点投放，如杂志或者专业网站等。

另外，目标消费群体的共性程度也会影响媒体的选择。目标消费群体的共性越大，则所选媒体的覆盖范围也应越大。当目标消费群体的共性很少时，例如母婴用品，则选择小众范围的杂志或网站来做广告可能更为合适。

第二节　设定媒体目标

一、传统媒体测量指标

媒体目标反映了一个公司想要完成的关于传递品牌信息的目标。媒体目标可以描述为一个公司如何让消费者接触到信息，如何能够让媒体所传递的信息深入人心，从而最大限度地影响更多的消费者。有两个变量是传统媒体目标主要的测量指标：到达率和暴露频次，这两个变量分别测量出信息传递的广度和深度。两者相乘得出的数值为毛评点（Gross Rating Point，GRP）。毛评点的高低体现了媒体策划的分量。

1. 到达率

无论产品有多好或营销传播信息多么富有创造力，只有当消费者有机会看到它或者听到它时，才会产生影响。一档节目做得再好，如果放在半夜播出，能够看得到它的观众也会寥寥无几。因此，营销传播信息最为重要的是要到达它的消费者和潜在消费者。在传统媒体的环境下，到达率是指在某一时间段内，一位观众有多大概率看到这个媒体。

在计算到达率的方法上，不同的媒体有不同的计算到达率的方法。广播和电视的到达率是用收听率或收视率来确定的。例如 CCTV《新闻联播》的收视率为 80％，则其到达率为 80％。看某一节目的人越多，到达率也就越高。但是，到达率并不表明观众一定看到或注意了这个节目。当受众调查显示出这一节目到达了多少观众时，有的观众可能正开着电视在做别的事情，或者心不在焉地对电视节目视而不见。因此，到达率并不等同于节目对那些受众产生了影响。

专业杂志的到达率测量基于一个原则，即到达率是由整个区域的受众对它的兴趣和使用而决定的，而不是由给定的地理区域的家庭决定的。例如《读者》杂志的到达率是在全国范围内购买《读者》的受众有多少，而不是由《读者》杂志发行所在的城市决定。相对广播电视的到达率而言，杂志到达率较容易测量，它基本上可以等同于购买杂志的人数的多少。

　　户外广告的到达率的计算方法是：在 24 小时内在某一城市区域内通过特定品牌信息广告牌的汽车百分比。大部分公司同时会在多个户外广告牌上展示品牌信息。例如，在西单北大街的 10 个户外广告牌上展示品牌信息，到达率是由通过这些广告牌车辆的汽车百分比决定的。如果在西单这一区域的注册车辆是 10 000 辆，而交通记录表明 24 小时内有 10 000 辆车通过一个或多个广告牌，则到达率是 100(100％)。用户外广告的术语来说就是"100 展示"（不过，交通记录有时会把同一辆车多次记录，即重复）。

　　在直邮广告和电话营销中，到达率的计算比较容易，它可以根据直邮广告的发送或电话营销中打电话给多少家庭来判断到达率。该给多少客户发送直邮广告或者打电话则取决于一个公司对自己市场的识别。例如中国人寿推销其保险产品，如果在所在区域共有 10 万个家庭，而中国人寿打电话给其中一万个家庭，则到达率为 10。在确定直邮广告的到达率时也采用相似的办法，将邮递总数除以家庭或公司自己界定的区域受众。

　　很少有一个品牌可以找到一个媒体对其目标消费者的到达率是 100 的，即便是收视率高的央视或其他中央级媒体。因此大部分媒体策划项目同时运用多个媒体，即我们通常所说的"混媒传播"。即便是这样，到达率也很难通过不同媒体的到达率简单相加。例如在一个给定的覆盖区域，电视到达率是 60％，报纸是 40％，但并不意味着使用这两种媒体就会达到 100％，因为存在着重复。重复就是两个或多个媒体的重复覆盖。在汶川大地震发生期间，许多观众就是一边看电视、一边上网、一边听广播来获得信息，而这些不同媒体所传达的信息有很大一部分都是重复的。重复不一定都会带来负面影响，因为重复也会加深受众的印象，但是也有相当一部分重复的信息是无效的。因此，怎样来组合不同的媒体就成为媒体策划中一个非常关键的问题。而整合不同的媒体也是整合营销传播的一个重要环节。

　　另一个相关的术语就是**目标到达率**，即在品牌的目标市场上传播工具受众的百分比。例如，汇源果汁在中国果汁的市场份额是 13.95％，那么，目标到达率就是媒体对于这 13.95％的受众的影响有多大。营销人员对目标到达率的概念更感兴趣，是因为目标到达率能够更好地反映销售业绩。在特定媒体所到达的所有家庭和企业中，有些受众既不是消费者也不是潜在消费者，如果将精力花在这些受众身上就会事倍功半。因此了解目标到达率也是媒体策划重要的一环。要识别目标到达率首先要识别媒体受众中的品牌目标消费者。例如，"凡客诚品"这一休闲服饰品牌想在《读者》杂志上做广告，以此来引起大家对它的兴趣。《读者》杂志有 600 000 个读者，然而只有 200 000 个是符合要求的，因此这个杂志对于凡客诚品来说目标到达率只有 1/3。

　　目标到达率的计算是很重要的。因为它表明了一个公司实际投入在某个媒体上的回报。媒体浪费则是指到达的受众既不是消费者也不是潜在消费者。这是媒体策划人的主要担忧之一。有一句著名的广告语是：我所付的广告费用有一半都是浪费了的，可惜的是，我不知道哪一半被浪费了。这指的就是广告投入给了那些既不是消费者也不是潜在消费者的受众。在通常情况下,营销人员都必须为到达的所有受众付费,而不管有多大百分比的受众是品牌的目标市场。

那么,多大的到达率才算是足够？因为多数情况下不允许花费那么多成本来使信息百分百到达目标市场,也不允许到达目标市场的信息出现太多浪费。因此,到达率应该到达具有成本-效益的百分比。在任何目标消费者中总有一部分人是需要花费比其他人更多成本才能够到达的,因为他们的媒体利用率很低。相反,那些经常接触媒体的人就很容易到达。

2. 暴露频次

暴露频次是指在一个特定时期内,那些可能到达的受众有机会暴露在一个品牌信息之下的平均数。如果同一项新闻用电视和报纸同时披露而正好都被一个家庭所接受,则这项新闻的暴露频次是2。

为了确定一个信息被暴露的情况,大部分的媒体策划要求暴露频次多于1,即至少同时采用两种媒体来进行组合传递信息。这是因为：从目前对于暴露频次的研究来看,有以下情况值得注意：(1)大部分媒体对于信息的暴露频次并不足以引起受众注意。根据美国盖普洛、尼尔森、罗宾森等公司的调查,户外媒体的暴露频次在所有媒体中是最高的,而其他媒体对于信息的暴露频次并不太理想。(2)另一方面,从受众对于信息暴露频次的要求来看,观众对两次以上出现的广告即感到厌恶,因为这破坏了他们所观看的电视节目。主要逃避的方式就是在出现广告的时候去做别的事情或转到别的频道。电视广告与报纸广告相比较受欢迎。报纸广告注意的百分比更低,这也就要求对于一个要暴露的信息需要运用多个媒体。(3)多次暴露可以增加受众理解信息的机会。越复杂的信息则越需要通过多次暴露来充分展示。用不同媒体来进行多次暴露可以增加人们记住信息的机会。

与到达率相似,媒体策划者们对暴露频次也必须思考一个问题：**多少暴露频次才算足够**。一个经常被引用的准则是**有效暴露频次**,即一个信息要产生影响或达到一定关注水平而需要的观看次数,该数字通常在3到10之间,也有一些在这个数字额度之外。适当的暴露频次是具有成本效益的,并能影响消费者的态度和行为。而确定这个成本与效益之间的平衡最好的办法是追踪消费者的反应,来检验各种频次水平。

影响这种暴露频次水平的因素有：(1)信息自身的吸引力。一些富于创造性的信息或是一些受众会感兴趣的信息则不需要太高的暴露频次；另外,一些特别复杂的信息也不需要很多暴露频次,例如银行推荐的"免费活期存款"的业务的介绍往往只需要消费者集中注意力一次就可以了,而这种产品通常具有很高的价值,消费者会主动地去加以了解。(2)媒体自身的关注价值。户外广告所引起的关注度是最高的,因此它容易产生较高的暴露频次。(3)目标消费者需要和渴望了解品牌的水平。一些产品种类就是比其他一些产品更容易引起关注,例如名牌产品或刚上市的产品等。(4)口碑营销的影响。口碑营销在很大程度上会影响信息。如果口碑营销是负面的,那么就需要更多的暴露频次来帮助人们克服负面信息的影响。

媒介暴露频次与到达率的关系见图 11-1。

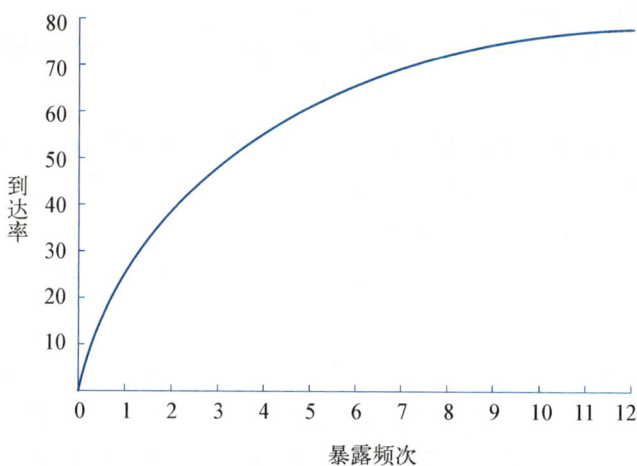

图 11-1　媒介暴露频次与到达率的关系

3. 毛评点

到达率和暴露频次是内在关联的概念,两者结合产生了叫作毛评点的量度。**毛评点(GRP)是将到达率和暴露频次相结合的量度,它是由到达率和暴露频次相乘所得的数值**。它也表明了媒体策划的影响力,GRP 值越高,影响力越大。例如,央视春节联欢晚会的到达率为 80,暴露频次为 3,则它的 GRP 为 240。如果 GRP 超过 100,则表明有重复发生,许多家庭不止一次看到广告。通过比较媒体策划的结果,媒体策划人或财务经理可以确切地知道投入多大的力量来投放一个新产品或增加品牌关注水平等。所以一个典型的媒体目标是以某个 GRP 值表示的:"在头三个月用 3 000 的 GRP 来引入新品牌。"

目标毛评点(TGRP) 是指针对目标消费者的毛评点数量。TGRP 提供了一个更为精确的、描述品牌媒体投入中所得到回报的方法。TGRP 的数值一般小于 GRP 值,而在这两者之间通常有被浪费掉的 GRP 的数值,这个数值要尽量小,才能达到尽量好的媒体策划效果。计算 TGRP 的方法通常是将目标市场做一个界定,再在此范围内进行到达率和暴露频次的计算。

有了到达率、暴露频次和毛评点,我们就可以确定在选择一项或多项媒体时的定位。毛评点越高的媒体其广告投放的效果就越好。

二、互联网测量指标

互联网上的传播效果有着与传统媒体完全不同的测量指标。

1. 点击量

互联网点击量是指用户在互联网上点击某个网页、视频、广告等内容的次数。具体计算方式通常由网站或平台的技术系统记录，每次用户点击都会被记录下来。点击量是衡量网站流量和用户互动的一个重要指标，通常用于评估网站或内容的受欢迎程度和影响力。点击量的影响因素通常有以下几个。

内容的质量：高品质的内容更容易吸引用户的点击，因为用户更愿意阅读或观看有价值的信息。

推广策略：有效的推广手段可以增加内容的曝光率，从而吸引更多的点击。

用户体验：网站或应用的用户体验直接影响用户的点击行为。如果页面加载速度慢、广告过多等，都会影响用户的点击意愿。

用户需求：满足用户需求的内容更容易获得点击，因此了解目标用户的需求是提高点击量的关键。

点击量的计算以用户进入该网站为基础，进入一次网站算一次点击量。按照此种计算逻辑，同一 IP 地址在不同时间点进入同一网站或者点击同一视频播放都可以被重复计算。例如，2015 年 9 月原 WE 队员微笑在斗鱼 TV 直播的时候，显示同时观看人数达 13 亿，这似乎意味着在同一时间全国男女老少同时放下手中任何事情一起上线观看该主播，但实际上是有很多人从一个重复的 IP 点击进入网站。这就造成了有时候点击量会被"注水"。

互联网点击量是衡量互联网内容受欢迎程度和影响力的重要指标，对于网站、应用和广告商来说都有重要意义。对于广告效果评估来说，广告商通过点击量来评估广告的效果，决定是否继续投放广告或调整广告策略。对于内容提供者来说，网站或应用开发者可以通过点击量数据了解哪些内容受欢迎，从而能够优化内容，提高用户体验。对于市场研究来说，点击量数据可以帮助市场研究人员了解用户的行为和偏好，为市场决策提供依据。对于商业价值评估来说，高点击量意味着高流量，可以吸引更多的广告投放，从而带来商业价值。

2. 播放量

互联网播放量是指媒体内容（如音乐、视频等）在一定时间内被观看、收听的次数。它也是衡量内容受欢迎程度和影响力的重要指标。通常用于评估媒体作品的受欢迎程度以及广告主对于媒体平台的投放效用。播放量与点击量有所不同，它记录的是内容被观看的次数，而不考虑用户是否与内容互动，有的用户在观看一个内容的时候可能会点击多次。

同样，影响播放量的因素包括：内容质量，高质量、有深度、有创意的内容更容易吸引观众；话题热度，与当前热点话题相结合，可以增加内容的曝光度；发布平台，选择适合的发布平台，了解平台的流量特点，制定相应的发布策略都对播放量有所帮助；推广手段，通过社交媒体、短视频平台等外部渠道进行推广，可以增加视频的可见度；提高互动率，通过评论、点赞、分享等互动行为，增加观众对视频的参与度，从而提升播放量。

3. 粉丝量

它是指在特定平台上关注某个账号的用户数量，是衡量账号影响力的重要指标。拥有更多的粉丝可以帮助账号更快地提高曝光率和影响力。一个账号的粉丝量越多,就代表这个账号的影响力越大,这也是很多达人所追求的目标。

在自媒体时代,粉丝量代表了一种财富。粉丝越多,未来变现的途径就会越多,成为所谓的关键意见领袖(KOL)。此外,粉丝量也是自我价值感的体现。拥有强大的粉丝团意味着更高的关注度和影响力。因此,提高账号粉丝量是许多达人所探讨的问题。要想获得更多的粉丝,除了在视频的内容上花费心思外,还需要有一些技巧,比如优化账号资料、策略性地与其他账号合作、参与各种线上线下活动,等等。

一般来说,当一个账号的粉丝量超过百万的时候,其账号影响力就从量变转化成质变。在互联网上,百万粉丝的账号可以轻松带广告或直接带货,从而获得收入或变现。

4. 用户数

用户数是指同时使用某个系统、程序或网站的人数。在多用户系统中,每个用户都需要一个独立的账号,这些账号不能同时共享,否则前面的登录用户将被踢出系统。例如,在一个平台系统中,不同角色使用不同的账号进行操作,每个账号都被视为一个用户。

用户数是衡量系统、程序、网站或账号使用情况的重要指标,通常用于评估其在市场上的曝光度和活跃程度。用户数的重要性在于它直接反映了产品的使用情况和市场接受度,对于企业来说,用户数的增长意味着市场的扩大和产品的成功。

用户数可以分为多种类型,包括日新增用户、活跃用户和留存用户等。日新增用户是指产品每天新增的用户数量,活跃用户则包括日活跃用户(DAU)、周活跃用户和月活跃用户,分别表示一天、一周和一个月内至少活跃一次的用户总数。这些指标帮助企业了解产品的用户增长趋势和用户活跃度,从而制定相应的运营策略。比如,2024 年 11 月抖音的日活跃用户数量达到 7 亿,代表着有 7 亿的账户在一天内同时登录抖音平台。

用户数的增长对平台的价值有显著影响。网络效应理论指出,用户数量越多,平台的网络效应越强,平台的价值就越高。因此,企业应该注重在已有流量池中挖掘老用户的价值,通过口碑和社群运营等方式提升用户的留存率和活跃度。

5. 点赞量

点赞量是指在社交媒体或网站上用户对特定内容投出的赞同或喜爱的数量统计。具体来说,点赞量是指用户对某一篇文章、视频或其他内容的赞同或喜爱次数。例如,在抖音平台上,你的账号的点赞量就是你的视频被别人点赞的次数。

点赞量在社交媒体和网站上具有多种作用和意义。首先,点赞表示读者对一篇文章或其他内容的肯定,表示该内容引起了读者的共鸣和互动。其次,点赞量是判断该内容质量的重要指标之一,高点赞量通常意味着该内容能够引起读者的共鸣,吸引粉丝。此外,点赞量还可以作为判断是否刷阅读量的依据,因为点赞量一般不容易被人为操纵,而阅读量则容易被刷量软件影响。最后,高点赞量和高质量的内容往往能够吸引广告商的注意,成为广告投放的判断标准之一。

6. 转发量

是指某一条信息在社交媒体平台上被用户转发的次数。转发量是衡量信息受欢迎程度和传播广度的重要指标，也是反映用户互动程度的指标。

转发量的影响因素包括以下几个方面。

（1）内容质量：有趣、有用或有共鸣的内容更容易被转发。

（2）社交关系：用户通常会将自己觉得有趣、有用或者有共鸣的信息转发给自己的粉丝或者好友。

（3）平台特性：不同的社交媒体平台有不同的算法和规则，可能会影响转发量的统计。

转发量在社交媒体平台上具有广泛的应用场景和重要意义，它是互联网内容传播力和影响力的重要指标。转发量可以反映一条信息在社交媒体上的受欢迎程度，也可以帮助内容创作者了解用户喜好，从而优化内容策略和提高信息的传播效果。同时转发量也是一种社交媒体用户互动的形式，用户通过转发展示自己的兴趣、观点或态度。

7. 评论数

指的是社交平台上用户对某一条内容的具体评论数量，它显示出用户在互动方面的活跃度。

评论功能和数量在社交平台中具有重要地位。以微博为例，用户点击评论按钮以后进入博文详情页，展示转发、评论和点赞三个交互按钮，评论区默认按热度排序，用户可以在大量评论中找到核心评论，并容易产生二次话题效应。

用户对社交平台的评论功能有较高的偏好和使用频率。例如，在微博上，用户需要在博文详情页查看评论，这种设计使得用户在浏览信息时更加方便，同时评论区的热度排序也促进了二次话题效应的产生。在快手平台上，用户通过评论表达支持和鼓励，显示出积极的互动和参与。因此，社交平台的评论数据在数量和用户互动方面表现出显著的增长和活跃度。不同平台的评论功能设计和用户偏好也有所不同，但总体上都受到用户的欢迎和使用。

第三节　制定传统媒体传播策略

一、影响传统媒体传播策略的因素

媒体传播策略是关于如何通过各种媒体组合选择来实现媒体传播目标的策略。每一种媒体传播目标都可以用多种媒体组合来实现。影响传统媒体传播策略的因素主要有以下几种。

1. 所销售的产品种类

低参与性的产品如洗涤剂、纸巾或洗发水等，策划人应该考虑更具侵入性的媒体。相反高参与性的产品,如奢侈品、电脑等高科技产品等,则应该用印刷媒体等低侵入性的媒体,这样读者可以选择自己喜欢的内容。

2. 消费者的购买决策过程

消费者的购买过程通常有一个 AIDA 的过程,AIDA 即注意(Attention)、兴趣(Interest)、渴望(Desire)、行动(Action)。在引起注意和兴趣的阶段,选择大众媒体是比较有效的,例如受众购买汽车或电脑等产品,通常要通过大众媒体来得到所需要的信息,从而引发对产品的关注。但到了决策与购买阶段,则人际传播媒介和交互式媒介可以起到重大作用。因为越是到购买阶段,越是需要传递个性化的信息。越是个性化的信息和媒体,产生的影响力就越大。虽然个性化媒体采用成本高,但是与受众的购买结果比较起来,所产生的利润还是可观的。如图 11-2 所示,媒体的交互性越强,产生的影响就越大。

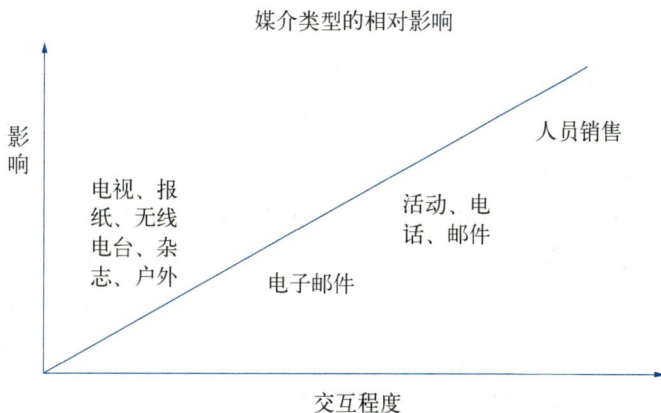

图 11-2　媒介的交互程度对于受众的影响

3. 媒体对消费者的影响程度

一般来说,一种媒体有特定的消费群体,例如电视对老年人的影响比对其他群体大,广播对于出租车司机的影响较大等。媒体对于消费者的影响力越大,所承载的广告影响力也就越大。因此,一种媒体对于消费者的影响程度也是制定媒体计划的重要因素。

4. 媒介对于信息的暴露次数

这一项也是媒介管理者在策划中经常考虑的因素之一。如果一种媒体对于消费者是有影响力的,那么,信息对于消费者的暴露次数越多,则消费者所受到的影响就越大。通常来说,电视广告播放得越频繁,消费者对被动接收的信息印象就越深刻,而作出购买决策的可能性也就越大。一个广告播放 80 遍与播放 8 遍所产生的效果肯定是不一样的。

5. 广告在媒体中所出现的时间

这是媒介广告采购者非常注重的一个要素。对于电视来说,在黄金时段播出的广告会比在其他次要时段播出的广告费用高出很多。因此这段时间广告的售价也相对高出很多。2010 年央视黄金时段广告标王被蒙牛集团以 3.433 4 亿元拿下，显示出在黄金时段播出广告的重要性。

二、制定媒体传播策略的具体方案

1. 确定媒体组合

在媒体策划和购买过程中，为一个品牌选择媒体的决策称为媒体组合。确定媒体组合是一个策划人在制定策略时的重要挑战。它包括两个基本决策：其一，用什么媒体；其二，每种媒体的比重。媒体组合没有最好的，只是根据品牌的要求来制定不同方案而已。如果媒体传播目标是使到达率最大化，则要运用多种媒体。这其中又有几个概念需要了解。

（1）媒体权重

设想一个产品的购买是一个主体，而决策却受到另外一个主体的影响。例如，麦当劳是小孩都爱吃的食品，但是父母却经常认为麦当劳是垃圾食品而不愿给孩子购买。因此在针对麦当劳品牌做媒体策划时很可能会有一部分媒体投放针对父母，一部分媒体投放针对孩子。在这两种投放之间寻找一个平衡点而获取最大的利润。媒体权重的多少可根据媒体投入或到达率与暴露频次加以确定。对于一些品牌，媒体权重是以一定百分比销售额为基础的。例如，如果在北京麦当劳的销售量是武汉的麦当劳销售量的 4 倍，那么分配给北京地区的媒体销售将是分配给武汉地区的 4 倍。但是基于销售额确定媒体权重还有一个问题需要考虑到，就是市场与市场间媒体成本不同。如在北京地区媒体广告的千人成本是 50 元，而在武汉千人成本是 100 元，那么将千人成本与媒体投放成本相乘，在北京地区投放 4 倍于武汉地区的广告仍然能够得到更多的销售和利润。

（2）媒体集中度

媒体集中度是受策划集中程度影响的。一个集中的媒体组合比一个分散的媒体组合的暴露频次更大（这是以牺牲到达率为代价的）。一个集中的媒体组合比分散的媒体组合能使用更少的媒体和传播工具。媒体集中组合通常用在目标受众比较明确的时候。因为不同群体的受众有许多自己的特征。例如当目标受众为"18 至 35 岁的白领女性"时，媒体集中组合就能起到作用。这时可以采用互联网、手机短信等媒体对这一受众群集中进行宣传。而当目标群体定位为 30 至 45 岁的家庭妇女时，电视媒体、互联网络和杂志则能够起到很大的作用。在确定集中媒体时的另一个因素是信息制造成本。运用越少的媒体意味着需要制造的信息越少。如果广播、电视、户外广告和杂志进行组合，则必须要有四种完全不同的信息模式。对于有限的预算来说，这样无疑耗资巨大。如果能集中将资金投入到更少的媒体上，则能得到更多的促销支持，即更好的时间与位置。不过，有的媒体策划者认为不同的媒介组合所传递的信息比一种媒介多次传递信息的效果要好，当然，是否需要整合多种媒介应该看传递信息有无这种必要。如果一个信息很简单，有高水平到达率（而不是暴露频次），则分散媒体组合可能更为合适。但是当一个品牌信息相对复杂，可能会要求集中的组合，因为更高的暴露频次给予目标消费者更多机会了解信息。而从媒体的角度来说，印刷媒体更适合于复杂的信息，而广播、电视等传统电波媒体更适合于简单而且暴露频次多的信息。

（3）整合营销传播组合因素

对于整合营销传播来说，合理地组合各种媒体是媒体策划的重要部分。因为整合营销传播就是有效地"整合"各种营销传播工具使它们协同作战从而达到最好的传播效果。但在如何选择和组合媒体时也有很多因素需要考虑，恒美广告公司的媒体执行官认为："只计算千人印象成本或其他具体数字已经不够了，我们也需要定性地了解不同媒体工具的优劣，比如媒体的权威性或影响力。"在这个水平上选择媒体不仅要基于对各种媒体的传播功能非常了解，也要对不同媒体间的配合有所了解。媒体人员通常需要制定一个详细的销售目标，其内容包括：针对谁来进行媒体策划、需要媒体达到什么样的效果、公共宣传以及新闻发布是针对谁、要做什么程度的产品销售活动等。

2. 计算媒体成本

在计算媒体成本中有两个概念是必须要了解的，一个是千人印象成本，一个是单位反应成本。以下我们来分别叙述这两个概念。

（1）千人印象成本

由于每个传播工具的受众数量不同，计算它们的单位时间成本或者单位空间成本是不正确的。必须要结合媒体到达目标受众所花费的成本来计算才是合理的。因此媒体策划人使用叫作"千人印象成本"（CPM）的概念，即传播工具到达 1 000 个受众所要的花费。CPM 的计算公式为：

$$广告单位成本 \times 1\,000 \div 受众 = CPM$$

假设一条 60 秒钟的广告想要在湖北地区投放，在湖北电视台的广告费用要 8 000 元，而在湖北卫视则要 10 000 元。一开始你可能会认为在湖北电视台投放广告比较划算，因为在同样时段它的广告费用相对低廉。但营销策划人还必须知道在广告播发时每个电视台的受众有多少人，假设湖北电视台的受众有 30 万人，而湖北卫视台的受众有 50 万人。具体计算如下：

	湖北电视台	湖北卫视
60 秒广告费	8 000 元	10 000 元
受众	300 000	500 000
CPM	8 000×1 000÷300 000＝27	10 000×1 000÷500 000＝20

从二者的比较来看，同样一则广告在湖北卫视投放比在湖北电视台投放更为有价值，前者的 CPM 比后者的 CPM 要低。

（2）单位反应成本（CPR）

任何营销传播计划的最终目标是使目标消费者按照某种方式做出反应。因此，最好的方法是比较不同媒体的成本效益。无论什么媒体类型，都应以单位反应成本为基础，即将媒体成本除以反应数量。单位反应成本的公式为：CPR＝广告价格÷收视率。这种比较是假设所有被使用的媒体信息，其创造性成本和提供的产品是不变的。举例来说，假如一家餐馆在报纸上做广告花费了1 000元，30 000个家庭中凡有订阅或购买该报纸的人都看到了该广告，但是在这30 000个家庭中只有5 000个是潜在消费者，那么表示有一大半的广告费用是浪费了的。由于无效的到达率太高，在餐馆所有者决定不在当地报纸上做广告之前，有几个问题需要思考：（1）广告产生了多少反应？（2）每个反应的成本是多少？（3）其他媒体是否更具有成本效益？第一个问题的答案是90个家庭做出回应。第二个问题的答案是餐馆将广告成本1 000元除以反应数90，为110元。那么，这则广告的单位反应成本是110元。

如果要比较这则广告在报纸上投放与在其他媒体上投放有什么区别，可以按照同样的方法。首先将广告在其他媒体上投放的金额计算出来，再测定出多少受众对此广告产生反应，最后将媒体投放金额除以产生反应的受众的数量则为这则广告在其他媒体上投放的单位反应成本。以此比较，单位反应成本低的媒体是最适合刊载或播出这则广告的。

三、确定传统媒体的投放计划

在传统媒体传播策略规划完成以后，如何进行具体的媒体投放成为一个战术问题。在何时、何地进行媒体投放也成为重要的技巧。有三种媒体投放计划值得考虑：间歇性媒体投放、持续性媒体投放和脉冲式媒体投放。

间歇性媒体投放是指在时断时续的时间内进行信息传递的投放策略。这种策略对于销售额呈季节性波动的产品是很好的，而且当预算很有限时也会被用到。它既能保证有充足的信息冲击性，也能够适当地节省费用。

持续性媒体投放，即在一年中的每个月进行相同力度的媒体投入。持续性投放是在预算较多和全年销售额较稳定的情况下使用的。它可以使品牌保持一定的关注度。当消费者的品牌购买决策过程时间较长，而潜在消费者需要持续的品牌提示时，持续性媒体投放比较奏效。

脉冲式媒体投放是全年持续进行媒体投入，同时又周期性地增加力度，它可以看作是间歇性媒体投放和持续性媒体投放的结合。根据它的销售策略和在旺季或淡季不同的销售情形可以做成脉冲式的媒体投放。

三种媒体投放如图11-3所示。

采用不同媒体投放方式的影响因素主要有以下几种。

（1）产品的性质。对一些日常消耗产品，媒体会比较容易把握消费者的购买时间，例如防晒霜的媒体投放多在夏天，而润肤霜的媒体投放多在冬天等。一些大件物体，例如汽

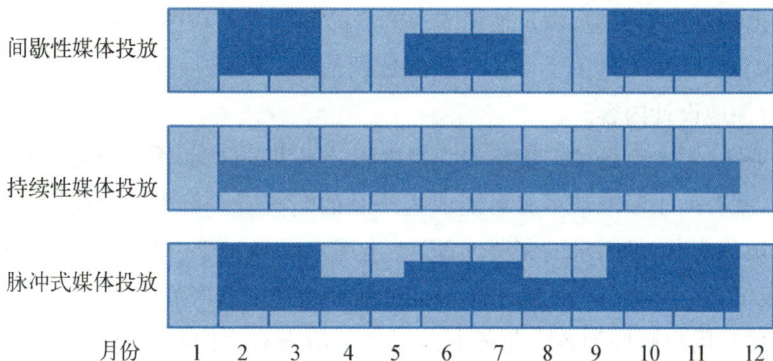

图 11-3　三种媒体投放计划

车、家电等，往往没有固定的媒体投放时间，因为公司不知道潜在消费者会在什么时候购买这些产品。

（2）媒体投放也会受到营销传播信息类型的影响。一个关于形象的信息就要求媒体有持续一段时间的投入。而在品牌形象已经建立需要对一些特定产品进行促销时，往往采用在短期内集中投放的方式。

（3）媒体的特点。不同的媒体也会对信息的投放产生影响。电视比较适合做持续性的广告，而杂志或报纸等则适合做阶段性广告。户外广告则适合在某一段时间持续宣传该产品，而此项广告撤离后替换下一项广告时，之前的广告便不再有效应。因此，可根据营销传播的需求来选取每一时间段媒体投放的种类及时间。

最后，媒体投放并不是单一的，也就是说，并不是在一项媒体策划活动中只会简单地用到一种媒体投放方式。例如，餐馆和电影院的销售额每周都在变化，而到周末达到顶点。因此针对它们的媒体投放形式从常年来看是持续性的，但从每周来看又是间歇性的。一些品牌的媒体投放是以天计算的，如早餐食品通常会利用早晨的时间间隙进行品牌宣传，因此从全年的角度来看这种媒体投放是持续性的，但是从每天的投放来看是间歇性的。再如事件营销，一些公司会在每年不同的时段策划一些大型的事件营销。这些事件营销的媒体投放从全年的角度来看是脉冲式的，但在事件活动的前后都要求媒体紧密跟随报道，甚至会动员不同的媒体来进行宣传，因此在这一具体事件发布的短暂时间内，媒体计划又是持续性的。

第四节　设定互联网媒体传播计划

一、利用大数据精确定位目标受众、描述用户画像

对于互联网时代的整合营销传播来说，识别客户与潜在客户仍然是至关重要的。有时候，粉丝可能是忠实客户，也可能是潜在客户。这需要我们对目标客户群体进行识别，

有意识地推出符合他们兴趣、满足他们需求的产品和服务。在进行营销活动之前，需要深入了解目标受众，收集大量关于目标受众的数据信息，明确他们的独特性质、需求与兴趣点，并有针对性地设计内容。

在建立业务、制定市场推广策略或为销售团队提供方向时，需要能够清晰描述当前的客户。这样，就有助于预测谁更有可能成为产品的购买者。努力打造能够完美满足市场需求的产品被称为"市场需求的完美匹配"。当用户画像过于广泛时，产品只能解决一小部分问题，仅符合一小部分人的需求。因此企业在生产一款产品之前，应力求建立一个精准的用户画像。用户画像为各个业务方向提供了清晰有力的指导，确保产品和服务能够精准地满足目标客户的需求，从而提升整体业务的成功概率。

大数据能够为构建用户画像提供坚实的基础。用户画像是一个以数据为基础的文档，其中包括用户的购买行为、痛点、心理特征数据和人口统计数据。它是识别最有可能购买产品或服务并从中获得很多价值的人的特征。整合营销传播应充分利用数据分析工具深入分析用户行为数据，构建详尽的用户画像，指导内容创作和营销策略，以数据驱动决策，并通过大数据不断更新和细化用户画像，更加精确地定位和吸引潜在客户，并与现有客户建立深刻的关系。

社交媒体推荐算法是基于用户的兴趣和行为模式来生成推荐内容的。平台会根据用户的点击、点赞、评论等行为，分析用户的兴趣偏好，并将这些信息应用于推荐算法中。以下是几种常见的社交媒体推荐算法。

（1）协同过滤算法：该算法基于大量用户的行为数据，找出与当前用户行为相似的其他用户，然后将这些用户喜欢的内容推荐给当前用户。

（2）基于内容的推荐算法：该算法通过分析用户历史行为和已浏览内容的特征，将相似的内容推荐给用户。例如，如果用户经常阅读科技类文章，那么该算法就会推荐更多与科技相关的内容。

（3）混合推荐算法：该算法结合了协同过滤算法和基于内容的推荐算法，以充分利用它们各自的优势。它可以根据不同用户和不同情境选择最合适的推荐方式。

二、选择媒体目标组合

媒体目标反映了一个企业想要完成的关于传递品牌信息的目标。媒体目标可以描述为一个公司如何让消费者接触到信息，如何能够让媒体所传递的信息深入人心，从而最大限度地影响更多的消费者。在新媒体平台上，我们也需要制定相应的媒体组合策略，每一种产品都可以有多种媒体组合来实现传播。

如上文所说，不同的网络平台有自己的调性和特征，我们在选择平台的时候，其实已经对目标客户进行了一道筛选。比如：微博利用博文图片、评论区互动和私信建立联系，参与热门话题和与大V互动增加曝光，适合较为高知的客户群体；微信通过公众号、视频号、朋友圈等多种公域或私域引流方式，适合将产品推荐给自己熟悉信任的朋友；小红书通过高质量的内容分享美好生活,适合女性成长、减肥健身、美妆品牌等推广内容;B 站有大量年轻的 UP 主和粉丝,他们喜欢二次元文化和时尚元素,适合发布学习教程、游戏推广、国潮文化等相关内容;抖音利用搞笑剧情、直播带货、品牌传播等方式进行内容推广,适合美妆时尚、唱歌跳舞、搞笑微短剧等相关内容;快手扎根下沉市场,记录三四线城市的真实生活,适合发布草根的各种生活场景等。可以说,找准了媒体平台,目标受众相对来说也就比较清晰了。

在发布信息的时候,单一的渠道有时并不具备优势,需要多种渠道协同进行营销,也就是打造新媒体矩阵来进行营销活动。新媒体矩阵,简单来说就是一个包含多个互联网传播渠道的系统,通过这些渠道可以向不同平台的用户推送营销传播内容,以达到最大影响力的传播效果。

新媒体矩阵可以分为横向和纵向的两种。横向矩阵就是在广度上进行布局,包括自有 App、官网、论坛和外部新媒体平台,如微信、微博、今日头条、小红书、抖音、快手、知乎等。横向矩阵也称为"平台矩阵",比如企业有一个新媒体美食类官方号,并且在小红书、微信公众号、知乎、百家号、今日头条、抖音等都有开设官方账号,这就是平台矩阵。纵向矩阵也就是选择一个目标群体重叠度比较高或流量比较大的平台做深度布局,如在微信平台布局订阅号、服务号、社群、个人号及小程序等,进行多账号组合。纵向矩阵也称为"账号矩阵",比如企业有一个新媒体美食类官方号,还会布局教美食的人设账号,并进一步打造粉丝社群、小程序等进行关联。通常来说,企业的新媒体矩阵需要在微信上创建三种类型的矩阵账号:官方号+权威个人号+素人号。

究竟是选择平台矩阵还是账号矩阵要针对企业营销的具体情况来看。传播效果不能一概而论,而是要看不同的媒体平台及其组合是否能够最大化地触达用户并获得用户的认可。

三、内容创作与传播

可深入调研和积累有价值的素材,了解网友需求及近期热点话题,结合自身的创作风格和发布平台属性来创作高质量的内容。通过阅读行业报告、分析竞争对手的文章和网络热点追踪,可以获取丰富的素材和权威的数据支持。通过头脑风暴激发创作灵感,可以快速产生多个创意点子。结合当前热点话题进行内容创作,可以提升内容的关注度和传播效果。制定一个清晰的内容框架,确保内容结构合理、逻辑清晰、吸引力强。制作一个醒目的标题,使得内容吸引眼球。避免使用过于专业或晦涩的术语,用通俗易懂的语言和生动有趣的表达方式呈现内容,增加内容的可读性和吸引力。利用各种营销工具扩大影响力,如社交媒体广告、合作推广等,与合适的 KOL、行业媒体和网红建立合作关系,增加品牌曝光率等。

根据上文所述,不同的网络平台有不同的调性和特征,我们在选择不同平台的时候,需要根据不同的平台来制作不同风格的内容。比如,同一条中秋赏月的视频,为央视频制作可能需要有一些中国传统文化的元素，为抖音制作需要配上最流行的音乐，打造轻松愉快与人共情的氛围感，为小红书制作需要有一些唯美的赏月镜头，以获得女性朋友的青睐，为B站制作则可能需要一些现代元素、鬼畜搞笑风格等。内容与平台风格相契合，是互联网内容创作中的关键因素。

四、用户互动与管理

新媒体传播与传统媒体传播最大的不同就是增加了"互动"这一功能。有一个说法是：传统媒体把内容传播出去以后，媒体活动就结束了。然而对于新媒体来说，媒体活动才刚刚开始。需要进一步运营客户，建立与目标受众的高效互动机制。这包括积极回应用户反馈和私信，参与讨论与活动，优化运营策略和内容，创建一个充满活力且忠实的用户社区，以增强品牌的声誉，等等。

用户运营是指以用户为中心，遵循用户的需求设置运营活动与规则，制定运营战略目标，严格控制实施过程与结果，以达到预期的运营目标与任务。其核心目标是开源、节流、维持和刺激用户。

互联网上用户运营的具体步骤如下。

一是用户分层。按照某种办法将用户分层级或分类别。例如，按照生命周期来将用户分为新增用户、活跃用户、流失用户等；按照用户的价值，分为重要价值用户、重要发展用户等。对不同层级的用户提供不同的产品资讯和服务，减少用户的搜索成本，提高使用体验和黏性。将用户分为不同的层级和群体，精细化运营。

二是目标设定。明确运营目标用户的数据，包括用户拉新、留存、活跃度等。了解当前的目标数据，避免盲目操作。

三是活动策划。通过活动激活沉默用户，保持用户活跃，例如，设置服务专线、意见优先反馈、定期颁发荣誉奖章，等等。

用户运营在互联网和电商领域尤为重要。通过精细化运营，可以提高用户黏性和转化率，增加产品的市场竞争力。比如在电商平台上，通过用户分层和精细化运营，可以更好地满足不同用户的需求，提升用户体验和满意度。

五、检验媒体传播效果并及时调整对策

在整合营销传播的第四步和第五步通常是进行效果评估和总结规划。除了传统的投资回报率的评估之外，针对互联网络的传播还有一些其他的检验方法，在这里我们介绍几种最主要的传播效果检验方法。

（1）数据分析法。通过收集和分析网络媒体平台上的数据，评估传播效果的变化和差异。这些数据包括用户数量、粉丝数量、粉丝增长率、阅读量、转发量、互动量、内容抵达率、点赞量、收藏量等。通过这些数据可以了解传播的范围、影响力和用户参与度。同时通过对比不同时间段或不同内容的数据，评估传播效果的变化和差异。目前，通过爬虫或

相关软件来获取互联网上的数据是最普遍采用的一种评估方法。

（2）调查问卷法。设计问卷向用户收集他们对传播内容的看法和评价，如内容的可信度、有用性、吸引力等。通过分析问卷结果，可以了解用户对传播内容的态度和满意度，评估传播效果。

（3）网络舆情监测法。通过监测和分析网络上的舆情信息，如用户在新媒体平台上的评论、转发、讨论等信息，了解用户对传播内容的态度和反应，帮助评估传播效果并识别潜在的偏差。这种方法比数据分析法更进了一步，它不是监测评论数据的多少，而是监测评论的具体内容。

（4）潜在打开量。衡量内容曝光和实际打开的比例，评估内容的潜在曝光价值和覆盖面积。

（5）SOV（Share of Voice）占有率。衡量品牌和竞争对手在新媒体上被直接和间接提起的次数，有助于进行竞争对手分析。

通过这些方法，可以全面、准确地评估网络媒体传播的效果，并识别潜在的偏差和不足，迅速了解市场变化和用户需求，从而优化传播策略，调整对策以应对市场变化与创新。

思考题

1. 在互联网的传播测量指标中，你认为哪些指标可以反映用户对互联网内容的关注度？哪些指标可以反映用户对互联网内容的黏性？哪些指标可以反映用户的互动程度？为什么？

2. 为什么要针对不同的新媒体平台发布不同的内容？试举几个不同的平台在内容方面的偏向性。

精讲视频

第十二章 品牌与消费者

第一节 品牌——整合营销传播的终极追求

在现代营销中,品牌是一种非常复杂的现象。它渗透于整个市场营销的各个环节之中,所代表的不仅仅是一种单纯的营销关系,还具有深刻而广泛的社会文化内涵。

在20世纪初期现代广告形成之际,品牌现象就已经成为现代广告的一种策划方式。对品牌的探讨最早是品牌形象概念的提出。大卫·奥格威是品牌形象概念的最初倡导者,在20世纪60年代,他率先提出了品牌形象这个概念。他的看法是:"每一个广告都应看作是对品牌形象的贡献。品牌越相似,理性思考在品牌的选择中就越薄弱。威士忌、香烟或啤酒的不同品牌间并没有明显的不同,它们几乎一样。广告越能为品牌树立一个鲜明的个性,该品牌就越能获得更大的市场份额和更多的超额利润。"[①]不过值得注意的是,奥格威并没有完整地界定什么叫作品牌形象,只是认为它既是产品又非产品本身,与产品相联系又有区别。在他的论述中,品牌与形象是作为两个概念提出来,然后再合成一体。

在这之后对品牌理论的发展有贡献的要数担任先知品牌战略咨询公司副主席,同时又兼任加州大学伯克利分校哈斯商学院教授的大卫·艾克。大卫·艾克出版了著名的品牌创建和管理三部曲《品牌价值管理》(*Managing Brand Equity*)、《建立强势品牌》(*Building Strong Brand*)、《品牌领导》(*Brand Leadership*)。艾克的研究主要集中在对品牌个性的探讨上。在对品牌个性进行系统研究中,他首先提出了品牌个性尺度理论、品牌个性要素理论以及品牌关系理论。品牌个性理论就是指把品牌当作人来看待,这实际上是奥格威观点的延伸。艾克认为,驱动品牌个性的因素可以分为产品相关特性和产品无关特性。他认为,品牌的产品相关特性包括产品类别、产品属性、包装、价格等,而品牌

---

① 〔美〕大卫·奥格威:《一个广告人的自白》,林桦译,中国友谊出版公司1991年版,第89—90页。

的产品无关特性包括使用者形象、符号、长短、广告风格、公司形象、名人背书、赞助事件、上市时间、生产国、总裁等。其因素关系如表 12-1 所示①。

表 12-1 品牌个性驱动因素(笔者已作改动)

品牌的产品相关特性	品牌的产品无关特性	
产品类别 产品属性 包装 价格 货架 产地	使用者形象 公司形象 广告风格 广告中的名人形象 危机、赞助等事件	盈利状况 公益形象 生产国 总裁和员工形象 媒体传递信息

艾克进一步提出了**品牌即品牌关系**这一命题,认为品牌形象不仅仅是产品或者服务形象本身,还包括了产品或者服务的提供者和使用者的形象。在此基础上艾克建立了一个"品牌-顾客"的关系模型,这些已经与我们今天所提到的整合营销传播中"品牌是产品与顾客建立的一种长期互动的关系"的说法非常相似。随着品牌理论的发展,品牌的概念也在不断发展和完善。在下文中,我们首先来澄清对品牌概念的一些不同理解。

对于品牌的概念至今众说不一,有很多感性的说法,诸如:

> 品牌是质量和信誉的象征。
>
> 品牌就是一种类似于成见的偏见,正如所有的偏见一样,对处于下风的一方总是不利的。
>
> 品牌是一种无形的速记形式,主要功能是减少人们在选择商品时所需花费的时间和精力。
>
> 品牌包含着一个提供功利性的产品,再加上一个足以让消费者掏钱购买的价值感。

以上各种说法都触及品牌的实质,但缺乏理性和学术的概括。我们从中可以看到在对品牌的理解中,涉及了几个相关概念:产品、名称、商标、情感。我们对这几个概念分别加以剖析。

营销学大师科特勒认为,产品是人们为留意、获取、使用或者消费而提供给市场的一切东西,以满足欲望和需要。其外延包括了"有形物体、服务、人员、地点、组织和构思"。按照这个界定,产品包含了三个方面的内容:核心要素是解决具体问题的使用价值;表现形式即有形产品,如质量、特点、样式、商标、包装等;产品附加值诸如相关附属的服务和利益。

与品牌相关的另一个概念是名称,可以分为产品名称和品牌名称。产品名称是人类

---

① 转引自卫军英:"品牌个性驱动因素",《整合营销传播:观念与方法》,浙江大学出版社 2005 年版,第 81 页。

的共有资源，一般不作为品牌名称或者注册商标使用，如汽车、电视、衣服等；品牌名称指的是品牌的文字符号形式，它涵盖了产品和公司的一些文化属性内容，是产品和企业多种特质的识别工具，也是方便记忆的工具。

商标就是企业组织运用文字、语音、色彩、字形、图案等元素来表征自己品牌的法律界定。商标一经国家商标认证机构注册确认，其拥有人就具有了各项使用权利，它受法律保护，在知识产权范围中，未经许可他人不可使用。商标具有排他性。

最后，品牌还包含了人们的情感因素。我们在看到奔驰汽车、LV 手袋时，所产生的联想要远远大于对这类产品的理性认识。所以汤姆·邓肯认为："品牌即指所有可以区分本公司和竞争对手的产品的信息和经验的综合并为人所感知的内容。"[①]品牌包含了一定的真实可感成分，它是产品物质特性的体现。虽然品牌有包装、颜色、标志等，但对于顾客来说，更重要的应该是品牌存在于顾客头脑中的完整鲜明的形象。它的存在依赖的是品牌传达给顾客的一系列与品牌相关的信息、经验和联系，所以从某种程度上，与其说品牌是一种真实的形象，不如说品牌是顾客心中的一种体验或感觉。任何具有品牌的产品，它所提供给消费者的不仅仅是单纯的功能价值，而且还有一种感觉价值。

随着对品牌的不同理解，大卫·艾克也在他的著作中提到了**品牌认同**的概念。他认为以往品牌认同往往被人们狭隘地理解，即简单地把品牌认同等同于品牌形象或者是品牌定位。品牌认同与品牌形象、品牌定位的区别在于：品牌认同是品牌管理人希望顾客乃至社会如何去看待这个品牌。所以相对于后两者而言，品牌认同是一个经过整合的品牌信息系统。笔者对于品牌认同的概念表示赞成，认为它代表了构建品牌所要追求的目标。唐·伊·舒尔茨在他的《论品牌》一书中也提到过，品牌不属于消费者，它仍然属于品牌管理人所建构的在顾客心目中的形象。

在上文中我们论述了品牌各种各样的内涵，可以挖掘出它同顾客之间不可或缺的联系。想要在顾客和品牌之间建立良好的关系，就必须借助于可以交流的多重传播职能，这正是整合营销传播的特征和职责所在。汤姆·邓肯曾经将品牌关系确定为整合营销传播的核心价值追求。在邓肯的观念中，几乎所有整合营销传播的基本要素都是围绕着这个中枢而形成的。而我们也赞同这样一种观点，即整合营销传播实际上就是对有关品牌资源的整合。整合营销传播是多种媒体的协同作战，而这种媒体的交流并不是单向和短暂的，而是双向和持续的。品牌的建构并不是一次两次的传播能够形成的，而是需要多种媒体长期地与消费者沟通。因此，只有整合营销传播才能够完成对于品牌的传播。

我们再来回顾整合营销传播的定义，它是"以受众为导向、战略性地整合各种营销渠道、注重对绩效的测量以达到与顾客建立长期品牌联系的观念和管理过程"。这里，与顾客建立长期品牌联系是整合营销传播所要追求达到的目标。整合营销传播是一个"品牌传播"的过程。"品牌"的建立是 IMC 的最终目的，IMC 并不是通过一两次营销事件仅仅

---

① 〔美〕汤姆邓肯：《整合营销传播：利用广告和促销建树品牌》，中国财政经济出版社 2004 年版，第 13 页。

与顾客建立短暂的关系,而是要通过长期积累与顾客建立稳固的、双向的互动关系。品牌不仅仅是一种形象的诞生,而且是顾客与产品间建立感情的一种征兆。简而言之,品牌是一种产品在顾客心目中的品牌认同,而这种认同则是通过整合营销传播的多种媒介协同作战、持续双向交流而形成的。

第二节 品牌与"受众"

从整合营销传播的角度来看,整合营销的终极目的就是在顾客和品牌间建立一种长期的、互动的、稳定的关系,而这也正是品牌的核心作用——与顾客或相关利益者建立一种特殊关系。我们在这里提到"受众",是因为与品牌构建有关系的并不仅仅是顾客,还包含其他各种角色,例如股东、员工、媒体等。汤姆·邓肯和凯伍德在1996年将整合营销传播定义为:"IMC是一个为了创建和培养有效益的品牌与客户间的关系以及品牌与其他股东之间的关系而进行的控制和影响各种信息以及促进有目的沟通的战略性的操纵过程。"唐·伊·舒尔茨在1998年将整合营销传播定义为:"整合营销传播是品牌与消费者、客户、潜在客户、其他目标客户以及相关的外部和内部受众共同完成的一个过程,这个过程可用来计划、发展、执行和评估那些可协调的、可测量的、可劝服的品牌传播。"这些定义都指出:与品牌构成联系的不仅仅是顾客,还包括潜在客户、股东、员工以及相关的所有外部与内部受众。唐·伊·舒尔茨在他的定义中将与品牌联系的人统称为"受众",就是要区别于消费者的概念,因为所有与品牌产生联系的人都可以被称为受众。在一些书籍中,受众也被称为"相关利益者"或"利益关系者"。在这里我们统一用"受众"这一术语加以表述。

那么,品牌到底与哪些受众产生联系?

一、品牌与顾客

在所有的相关利益群体中,顾客处在品牌关系的核心地位,是品牌最重要的相关利益群体。顾客作为营销终端,他们对品牌的支持与否直接决定了品牌能否获得销售与盈利。现代市场营销把顾客需求作为营销出发点,也是基于这一认识,因此整合营销传播中首先要建立的就是品牌与顾客之间的关系。

由于顾客本身处于不断的变化和重组之中,来自不同渠道的各种信息无时不在冲击他们,因此要与顾客建立良好联系,就必须保持流畅的传播反馈渠道,通过与顾客的互动和沟通来了解顾客的需求并且把握顾客的关注焦点,对顾客的问题及时做出反馈。"沟通"成为建构品牌与顾客关系的重要手段。

二、品牌与员工

在传统的营销传播过程中,公司或者品牌大多数关注于外部关系,很容易忽视内部关系,而一些研究发现,与员工关系的处理往往比其他关系更为重要。20 世纪 80 年代,伴随着品牌形象理论的深入,一种新型营销传播形式 CIS 开始流行,内部关系被提高到一个新的层次。所谓 CIS 即"企业形象识别系统"(Corporate Identity System),由企业理念识别系统和企业视觉识别系统共同构成,强调从企业经营理念到企业精神文化,从员工行动到企业活动,树立起高度统一而又富有个性的企业形象。并通过对内对外的一致性传播,在企业内部认同的同时,实现消费者对企业形象的全面认同。它将内部传播与外部传播放在同等重要的地位,而整合营销传播的实践也发现,重视员工的感受、与员工进行及时有效的沟通,对于塑造企业内部文化、构建品牌形象至关重要。海尔集团的掌门人张瑞敏曾经说过:"如果把企业比作一条大河,每一个员工都应该是这条大河的源头;员工的积极性应该像喷泉一样喷涌出来,小河是市场用户。员工有活力必然会生产出高质量的产品,提供优质服务,用户必然愿意买企业的产品,涓涓小流必然汇入大海。"①海尔的"源头论"强调一种奉献精神,每个员工都是企业的源头,也是一个微型市场,拥有了代表市场的索赔权利,同时也具有了高度的市场责任。这种被称为"市场链"的模式给海尔带来了新的活力。这个目标使海尔的发展与海尔员工的个人价值追求完美地结合在一起,为海尔创造了巨大的价值。

一般来说,员工关系涉及两个方向的交流,其一是员工和公司之间的内部交流,其二是员工与顾客以及其他受众之间的外部交流。这两种交流都非常重要。从内部交流来看,只有当员工真正了解了他们的工作,感受到自己得到公司公正的待遇,体会到他们是公司队伍中的一员,他们才可能满腔热情地投身工作,并为顾客提供一流的服务。从外部交流来看,员工传达的信息对顾客的影响是十分显著的。整合营销传播鼓励并促进顾客与公司进行交流,这就意味着要有更多的顾客与公司员工进行沟通。如果在这一环节出现障碍,品牌就会为此付出巨大代价。

三、品牌与其他受众

除了顾客和员工外,其他相关利益群体也会对公司的发展产生很大影响。在传统营销传播中,维持与其他相关利益群体的关系,并不属于营销中的任务,但是整合营销传播认为,这些相关利益群体或多或少会从不同方面对公司或者品牌发生影响,必须加以重视。

与品牌相关的受众之一是供应商和分销商。它们分别代表公司及其品牌流转的上游与下游,直接关联到公司或品牌存在的可能性,因此在利益相关群体中的地位显得越来越重要。一个品牌如果无法处理好它与供应商的关系,那么不仅原材料无法得到应有的保证,而且还会受到下游或者终端的怀疑。相反,与供应商之间的良好关系不仅可以保证供应链的顺畅,而且来自供应商的美誉也会增加自己的品牌效应。比如,在英特尔的品牌活

---

① 卫军英:《整合营销传播典例》,浙江大学出版社 2008 年版,第 89 页。

动中,宣传的主题就是"一颗奔腾的心",这时候采用英特尔作为中央处理器的品牌电脑,自然会受到顾客和其他利益相关者的认同。

处在下游的分销商也同样重要。分销商是指那些专门从事将商品从生产者转移到消费者的活动的机构和人员,包括商场、百货公司、批发站与一些私营批发商等。与代理商不同的是,分销商的经营并不受给他分销权的企业和个人约束,它可以同时为许多制造商分销产品。分销商的重要性在于它不仅仅是单纯的销售渠道,更重要的是它直接联系着消费者终端,是品牌和消费者实现接触的关键链条,本身就是品牌传播沟通的主要渠道,所以必须保证这个渠道流畅。在与分销商关系的处理方面,宝洁公司堪称典范。宝洁公司自从进入中国以来,一直以来都在构建与分销商良好的战略伙伴关系,在分销商的基础设施、管理水平和员工素质方面投入了大量资金和时间,而这种投入也带来了很好的效果。1999 年,宝洁公司推出了一个具有极大创新意味和挑战性的"分销商 2005 计划"。该计划将分销商的未来发展定位做了一个规划:分销商应该为上级和下级合作伙伴提供增值服务,分销商以后的盈利来源不是产品买卖之间的差价,而是通过提供增值服务来赚取合理的佣金。在此期间,宝洁公司一方面建立专职的零售客户直营队伍和相关系统,以取代分销商直接与客户合作;另一方面,宝洁公司也为了维护分销商的利益,通过取缔、合并等方式将全国几百个分销商整合到一百多个左右,保证大部分分销商的经营热情,并在 2000 年推出了分销商一体化生意管理系统 IDS(Integrated Distributor System)。

与政府、媒体的关系也应该受到重视。因为政府具有政策性的监督调控能力,媒体可以直接影响社会舆论,公司或品牌为了获得它们的支持往往主动采取措施,以保证这种关系处于良性状态。通常来说,企业都比较重视与政府和媒体建立长期的友好的关系。

股东、投资机构既是公司的投资者,也可以看作是品牌的拥有者,它们对品牌的关注与品牌持有人一样。

竞争者也应该被看作是利益相关者中的一个。竞争者除了对抗性竞争之外还共同拥有维护市场的责任。

另外一些特殊利益群体往往没有受到足够的重视,例如社区、环保组织等。其实这些相关利益群体的合作与否,也同样会影响到公司及其品牌关系。事实上,品牌与受众的关系远远不仅于此,品牌与任何一个顾客接触点(Contact Points)都有着紧密的联系。有时候,哪怕一点点微小的交流都会影响顾客对于企业的印象。一位资深广告人曾经举例说:如果我打电话到一个公司,铃声响了 5 声还没有人接,我就会怀疑这家公司的信誉,也许这是一家骗子公司,至少他们对客户不重视。而事实上,也许是碰巧前台小姐去了洗手间,或者是正在另一个电话上而耽误了这一电话。而这一偶然事件很有可能就此损失了一笔大的生意。

综上所述,顾客和其他受众之间的关系构成了品牌关系的内涵,维护品牌关系也就是维护品牌与顾客和其他受众之间的关系。在整合营销传播中,一切沟通信息都要保证有利于这种关系的建设。因此,与传统营销中把目标设定在顾客上有所不同,整合营销传播所关注的是品牌与所有相关利益者之间的关系。

第三节　品牌研究的误区

在过去几十年中，人们对品牌的研究存在一些误区。正如人们对于品牌的理解不同一样，对于品牌的研究也存在各种不同的思路，有些可能会导致人们产生一些疑惑。唐·伊·舒尔茨在《唐·舒尔茨论品牌》一书中阐述了各种各样的误区。他的核心观点是：没有什么魔方或者灵丹妙药可以用来为企业创立品牌。无论从事广告、公共关系或者赞助活动，导致品牌最终取得成功的绝不是哪一件事情或者哪一种方法。今天，品牌成功的真正关键在于各个方面的协同合作，在于各种活动、努力以及产品和销售渠道等因素的整合①。树立和维护品牌靠的是集成整合的方法，而不是依靠单一的某一个因素、某一种方法、某一个广告或者是投机性的新闻发布会。一个成功的品牌得以创立和维持下来靠的是各个方面的综合运用与一体化运作。

下面，我们将这些误区加以归纳和总结。

一、误区一：对"谁拥有品牌"的争论

谁拥有品牌是在品牌研究中出现最多的疑问。一种说法是认为公司拥有品牌，并且有责任去尽可能培育、发展和优化品牌。第二种说法是宣称顾客拥有品牌，因为只有顾客才能认同品牌，并且为品牌带来效益。

唐·伊·舒尔茨认为：争论谁拥有品牌是毫无意义的。这种争论混淆了所有权和权益的关系，并忽略了品牌其实是在为双方创造价值这一焦点问题。从严格的字面意义和法律意义上讲，品牌是为持有商标的公司所拥有。作为所有者，它们可以整体出卖品牌。例如，2001年百时美施贵宝公司把伊卡璐品牌出售给宝洁公司，赚取了49.5亿美元。又如可口可乐欲以179亿港元收购汇源果汁。在某种程度上，品牌管理者对于品牌有出售、转让的权利。

但是，品牌管理者并不能为所欲为地处理品牌。唐·伊·舒尔茨的意思是，品牌管理者对于品牌的处理也必须考虑到顾客的需求，而不能够按照自己的主观意愿去处理品牌。例如，雪佛兰(Chevrolet)汽车的营销者因为给一款新型雪佛兰汽车命名为诺瓦(Nova)而导致这款汽车完全滞销于市场，因为在西班牙语中，"Nova"的意思是"不走"，而这对汽车来说是一个致命的问题。

"顾客拥有品牌"的观点认为：既然品牌要充分考虑顾客的需求，品牌就应该能反映顾客的喜好、理念、对于该产品的联想等。这种说法带有一定的理想色彩，顾客理解品牌

---

① 〔美〕唐·舒尔茨、海蒂·舒尔茨：《唐·舒尔茨论品牌》，高增安、赵红译，人民邮电出版社2005年版，第3页。

的象征意义,购买并使用产品,使他们能够把品牌和自己的经历、感知、愿望和需要联系起来。品牌把顾客带到成功、幸福和爱慕的梦幻之地。例如,一支价格 500 元的口红与一只价格 50 元的口红虽然在品质上并没有什么区别,但是顾客对两者的感觉完全不同。从这个角度来说,顾客似乎拥有了对于品牌的体验与认同。但是,顾客所拥有的并不是品牌的经济价值,因此,顾客对于品牌的拥有权仍然是有限的。

　　唐·伊·舒尔茨认为:有效传播品牌的并不是广告,而是人。目前在任何一家面向顾客的企业里,都是传播品牌经验的内部人员在起作用。正是那些"没有受过品牌业务培训的营销商"在驱动品牌的销售和利润节节攀升。他们的责任心以及他们向顾客传达的经验感受在塑造和传播着品牌。这些内部人员赋予品牌以特征和个性,正是品牌的这些特征和个性使得很多顾客成为回头客。因此在今天,品牌的个性更多的是由活生生的员工如何为顾客服务来决定的,而不是通过杜撰惊天动地的广告效果来实现的。唐·伊·舒尔茨曾经对品牌做了一个小结:**品牌从内部开始,它始于企业员工及其责任心和热情,而不是始于外部环境中的某种因素、广告噱头或者捏造的特征**[①]。

　　从整合营销传播的角度去考虑,再联系我们在上文中阐述的"品牌与受众"的种种关系,可以推出的结论是:品牌同时属于品牌所有者、顾客、内部员工以及其他相关利益群体,任何一方对于品牌的发展都要做出贡献。品牌是共有价值观体现,品牌是在一系列相互关系的基础上创立起来的。在品牌业主享有品牌收益的同时,其他利益相关者也会得到好处。

二、误区二:品牌等于时尚

　　品牌与时尚有所区别。一些昙花一现的品牌看上去非常时尚,但是并不长久。美国的 Bartles、Jaymes 曾经创办起风靡一时的品牌,但是他们的品牌大起又大落,很快就消失了。相反,一些朴实无华的品牌却获得了长久的生命力。品牌的魅力就在于它拥有持久的能量。一般而言,一个成功的品牌可以年复一年地不断发展壮大,并能够带来持续不断的收入流。

　　在打造品牌的过程中,最难的一点就是要知道在什么时候你所拥有的产品或者服务值得你花费精力和时间去创造品牌,而什么时候这些想法只是昙花一现而已。任何品牌的成功在很大程度上取决于所开发出来的产品或者服务理念,以及已经建立起来的商业模式。它们推动品牌的发展并决定品牌的最终成功。品牌之所以成功,是因为顾客购买并拥有品牌。品牌存在于顾客的记忆当中,是他们生活阅历的一部分。对于已经视品牌为自己的一部分的人来说,品牌就是他们长期的、高价值的产品和服务。同时,品牌也是其所有者长期的利润来源。

　　要使品牌获得成功,必须注意以下三大要素。

---

　　① 〔美〕唐·舒尔茨、海蒂·舒尔茨:《唐·舒尔茨论品牌》,高增安、赵红译,人民邮电出版社 2005 年版,第 28 页。

1. 确保将要为之打造品牌的产品或者服务是建立在成功的商业模式和合情合理的商业主张之上

打造品牌首先要分析一下商业模式。商业模式切实可行才有可能打造品牌。商业模式即"Business Model"，也就是我们通常所说的营销策略。一个好的商业模式被认为是成功的一半。红豆集团打造的居家连锁商业模式以创新的连锁模式、一站式销售、亲民的平价策略在居家行业掀起一场"革命"，红豆也被行业内外形容为快速成长的居家连锁"巨头"，这一切都是与它合理完善的商业模式密不可分的。长期从事商业模式研究和咨询的埃森哲公司认为，成功的商业模式具有以下三个特征。

（1）成功的商业模式要能提供独特价值。有时候这个独特的价值可能是新的思想；而更多的时候，它往往是产品和服务独特性的组合。这种组合要么可以向客户提供额外的价值，要么使得客户能用更低的价格获得同样的利益，或者用同样的价格获得更多的利益。

（2）商业模式是难以模仿的。企业通过确立自己的与众不同，如对客户的悉心照顾、无与伦比的实施能力等，来提高行业的进入门槛，从而保证利润来源不受侵犯。比如，直销模式（仅凭"直销"一点，还不能称其为一个商业模式），人人都知道它如何运作，也都知道戴尔公司是直销的标杆，但很难复制戴尔的模式，原因在于"直销"的背后，是一整套完整的、极难复制的资源和生产流程。

（3）成功的商业模式是脚踏实地的。企业要做到量入为出、收支平衡。这个看似不言而喻的道理，要想日复一日、年复一年地做到，却并不容易。现实当中的很多企业，不管是传统企业还是新型企业，对于自己的钱从何处赚来，为什么客户看中自己企业的产品和服务，乃至有多少客户实际上不能为企业带来利润，反而在侵蚀企业的收入等关键问题，都不甚了解。

2. 确保产品或者服务与其竞争者相比有一个更有意义的价值主张

广告标语、口号等虽然好，但并不是广告收入的全部回报。如果产品或者服务既没有区别于其他竞争对手的价值主张，又没有长期的使用价值或者顾客需求，那么，很可能无论花多少资金或者赢得多少荣誉，品牌都不能够最终建立起来。例如，红豆居家产品系列以"HODOHOME"为商标，以"打造中国主流生活方式"为标语，以"休闲、自然、乐活"为推广主题，以"提供居家生活服饰一站式购物场所及服务"的品牌为核心价值理念，倡导"平实、平和、平价、平民"的消费理念，就深受老百姓的欢迎。

3. 确保品牌能够把真正重要的东西传达给顾客

除了将品牌的理念传达给消费者，还必须做到通过合适的渠道和方法日复一日地与消费者建立长期联系。品牌是建立在一个坚实的基础之上，那就是人们能够长期买进、信任、做出回应并高度重视的主张。这是区分品牌与其他时尚潮流的最基本方法。根据现代社会生活节奏加快的特点，红豆居家特别强调"一站式购物"，只要在红豆居家的一个店铺中，消费者就可以选到满足居家生活的所有服饰类用品和大部分生活用品，而且还强调价格绝对是物超所值的平价,而不是高高在上,让普通老百姓也享受到居家生活的高品质。四五十人的设计团队,保证了红豆居家的产品丰富多样,款式的快速翻新。这些具体的做法使老百姓感觉到购物的方便和可靠,从而对红豆居家产生持续的情感依赖。

如果产品、服务、理念、概念、设备等都不能满足以上三个要素中的至少两个的话,不论在宣传、促销、公关、广告或者其他方面花费多少资金,都不可能打造一个持续发展的品牌。

三、误区三:品牌与定位的不同

"定位"是广告学中的一个很重要的术语。该理论在过去几十年间发展出来。按照最初的设想,定位基于人类思维的刺激-反应模式,它来源于巴甫洛夫、斯金纳、马斯洛以及20世纪早期其他一些心理学家的研究成果。应用在营销学中,最初的定位理论认为:人的大脑会为每样东西预留一定的通道和空间,因此它也会为产品、服务和品牌预留空间。品牌所有者通过广告或者其他营销传播活动让自己的品牌占满消费者的大脑,这样,营销商和品牌就无懈可击了。他们认为,人的大脑一旦被这些品牌填满了,其他的品牌就没有位置了。他们还认为人的大脑没有消除功能,因此,他们向营销商保证:只要消费者还活着,他们的品牌定位理论就是成立的。这样看来,定位似乎是一个绝妙的概念:运用广告和营销传播手段让品牌进入消费者的大脑之中,牢牢占领消费者大脑中的部位,就可以创造出一个终生受用的顾客,营销就此得到永无止境的回报。这个理论刚好与当时其他的一些理论不谋而合。大量的广告轰炸,不断重复的电视商业炒作,无处不在的产品分销系统和某类技术或者产品上小小的革新赋予了品牌以存在的理由。这样我们就很容易理解,为什么大部分广告咨询公司和品牌专家都毫无疑问地将定位理论作为其咨询工具之一。

对品牌所有者来说,定位就是思考和梦想品牌及品牌塑造的最好方法。但是,如果要投入实际应用并赚取利润的话,光有"定位"是远远不够的。今天的认知科学认为,定位的基本假设是不正确的,它所面临的最大问题是:它聚焦于企业内部的日常事务性活动,阻碍了营销商将精力集中于人和利润之上;还有,当品牌营销商全面包围了竞争对手或者占领了某个位置以后,品牌的成功与否就取决于人们是否购买营销商的品牌,而不再取决于营销商自己。只有当人们购买营销商的产品和服务时,才能为企业创造销售额和利润。所以,品牌和品牌管理中最重要的因素是顾客,还包括员工。遗憾的是,企业的定位惯例迫使营销人员、销售人员、分销人员、后勤人员以及其他所有面向顾客的员工都把注意力放在竞争对手身上,而不是放在顾客身上,例如,我们怎样才能打败竞争对手,与普通品牌相比,我们的优势在哪里等。

努力地去了解竞争对手并没有错,但这并不是最重要的,因为你对竞争者的所作所为无能为力。把维护外部系统作为企业内部工作的核心,这往往是不可行的。这也是很多品牌管理人员曾经被层出不穷的品牌竞争性定位理论弄得晕头转向的原因。那么,有没有更好的方法可以让品牌找到更合适的位置?

　　对于定位学说最好的批判是以顾客为导向的营销传播观念。定位理论最早产生于"皮下注射"等理论兴盛的年代，大众传播学中也充斥着强大效果的"枪弹论"。营销学深受影响，相信只要登广告者或者营销商不停地向消费者或者顾客灌输相同的信息，只要次数足够多，这些信息就可以对被灌输者产生作用。但整合营销传播认为：不应该考虑营销商对于品牌的看法，而应该考虑真正与品牌有关的顾客对品牌的看法。这些顾客如何接受、回忆和使用品牌信息才是关键。在营销传播过程中，消费者是积极的参与者，他们使用不同的方法处理关于产品和服务的各种信息。整合营销传播认为：真正重要的是消费者如何处理信息，而不是营销管理者发送了多少信息或者营销商在媒体上投入了多少资金。

　　曾在美国博士富康广告公司(Foote, Cone & Belding，FCB)工作的一位研究员理查德·伍甘(Richard Vaughn)提出了一个"思考—感知—行动"模型(见表12-2)。这个矩阵涉及四个元素。纵轴表示产品和服务在消费者心目中的重要性。高涉入(High Involvement)表示这项产品和服务对消费者来说是重要的，需要仔细考虑是否购买以及如何购买等问题。低涉入表示这项产品、服务、概念、想法、品牌等对消费者来说不是很重要，消费者不会花很多时间和精力去深思熟虑。横轴涉及两个元素：理性和感性。理性(Thinking)和感性(Feeling)就是消费者决策的过程。理性是指消费者对不同的方案进行比较，通过仔细思考做出决策。感性是指消费者在决策的时候更多地依靠自己的情感和对产品或者服务的感觉。伍甘将理性、感性和高涉入、低涉入进行两两交叉分析，就构造了表12-2所示的矩阵：(1)思考—感知—行动；(2)感知—思考—行动；(3)行动—思考—感知；(4)行动—感知—思考。该矩阵列出了消费者在进行品牌决策时可能涉及的所有情形，也为我们列举了分析产品、服务和品牌的模式。显然，有些品牌适合于思考—感知—行动模型，有些则适合于其他模型。传统的定位方法认为：所有的消费者、产品或对顾客的服务在本质上都是同质的，品牌传播所做的不过是通过不断地向人们灌输信息以达到占据人们大脑中的某个位置的目的。而笔者认为，相比这种传统的方式，伍甘创造的思考—感知—行动模型提供了更好的品牌传播路径。

表12-2　伍甘的"思考—感知—行动"模型

	理　　性	感　　性
高涉入	信息诉求(思考) 模型：思考—感知—行动 产品：汽车、房子等 策略：展示、具体细节	感性诉求(感知) 模型：感知—思考—行动 产品：珠宝、化妆品等 策略：执行结果
低涉入	习惯形成(行动) 模型：行动—思考—感知 产品：饮料、家庭日用品等 策略：提醒	自我满足(反映) 模型：行动—感知—思考 产品：香烟、饮料、糖果、口香糖等 策略：吸引注意力

　　与传统的过分简单的定位方法相比,理解消费者如何处理、获取、存储信息,弄清楚他们所采用的品牌认知方法,这对品牌认知的研究更加有效。认知过程至少要鉴别清楚人们目前的心理状态以及他们的大脑是如何处理和存储信息的,品牌应充分考虑消费者的真正想法、感受和行动。

四、误区四：品牌具有深奥的符号和象征意义

　　这是一些走在品牌研究前沿的学者们所容易走入的误区。在美国研究品牌的学者中出现了一些说法,例如"品牌是功能性的、抽象的、具体的、深奥的",还出现了一些研究品牌非常深奥的书籍,例如提出打造品牌的象征意义、语言学意义、符号学意义、情感品牌、联合品牌、时尚品牌、品牌作为原型的作用等。对此,唐·伊·舒尔茨进行了批判。他认为：当今出现了许多对品牌剖析夸张的办法,他们通过人类学、社会学和传播学的方式,采用一些复杂的研究方法对品牌研究剖析,其实是迷失了品牌的基本功能。从本质上来说,品牌是市场营销组织用来赚钱的手段,做品牌肯定是一种投资。品牌必须给所有者带来利润。制定时髦的、复杂而深奥的广告策略一般来说只能给品牌妄语者带来利益,而不会给其他人好处。

　　从营销传播学的角度来说,品牌拥有一个简单的实质,就是**反映买者和卖者之间的某种关系**。而这种关系又可以通过多种形式表现出来。不过,由于这种关系正在被误解,所以我们要从"关系营销"的概念来追溯这种关系。

　　"关系营销"一词起源于芬兰赫尔辛基商学院的克里斯丁·格罗路斯(Christian Grönroos)和瑞典斯德哥尔摩大学的埃瓦特·古莫森(Evart Gummeson)。关系营销是当今服务营销的基础,最终也形成了客户关系理论的基石。这种理论的假设前提是：服务行业不同于产品制造行业,它的价值主要是通过雇员向消费者传达的。如果把消费者引入品牌等式当中,那品牌就有了各种各样的新意义。格罗路斯与古莫森认为：在服务营销中,消费者更多的是依赖于他们本身与营销人员或者是传递品牌价值的人员之间的关系而非"物质产品"本身。从 20 世纪 80 年代到 90 年代中期,格罗路斯和古莫森以及他们的支持者们一起提出了"关系营销"的基本理论。从此,关系营销理论的发展非常顺利,直到 20 世纪 90 年代中期,由技术专家们提出的新"客户关系管理"(Customer Relationship Management,CRM)理论的出现,才阻碍了它的进一步发展。这是一个由几家软件开发商开发的优化销售活动的销售人员配置模型和接触管理软件模型,但这个模型混淆了"关系营销"的概念,它赋予了关系以某种特殊的意思,使人们对关系产生了歧义的理解。

　　营销商们接受了关系营销的理念,却忽略了其实质,即"关系营销"是建立在人与人之间的接触、沟通、对话和持续不断的感悟之上,而不是单由营销商们策划和上演的独角戏。它的初衷是一种人际关系。但人和品牌之间的关系逐渐上升为一种"品牌关系",这是一种经济上的、物质上的或者情感上的约束,正是这种约束把买卖双方联系在一起。这种关系中最关键的考虑因素是互惠互利,即买卖双方都能够从中受益。这种关系必须在品牌

与客户的实践中获得，而不能够通过计算机和软件来生成。

那么，这种关系究竟是怎样一种状态？芬兰 Vectia 公司首创了一种"拉链理论"（Zipper）①。之所以称为拉链，就是因为它能够把顾客和营销商联系在一起。拉链理论从营销商对顾客的利益与价值需求的了解着手。在拉链理论中，他们把这一点称为"他们是怎样创造价值的"，简而言之，就是要设法去了解和感知顾客是怎样解决问题、满足自己欲望和要求的。知道了这些，营销商就可以尽全力调整它的供给、解决方案、人力，以帮助顾客创造这一价值。这是一种需求导向型的方法，这种方法的理念是：营销商和品牌提供的价值都是建立在客户的欲望和需求基础上的，而不是以营销组织能够提供什么或者希望出售什么为导向。客户价值创造的过程像一个拉链。

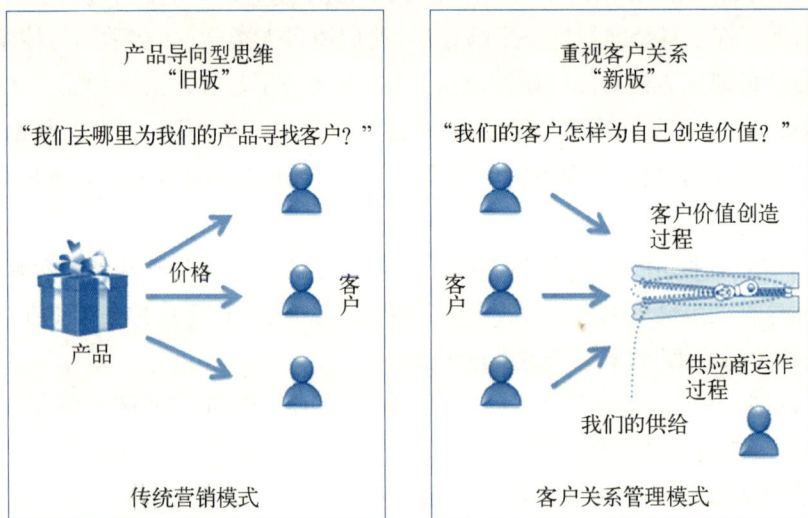

图 12-1   传统营销模式与客户关系管理模式

拉链理论和其他理论一样，都存在同样一个问题，就是营销商必须使品牌的客户基础理性化、合理化。由于并不是所有顾客的兴趣、爱好欲望或需求都可以通过品牌来满足，因此，想尽快创立一个适合每一个人的品牌是不可能的。营销商们必须非常清楚自己的品牌受众。在与自己的品牌受众交流而壮大自己的品牌的过程中，可以采取以下措施。

（1）找到更多认同该品牌定位并且知道这个品牌在市场上的运作方式的人。换言之，就是通过沟通把品牌介绍给更多的消费者，以扩展顾客基础。或者使品牌超越传统的地域疆界，在其他地方寻找相似的客户群体。

（2）不断地改变你的品牌或者品牌传播方式，以便吸引更多的顾客。要做到这一点就要提高产品质量，建立产品与顾客的新关联点，开发产品的新性能和特点，也要避免不断修复品牌。

---

①   转引自〔美〕唐·舒尔茨、海蒂·舒尔茨：《唐·舒尔茨论品牌》，高增安、赵红译，人民邮电出版社 2005 年版，第 87 页。

（3）把品牌延伸扩展到新的相关领域。如宝洁除了做日化品之外，还将自己的产品开发到化妆品等领域。对品牌延伸最大的挑战就是：必须超越品牌原先的领域向相关的领域拓展，发挥品牌核心关联区的杠杆作用，而不能够破坏或者冲淡品牌的影响力。欺诈性的炒作是多半要失败的。

（4）推出一个完全不同的品牌，以满足市场细分或者不同销售渠道的需要。因为这些顾客群体和销售渠道都是原来的品牌不能或者不便服务的对象。例如，欧莱雅就是在高档商场出售高端价位的产品，而廉价产品则在一些小商店或者药店售卖。另外，还有许多隐蔽的品牌，它们使得制造商们能够按各种不同的价位来出售它们的产品。在使用这种方法时，必须小心避免对不同的顾客群体和销售渠道产生干扰和破坏作用。

五、误区五：品牌是一种创意

对品牌所有者来说，"创意"既是好事也是坏事。它可能会花费品牌所有者大量的资金，但是有时候也会给品牌所有者带来丰厚的回报。显然，品牌管理者和所有者的主要任务就是要分清楚什么是好的创意，什么是不好的。但是要做到这一点很不容易。创意具有很强的主观性，特别是当它被用于产品的开发、命名、设计、包装、说明、录像以及具有创造性的相关活动时。创意不但与文化、背景、创意产品的开发者的经历密切相关，而且高度依赖于这些因素，甚至可以说这些因素决定了创意。

我们来回顾一下20世纪后半期的著名撰稿人和富有创造性的导演斯坦·坦嫩鲍姆对创意所做的描述，他把过程描述成"受控制的创意"，意思是创意的实施应该针对打算促销的产品、服务以及目标顾客。创意产品不应该把注意力集中在促销项目的传播活动中，用斯坦的话来说："除非卖出了东西，否则就不是创意。"[①]在他看来，现代广告、营销传播和品牌塑造令人唾弃的地方是为了创意而创意，为了吸引人们的注意力而故弄玄虚。

斯坦的观点是正确的。之所以要开发品牌有两个原因：使品牌所有者受益和使品牌使用者受益。在评价品牌和品牌打造工作中的创意因素时，我们应该问的第一个问题就是：这个创意是否有助于品牌的树立和产品的销售？能带来效益的创意才是好的创意。如果创意对塑造品牌和推销产品没有帮助，那就应该立刻将工作重心转移到其他方面。营销的最终目的是销售产品并且让顾客满意，而不是炫耀自己的创意。

在品牌创意中要注意以下问题。（1）谨防为了创意而创意。品牌必须具有某种象征意义——能够代表产品与客户有内在关联性、让顾客不得不为之心动的某种东西。品牌应该代表一些理念或价值，这种理念或价值必须是经久不衰的。例如风靡于2009年和2010年的"优乐美奶茶"广告请著名歌星周杰伦做代言，广告中的经典名言是："我是你的什么？你是我的优乐美啊！原来我是奶茶呀？这样，我就可以把你捧在手心了。"第二次该广告的版

---

① 转引自〔美〕唐·舒尔茨、海蒂·舒尔茨：《唐·舒尔茨论品牌》，高增安、赵红译，人民邮电出版社2005年版，第107页。

本为："浪漫是什么滋味？浪漫就像优乐美奶茶。你永远是我的优乐美啊！嗯,我闻到了你的浪漫。"该广告成功地将优乐美奶茶与浪漫、优雅、快乐、美丽等理念联系在一起,缔造出优乐美奶茶与其他奶茶的不同。如果是为了创意而创意,就不可能为顾客的需求而努力。

（2）创意必须是原创,而不是从别人那里抄袭的二手货。汇源果汁在 2010 年春节期间央视黄金时段广告为"幸福源泉喝汇源",并邀请了影星袁泉来做代言,成功地将汇源果汁与袁泉的形象联系在一起,新颖而别出心裁。

（3）创意必须简短、清晰、容易理解。要求创意人员开发不需要任何解释的创意。著名的恒源祥品牌在多年的广告中坚持简短的一句话"恒源祥,羊羊羊",让人非常清晰地理解恒源祥产品与羊毛的关系,是一个让受众印象深刻的广告。

（4）要谨防额外的费用。一些广告拍摄得非常美妙或惊心动魄,但广告一放过去,顾客并不能记住广告宣传的是什么产品,他们只是被美妙的广告词或是镜头所打动。额外的费用对于品牌的塑造并没有任何好处,要记住品牌所追求的最终目标是实现经济效益,而不是仅仅打动受众。

（5）防止设计的困惑。很多广告将色彩涂抹得非常炫目、字体非常突出、服装非常美丽、模特儿也很引人注目,但这些表面上的精雕细琢往往并不能为品牌带来什么收益,反而有时还会混淆受众的视听,让他们并不清楚品牌的真正用意。例如,很多广告找了名人做代言,但是在广告拍摄中过于突出名人的举止和言行,而忽视了将品牌凸显在重要位置,广告的作用往往是使观众记住了名人,而忘记了名人所要代言的品牌。

关于品牌研究的误区应该还有很多,我们在这里仅仅列出几个有代表性的研究领域。总而言之,我们赞同唐·伊·舒尔茨的观点：品牌成功的真正关键在于各个方面的协同合作,在于各种活动、努力以及产品和销售渠道等因素的整合,而不仅仅是哪一次的广告或者投机性的新闻发布会。树立和维护品牌靠的是集成整合的方法,是依靠全体员工从内到外协同一致的长期的努力,不是仅仅靠一个创意在一夜间打造成功。时髦的、复杂而深奥的广告策略只是故弄玄虚。品牌必须真正以消费者为中心,脚踏实地地通过与消费者的不断沟通以及提供令人满意的产品和服务而获得。

第四节　品牌研究方法

品牌研究方法多年来一直引起学者们的关注和探讨。品牌研究方法与广告效果测量一样,曾经引起了很大争议。争议的焦点在于品牌研究方法应该采用态度研究的方法还是采用行为研究的方法。关于这两种方法,我们从现代广告学的这两种研究方法开始介绍。

1961 年以来出现了两种新的广告模型。它们的出现加速了广告业观念的发展,也对品牌和建立品牌产生了深远的影响。一个被称为"效应层次模型"(Hierarchy of Effects),由罗伯特·拉维奇(Robert Lavidge)和加里·斯坦纳(Gary Steiner)提出。这是关于广告如何运作的假想模型，是当今所有广告理论的渊源。还有一个被认为基本上是与"效应层次模型"类似的模型，由罗素·科里（Russell Colley）提出，称为"叠码模型"。这两个模型都假设：当顾客主动去或者被吸引去购买某种商品或者服务的时候，就会出现某种可以识别的态度转变。因而该假设认为：人们会顺着某一特定路径去决定他们需要什么或者想要什么，并识别出能够满足他们需要的产品或者服务。根据这个假定，如果广告商了解了顾客的心理演变过程，就能够通过广告影响消费者运动的方向和速度，进而影响消费者的购买行为。因此，营销人员通过在适当的时候进行适当的广告投入，就可以操纵顾客并影响他们的采购行为。

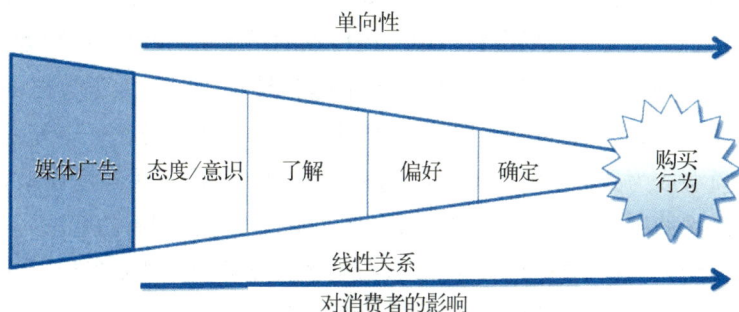

图 12-2 传播效果等级模式①

从以上的效应层次模型可以看出，顾客就是这样一步一步朝着购买行为前进的。实际上，广告商也就是利用广告引导顾客完成这一过程。因此，面向顾客或潜在顾客的广告越多，顾客出现购买行为的时间也越快。同时，购买决策也更可能使广告商受益。营销商愿意看到的是：一旦广告开始和人们沟通，人们是不会逃避、改变主意或者反悔的。他们假定人们就像巴甫洛夫实验室的小狗一样，只要被施加了某种刺激就会产生反馈，而这种反馈像条件反射一样是不经过思考的。这是一种态度研究方法，认为广告效果是与顾客的态度直接联系的，只要顾客对某件商品产生了积极的好奇的态度，营销商们就一定会从中赢利。

事实上，顾客的态度与是否产生购买行为是两码事。1961 年，研究者们用绩效模型成功地证明了广告与销售之间并无直接联系。虽然效应层次模型和叠码模型看起来都像是绩效模型，但事实上它们不是。研究者发现，广告只能使消费者的态度发生改变，但并不能影响到销售情况。一方面，模型的最终目标是消费者的购买行为；另一方面，对广告效应的评价体系总是缺少了这一有影响力的指标。因此，大多数广告商们曾一度认为他们所做的工作仅仅是促进消费者的行为沿着态度转变的方向发展，直到产生实际的购买行为为止。他们认为广告之所以未曾奏效是因为有太多的"干涉变量"，例如太多的产品库存问题、竞争对手的低报价，还有销售环节的一些问题等。这些变量会影响到产品或者

① 资料来源：〔美〕唐·舒尔茨、海蒂·舒尔茨：《唐·舒尔茨论品牌》，高增安、赵红译，人民邮电出版社 2005 年版，第 54 页。

服务的销售量,并使他们不能够完成完整的销售环节,因此广告商只应承担"沟通"这一环节的责任,而不承担任何销售责任。

但是,从广告的最终目的来看,广告是要为商家带来销售结果的,而不仅仅是引起人们对于广告本身的兴趣。正如品牌是应该为其所有者带来销售额和利润的,而不是给研究者造福。因此,行为主义研究者们开始倡导一种行为研究的模式。他们认为应采用定量的研究方法来测量广告为营销带来的实际利润和效益。他们搜集一些实实在在的、能够说明广告宣传与企业销售业绩的关系的数据。在 20 世纪 60 年代中期,他们做了大量的调查,但由于技术的障碍,还不能够处理所有的行为学数据资料。而今,大量的行为学数据资料在市场上泛滥成灾。一些营销组织天天被淹没在市场的消费者实际上做了什么或者已经做了什么的行为学数据资料当中。销售点的采购量、频繁的购物者、培养顾客忠诚方案、可追踪的票据等充斥着整个市场。越来越容易获得的行为学数据资料造成了市场营销业、广告业和品牌业的分裂。因此,营销组织中形成了二分法——究竟应该用态度模型还是行为模型成为品牌研究者们面临的最大问题。如果运用态度模型,营销者就可以了解顾客对品牌的感受,进而知道应该做点什么来改变他们现有的看法,但是这些感受很可能与购买行为无关;如果运用行为模型,营销者就能够知道消费者做了什么和购买了什么,但是营销者根本不了解他们为什么这样做。

本书的观点是:两种研究方法都是必需的,就像是传播学当中定性研究方法必须与定量研究方法同时存在一样。唐·伊·舒尔茨提出的"品牌互惠矩阵"的内涵是:消费者在市场上的各种行为数据模型与品牌对于消费者的重要性的态度模型数据是相互关联的。当把两者联系到一起并且找到平衡时,品牌研究才得以成功。具体而言,品牌所有者们可以感性地创造出某一个广告来吸引消费者,但不要将顾客的态度数据和未来的购买行为联系在一起;同时,如果能够得到相关行为学数据资料的话,应该去利用它,把钱投到有把握的行为学数据资料上,这样才能为品牌赚取更多的利润。

思考题

1. 品牌与哪些受众产生联系? 请分别阐述他们的关系。
2. 品牌研究所产生的误区有哪些? 请阐述你印象最为深刻的。
3. 效应层次模型的理论是什么? 它对于广告研究有什么贡献?
4. 叠码模型的理论是什么? 它对于广告研究有什么贡献?

精讲视频

第十三章　社交媒体营销

第一节　社交媒体营销的概念和特点

一、社交媒体营销的概念

社交媒体营销是指利用社交媒体平台来进行产品或服务的推广、品牌塑造、客户关系维护以及与目标受众互动沟通的一种营销方式。它通过发布吸引人的内容（如文字、图片、视频等）来吸引用户的关注和兴趣，并通过互动功能与用户进行交流互动，增强用户的参与感和忠诚度。此外，社交媒体营销还利用其传播特性，鼓励用户分享营销信息，从而扩大品牌的影响力和覆盖面。

一般社会化媒体营销工具包括论坛、微博、微信、博客、SNS 社区、图片和视频等，通过自媒体平台或者组织媒体平台进行发布和传播。

二、社交媒体营销的特点

社交媒体营销的特点如下。

1. 以 UGC 提供内容为主

UGC(User Generated Content)特指网站或其他开放性媒介的内容由其用户贡献生成。用户可以根据自己的喜好和想象在社交媒体平台发布内容而没有太多门槛，UGC 的内容包括视频、图文等多种方式，而用户与平台之间不存在直接的雇佣关系。

UGC 的概念最早起源于互联网领域，它伴随着 WEB2.0 概念而兴起，并在微博、抖音、B 站等各种互联网平台上广泛应用。其优势在于能够调动广泛用户参与到内容制作中，降低平台内容创作的成本，强调个性化、互动性与用户参与度，增强用户的参与感与忠诚度。由于其生产主体是普通的用户，因此 UGC 创作门槛低，主要以分享用户个人经历和兴趣为目的，内容形式多样，包括视频、图片、文字等。

除了 UGC 之外,PGC(Professional Generated Content)和 OGC(Occupational Generated Content)也是网络平台上另外两种常见的内容生产模式。UGC 主要由普通用户生产,强调个性化和互动性;PGC 由具备专业知识的人士或专家生产,内容专业、深度;OGC 则由官方机构或组织生产,具有权威性和公信力。这三种模式相互补充,共同满足用户多样化的需求。

比如,具有较大影响力的网红大 V 李子柒、Papi 酱都是以 UGC 的身份最早在互联网上发布内容的,但随着其内容的专业性不断增强,这些大 V 背后的团队支撑也不断加大,甚至引进了专业的制作团队,就逐渐从 UGC 变成了 PGC。因此,UGC、PGC 和 OGC 也是可以互相转化的。

2. 舆论大 V 的影响巨大

大 V 通常指的是在社交媒体上拥有大量粉丝的知名人士,如学者、名人或意见领袖。近些年出现了一批又一批的网络大 V,如李开复、罗永浩、罗振宇、李子柒等。他们在网络上的一次转发或评论往往能够引起普通百姓的广泛关注,甚至引爆重点话题。因此,他们在网络营销活动中往往也能够起到较大作用,比如近年来涌现的很多知名大 V 直播带货就能够说明这一点。大 V 在信息传播中扮演着重要角色,他们往往成为言论的中转站和放大器。大 V 的意见往往能够引导公众的看法,甚至在某些情况下改变舆论走向,因此,大 V 在发表言论时需要承担相应的社会责任。

3. 病毒营销的传播方式

病毒营销(Viral Marketing)是一种网络营销方法,又被称为"口碑扩散",是利用公众的积极性和人际网络,让营销信息像病毒一样传播和扩散。这种营销方式通过提供有价值的产品或服务,利用用户之间的自发传播,实现"营销杠杆"的作用。病毒营销利用用户之间的自发传播,可以实现信息的快速扩散,提高品牌知名度。

社交媒体最显著的传播方式就是病毒营销。由于社交媒体让每个人都自由发声,因此每时每刻都有千千万万普通的消费者把世界各地发生的事情发送到社交媒体上,这些内容信息能够经过社交媒体独有的病毒传播机制快速扩散。有时,社交媒体还倒逼大众媒体根据网络内容设置议程。通过社交媒体,全社会的消费者前所未有地互联互通起来,创造了一个与传统社会不一样的、更透明更有利于消费者的信息环境。

"酒香不怕巷子深",口碑是传统小农经济时代的品牌核心准则。但这一准则在工业时代几乎被着迷于大众媒体的企业忘却。到了互联网时代,由于消费者主导了信息传播,口碑影响力又回来了。企业又重新开始重视口碑并重新思考口碑营销。互联网时代,在微博、微信这些社交媒体上,信息像病毒复制般地自我传播,呈现快速裂变反应,威力甚至远远超过大众媒体,病毒信息瞬间就能左右消费行为。由此可以想象,流传于互联网上的信息,一旦发生"一传百、百传万"的病毒式传播,能在多大程度上发挥营销影响力。

病毒营销首先要具备的要素就是"病毒题材",即高价值内容。只要是能够触发消费者的转发欲望,不会对品牌产生负面联想的素材,都可以成为病毒题材。将商业信息与病

毒题材相结合,则对营销企划提出了更高的要求。传统的营销企划重点在向消费者说明
"卖点",病毒营销则要求企划人员天马行空地构思与品牌不直接关联的病毒题材,还要将
它与品牌无缝结合,难度无疑更高。

其次,病毒营销需要行动激励。在实践中,病毒式营销经常遇到的困境是企业一时感
觉"无计可施""无从下手"。一家企业不是任何时候都能找到高价值的内容和动人心弦的
题材,在此情况下,病毒营销的一个简单方法就是直接施加物质或精神奖励,以激励消费
者转发。比如大家都知道滴滴打车靠补贴用户赢得市场,而这个补贴的消息一开始传遍
全国是依靠滴滴曾经发起的"转发朋友圈10元奖励"的活动。同样,拼多多也是靠消费者
在朋友圈转发"替你砍一刀"的信息迅速完成了病毒营销,将拼多多便宜的特征最大限度
地散发到了朋友圈。

病毒营销激励活动常常给人"砸钱"的印象。但病毒营销"砸钱"与传统营销"砸钱"路
径不同:传统广告"砸"的对象是大众媒体,病毒营销"砸"的对象直接是消费者。传统促
销"砸"的内容是直接优惠,病毒营销"砸"的内容表面上虽然也是直接优惠,但却以消费者
转发为目的。"砸钱"的对象和内容不同,反映了后面思维方式的不同。

第二节　企业使用社交媒体营销的优劣势分析

社交媒体是一把双刃剑。它可以让品牌通过平台迅速传播,提高品牌曝光度,也可以
让负面舆论和网络暴力迅速扩散。如何合理地运用好社交媒体进行品牌传播,是现代企
业需要认真探讨的课题。

一、社交媒体营销的优势

社交媒体营销的主要优势如下。

1. 可创造企业的网络曝光量、吸引更多业务伙伴

企业一旦应用社交媒体,就可以在社交网络、微博、博客等拥有海量注册用户的社
交媒体网络上发布相关的服务信息和产品资讯,利用社交媒体网络上的粉丝关注效应
和社群效应,可以大大增加企业的产品与服务信息在社交网络上的曝光量。社交媒体
的热点聚焦效应,使得企业能够通过社交媒体实现与潜在用户之间更为广泛的沟通。
社交媒体还具有平等沟通的特性,更利于企业与潜在客户之间保持亲和的沟通,持续深
化关系。

社交媒体在吸引个人用户的同时,也吸引了越来越多的企业用户。统计显示,美国有
72%的企业在利用社交媒体提供各种类型的服务。这也给许多企业提供了寻求合作的机
会,通过社交媒体来找到更多适合的合作伙伴。

社交媒体的属性特征使得用户在社交媒体上能够获得比搜索引擎更加全面和完善的

资讯，也更容易判断合作伙伴的经验和能力，从而帮助企业带来更多潜在的合作机会。

2. 增加网站流量和注册用户、提升搜索排名

传统的网络营销是以信息上网为特征的，企业通过在自己的官方网站上或是垂直门户里的资讯频道上发布信息，然后通过关键词搜索，由搜索引擎带来相关的流量和点击。社交媒体的应用改变了以往过于依赖搜索引擎的网络营销模式，通过社交媒体不仅可以直接将社交媒体上的用户流量转化为企业官方网站的流量，而且可以通过企业在社交媒体上的信息吸引与服务互动来发展注册用户。

3. 带来高质量的销售机会

零售、旅游、金融等行业的许多企业在 Facebook 上的成功应用已经证明了社交媒体对于销售机会的促进效应。在美国的许多零售企业已经通过 Facebook Ads 发布消息，利用网络下载优惠券，在网上发起与产品有关的话题，监控感兴趣的客户行为，结合邮件营销和博客营销，带来了大量的销售机会。

社交媒体的作用不仅是利用社交网络、微博等发布信息，更重要的作用是利用社交媒体平台发起与潜在用户的互动。企业的社会化营销团队不仅可以关注在社交媒体上的用户，监控用户对于相关产品与服务的关注，并且可以实时发起与潜在用户的互动，持续深化与潜在用户的关系，促进对企业产品与服务的兴趣，并且适时地发起社会化营销活动来促进成交。

4. 减少整体营销预算投入

社交媒体营销当然也需要投入，但是应用得好，企业的整体营销预算反而会大大减少。这是因为社交媒体有着其他传统媒体和网络媒体所不可替代的传播效应，一方面社交媒体网络的开放性吸引了大量的注册用户，另一方面有关产品与服务的信息可以利用社交媒体网络以更低的成本、更快的速度来进行传播。如果企业能够将社交媒体与视频营销、病毒营销结合起来，常常能够达到意想不到的营销效果。荷兰皇家航空公司(KLM)就在 2011 年 3 月新开航的迈阿密航线上，成功地运用社交媒体营销传播，利用 Twitter 发起话题，通过 Youtube 实现视频分享，以极低的投入对于这条新航线的推广起到了意想不到的传播效果，同时也大大增加了 KLM 的品牌美誉率。

二、社交媒体营销的主要劣势

社交媒体营销虽然有传统媒体不可比拟的优势，但由于互联网的传播特性也带来了一些目前还无法解决的问题以及风险。主要如下。

1. 竞争激烈

社交媒体上的内容庞大，竞争非常激烈。许多公司都在社交媒体上进行营销推广，导致品牌需要不断推出创新内容以吸引用户。与此同时内容品质的要求也很高，否则容易被淹没在海量信息中。从用户角度来说，用户可能因为信息过载而无法筛选出有价值的内容。

2. 隐私和数据安全问题

社交媒体平台在收集用户数据时可能存在隐私泄露的风险,用户的个人信息和行为数据可能被滥用或泄露。

3. 虚假信息和谣言

社交媒体上存在大量的虚假信息和谣言,这些信息可能会误导用户,影响其做出正确的决策。另外社交媒体上还可能会出现一些恶意言论和不良内容,如诽谤、辱骂等,这些内容可能会对用户的心理健康造成负面影响。

4. 法律风险

品牌在社交媒体营销中可能面临法律风险,如侵犯知识产权、虚假宣传等,这些风险可能导致品牌面临法律纠纷和罚款。

要应对这些劣势,需要在社交媒体上进行传播的同时,确保数据安全和隐私保护,收集和使用用户数据时符合相关法律法规,提供高质量的内容并加强内容筛选。通过算法和技术手段帮助用户筛选出有价值的信息,减少信息过载的影响。建立危机应对机制,及时处理负面信息和危机事件,维护品牌形象和信誉。合法合规营销,确保营销活动符合法律法规要求,避免虚假宣传和侵权行为,等等。

第三节　社交媒体营销的流程和策略

社交媒体营销的流程和相应策略如下。

一、精准定位目标受众,选择合适的社交平台

通过市场调研了解目标受众的兴趣、需求、行为习惯以及他们在社交媒体上的活跃时间,构建详细的目标受众画像,并通过数据分析理解目标用户的需求和痛点,制定针对性的营销策略,这是成功进行社交媒体营销的关键。例如,针对年轻人群体,可关注他们的生活方式、兴趣爱好及他们在社交媒体上的活跃时间,从而制定出更有吸引力的内容。

目前,国内一些知名社交平台都有着清晰的用户画像。

比如,在抖音平台的用户画像中,女性比例明显高于男性。在年龄上,80后、90后是其主要用户群体,其中以90后最为活跃。抖音用户群体以女性为主,同时有着较为明显的年轻化特征。因此在抖音上从事时装服饰、化妆品、珠宝首饰、国潮等较为年轻、时尚的产品销售会比较容易获得大量受众。

快手主要面向下沉市场,尤其是三线及以下城市和农村地区,这些地区的用户占比高达60%以上。其中男性占比约为60%,女性占比约为40%。快手上的年轻用户非常多,青少年和年轻人是快手的主要用户群体。他们对于潮流时尚、音乐舞蹈和创意短视频比较感兴趣。而中老年用户则更多地关注养生健康、旅游和家庭生活等方面的内容。在三

四线城市中,18—35 岁的年轻人占比超过 70％,覆盖了各个地域和多个兴趣领域。根据这些用户特征,在快手上经营健康养生、搞笑幽默、美食和生活趣味类产品会有较好的效果。

　　小红书近年来越来越成为国内知名社交及电商平台。在性别分布上,小红书的用户以女性居多,占比超过八成。在年龄结构上,小红书用户年龄相对年轻,18—30 岁的用户占比超过七成。在用户喜好方面,小红书的用户比较爱好护肤、彩妆、穿搭、美食等方面的内容,平台上有大量的产品分享与试用报告等。因此,小红书在这些领域也具有较强的影响力。在用户消费能力方面,相对于其他社交电商平台,小红书的用户消费力相对较高,比较偏爱高价位的产品。

　　微信公众号属于公域流量,但是公域的范围比抖音等上述平台要小一些。微信公众号的用户画像分析是指对关注该公众号的粉丝数据进行统计分析,主要分为用户增长与用户属性两部分。总体来说,微信公众号的用户数量相对较少,以发布深度内容文章为主。

　　在国外,Instagram(照片墙)适合视觉内容,用户年轻化,适合时尚和生活方式品牌。TikTok 适合年轻用户,尤其是 Z 世代,适合短视频营销。Facebook 是全球最大的社交媒体之一,用户群体庞大,适合广告投放和定向推广。而 YouTube 是最大的原创视频平台,适合视频营销和网红合作。

　　在了解了不同社交媒体平台的特点、用户群体和活跃度之后,企业要选择与品牌和目标受众最匹配的平台,并开建多个账号,形成全网覆盖。

二、创建高质量的内容

　　针对不同平台的风格和调性,结合文字、图片、视频、直播等多种形式,创作有趣、有用、有价值的内容。企业可以选择多种平台打造矩阵营销,比如制作短视频在抖音、微信视频号等平台上投放,制作广告或宣传软文在微信公众号发布,也可以制作海报或图片在微信、今日头条等媒体平台上发布。一般来说,企业发布的营销内容以 PGC 专业制作为主,但也可以适当结合个人博主的账号,将专业性与较为随意的内容互相搭配,反而更有网感,能起到较好效果。

三、加强用户的社交互动

　　社交媒体区别于传统媒体的最大特征是拥有社交功能,一个账号的粉丝量和其内容的评论数和转发量的多少是其营销成功的关键。互联网时代,流量是营销的基础,而粉丝则是忠诚客户。要保持一个账号的流量和粉丝,需要时时刻刻进行用户运营。可通过与用户进行高密度的社交来加强账号的运营,比如积极回复用户的评论和私信,举办抽奖、问答、挑战赛等活动。这一方面可以提升品牌的曝光度和认知度,另一方面可以提升用户的忠诚度,强化他们和品牌之间的黏性。

四、进行广告投放

利用社交媒体平台的广告投放功能,根据目标受众的特征和行为进行精准定位,测试不同的广告创意和文案,并根据数据反馈进行优化。比如,广告是需要增加品牌知名度、提高产品销量、引导用户注册还是促进用户参与? 如果是为了提高品牌知名度,重点可扩大广告的曝光量和覆盖范围;如果是为了促进销售,需要设置更有吸引力的促销活动,并在广告中明确引导购买的行动呼吁。

社交媒体广告也有一些技能可以使用,比如可在广告中清晰地突出产品或服务的核心卖点和优势,让用户能够快速了解其价值,或是通过讲述一个引人入胜的故事来传达品牌理念,更好地引发用户共鸣。社交平台上的广告还需要大量使用高质量的视觉元素,用有吸引力的图片和视频,配合简洁明了的文字,提升广告的吸引力。最后,可通过限时优惠、限量供应等方式制造紧迫感,促使用户尽快采取行动。

五、数据分析与优化

定期分析社交媒体数据,了解用户行为和喜好,评估营销活动的效果,根据数据反馈调整营销策略和执行计划。

六、整合营销资源

将社交媒体营销与其他营销渠道(如搜索引擎营销、电子邮件营销等)相结合,确保在不同渠道和平台上的品牌形象与信息保持一致。

通过以上步骤,企业可以系统地开展社交媒体营销活动,提升品牌知名度和用户互动,最终实现销售增长和品牌传播的目标。

第四节　案例分析：拼多多的病毒营销

拼多多成立于 2015 年 4 月,是国内移动互联网的主流电子商务应用产品平台,也是最具创新性和影响力的电商平台之一。2023 年全年营收为 2 476 亿元,同比增长 90%。其财报显示拼多多 2024 年第一季度实现营收 868.1 亿,同比增长 130.66%;实现净利润280 亿,同比增长约 246%;2024 年 8 月 5 日,首次登录《财富》世界 500 强排行榜,位列第442 位。拼多多用业绩实力让市场相信,其主站的增长空间还远没见顶。

拼多多之所以能够取得如此惊人的成绩,与其独特的病毒营销模式有着密不可分的关系。这种病毒营销模式是一种社交裂变式营销模式,指通过用户之间的社交关系和网络效应,实现用户口碑传播、快速增长和低成本获取的一种营销模式。它并不基于某一个专业的社交媒体平台,而是在它自己的电商平台上发起了社交传播,并以此形成独特的营销模式从而获得成功。我们分析拼多多的社交媒体战略如下。

一、拼团：用低成本实现流量自增长

著名营销学家杰克·特劳特的"定位"理论指出，企业必须力图在潜在客户心中占据一个与众不同的位置才能够获得好的发展。拼多多在品牌创立之初，就给自己贴上了"便宜"的标签。这是拼多多充分研究了当时的用户背景，并将目标用户聚焦于下沉市场后决定的。

拼多多的品牌定位符合下沉人群在消费过程中的核心需求，它格外专注于"长尾理论"中"尾部"消费群体。拼多多选择下沉市场作为主要战场，一方面是因为下沉市场消费能力的崛起，另一方面是因为一二线市场用户已经接近饱和。这也是拼多多相对于淘宝、京东进行错位竞争的战略。因此，它利用人们求便宜的心理迅速在下沉市场打开知名度。有关数据显示，拼多多的用户65%来自三四线城市，仅有7.56%来自一线城市。

拼团购物是一种社交购物模式，也是拼多多区别于其他电商平台的核心商业模式。传统电商平台的逻辑是：用户产生需求，主动搜索商品，单独进行购买并以原价下单，商家接单后发货。在这一模式下，商家需要以推广为核心主动进行营销以赢得客户。这种模式获客成本高，用户转化率低。

而拼多多的拼团模式则是以低价吸引用户，依靠用户关系进行运营，发起拼单后的商品可以分享给其他用户或潜在用户进行参与，拼团后将订单提交给商家。因此，"便宜"也是让用户拼团的基础。拼多多的购买界面有单独购买和拼团购买两种价格，以单独购买的高价衬托拼团带来的低价，用户在低价的利益驱动下发起拼单并分享，此时用户本身成为免费的产品推广者，商家无需耗费运营成本就能够实现产品的推广和客户获取。拼多多通过提供低价、优惠、返利等激励机制，鼓励用户邀请好友或参与团购，在线上形成了一个个"拼团"社区，在线下形成了一个个"拼友"圈子。这样既降低了用户的购买成本和风险，又提高了用户的购买乐趣和归属感，同时，也为拼多多带来了大量的新用户、忠诚用户和活跃用户，以及海量的流量、数据和收入。据财报数据，拼多多平均每天有超过1亿次的邀请行为发生，每次邀请的成本低于0.1元，每次邀请的转化率高达30%，参与行为呈现高频、高效、高黏性的特点。

并且，基于庞大的消费者基数，平台和产品的信息触达率也得到上升。这一模式的优势在于，以用户间的关系作信任背书，通过用户自发分享获得流量，获客成本低，用户转化率高，利润空间大，低成本实现流量自增长。

二、分享：裂变式社群推广营销

除了拼团模式外，红包分享等促销活动也是拼多多获取新用户的主要形式。拼多多在推出拼团模式的同时还同步推出了"助力享免单""砍价免费拿"等系列促销活动。对其促销活动内容进行分析，不难发现这类活动大多具备以现金奖励吸引用户参与，进而实现社交裂变的特点。活动通过红包、免单等奖品激励吸引用户参与,并引导用户通过分享链接邀请用户砍价或者拼团获取奖励。拼多多这一系列活动准确把握了消费者尤其是刚接入互联网的下沉市场的消费者心理。

首先,当新用户首次触网时相当一部分新用户还没有网络钱包,这部分新用户通过抢红包等行为获得的现金就成为其网络钱包中的第一批资金,用户要使用这部分资金就需要进行购物,拼多多由此成功地将这批用户引入网购平台。

其次,这种模式是一种让平台和用户双赢的模式。求便宜是消费者普遍存在的心理,对用户来说,他们用普遍存在的社交关系换来了金钱;对平台而言,平台用金钱换来了电商平台发展过程中最重要的流量,并且这部分红包奖励也会在后续过程中激励用户在平台上进行消费。就具体的互动设置来说,促销活动采取了先易后难的模式,参与活动的用户前期可以快速对任务进行推进,随着任务的进行难度逐渐提升。但用户面对即将能够完成的任务和获得的奖励,往往不愿意轻易放弃。这样的模式更容易让用户陷入沉没成本,促使他拉动更多人来这个平台进行消费。并且就拉人奖励而言,拉动新用户的奖励力度大,老用户奖励力度小,这也激励参与活动的老用户不断挖掘新用户。

而且,用户还可以在拼多多上和其他消费者分享购物心得,交流购物技巧,真正实现"购物即社交"的理念。拼多多2023年财报显示,2023年上半年,拼多多的拼团订单量同比增长40%,而通过社交分享带来的新用户占比高达55%。2023年上半年,拼多多平均每天有超过1亿次的购买行为发生,每次购买的金额高达245元,每次购买的增长率高达23%①。

三、反馈:增加用户信任感和归属感

拼多多通过提供各种保障、评价、反馈等机制,增强了用户对拼多多平台和内容生产者的信任感、归属感和成就感。根据财报数据,2023年上半年,拼多多平均每个用户访问了拼多多平台17.4次,同比增长13%,平均每个用户停留在拼多多平台24.6分钟,同比增长11%。这些数据说明拼多多用户对拼多多平台和内容生产者的信任感较高,且呈现出稳定增长的趋势。

归属感是用户在拼多多社交营销模式中最高层次的心理需求。它来源于用户对拼团社区和拼友圈子的认同和参与。拼多多通过提供各种社交功能和平台,培养了用户对拼团社区和拼友圈子的归属感。根据财报数据,2023年上半年,拼团活动参与人数达到4.2亿,同比增长32%;社交分享行为次数达到1.1亿次,同比增长21%。这些数据说明拼多多用户对拼团社区和拼友圈子的归属感较高,而且呈现出快速增长的趋势。

成就感是用户在拼多少社交裂变式营销模式中最重要的心理驱动力,它来源于用户通过邀请、参与、购买、分享等行为获得的优惠、收益、成长等回报。

---

① 小小李娱:《拼多多社交裂变式营销模式究竟有多大的效果和影响?》,2023年10月25日。

拼多多社交营销模式是利用用户之间的社交关系和网络效应，实现用户口碑传播、快速增长和低成本获取的一种营销模式。这种模式通过提供各种激励机制、商品或服务、社交功能和平台，满足了用户的各种心理需求，如满足感、信任感、归属感、成就感等，从而促进了用户的各种行为，如邀请、参与、购买、分享等，从而带来了巨大的营销效果和影响，如新用户、忠诚用户、活跃用户、流量、数据、收入等。

拼多多病毒营销模式的优势在于它能够充分利用用户的社交资源和网络效应，实现低成本、高效率、高增长的营销目标。它也能够充分满足用户的消费需求和社交需求，实现高质量、高价值、高黏性的用户体验。它还能够充分创造用户的消费价值和社交价值，实现高收益、高影响、高传播的市场效果。

不过，拼多多的病毒营销模式也存在一定的劣势。主要劣势是面临着一些挑战和风险，如市场饱和、竞争激烈、政策限制、用户疲劳等。它也需要不断地创新和优化自己的产品或服务、激励机制、社交功能和平台，以适应用户的需求变化和市场的发展趋势。它还需要不断地监测和评估自己的营销效果和影响，以防止出现负面的口碑或品牌危机。

📖 思考题

1. 请你阐述社交平台媒体营销传播的优势和劣势。
2. 请你说出目前国内外具有影响力的社交媒体平台，并描述其用户画像。
3. 病毒营销等同于社交媒体营销吗？为什么？

精讲视频

第十四章　电商直播带货

第一节　直播带货的含义

直播带货是一种通过网络直播手段进行产品销售的行为,由主播在直播间里通过视频直播推介产品进行销售,让用户在观看直播间时瞬间买单。最初,直播行业主要依靠打赏和广告来变现,但随着时间的推移和互联网的快速发展,"直播+电商"成为一种新的营销手段。

"直播+电商"以直播为工具,以电商为基础,通过直播为电商带来流量,从而达到为电商销售的目的。在直播带货中,衡量一场直播质量的核心指标被称为 GMV(电商直播平台在一定时间内所实现的商品交易总额,全称为 Gross Merchandise Volume,即总商品交易额)。GMV 的计算公式为:GMV =(展现 PV×直播间 CTR)×(购物车 CTR)×(商品 CVR)×客单价。优化这个公式中的各项指标,如直播间的场景搭建、主播的话术和商品选择等,都是提高 GMV 的关键。

第二节　直播带货的发展历程和重要元素

直播带货起源于中国。它经过萌芽期、发展期和爆发期三个阶段,并且仍然处于不断的发展之中。

一、直播带货的发展阶段

1. 萌芽期(2016—2017 年)

2016 年,电商平台开始推出直播功能,将商品展示与直播形式相结合,这是直播带货的萌芽阶段,参与的商家和消费者还比较少。2016 年 6 月 20 日晚上 8 点,淘宝网红张大奕第一次开通了自己的淘宝直播间,当天直播观看人数超过 41 万,点赞数超过 100 万,当日店铺成交额近 2 000 万,刷新了由淘宝直播间向店铺进行销售引导的销售纪录。这一年,张大奕与涵母公司合作成立的杭州奕涵电子商务有限公司实现盈利 2.28 亿元,净利润达到 4 478.32 万元。与此同时,国内的直播进入诸多行业,美妆直播进入大众视野,众多淘宝商家也开始纷纷开直播店。随着智能手机和 4G 网络的普及,2017 年被认为是直播带货的诞生之年,这一年双十一期间,众多主播借助淘宝等直播平台取得了惊人的销量。

2. 发展期(2018—2020 年)

随着社交电商的快速发展和短视频平台的崛起,直播带货开始被更多的商家和消费者接受。这个时期,直播带货的商业模式逐渐成熟,各大电商平台和内容平台纷纷布局直播带货领域。2018 年,抖音在短视频和直播中进行大规模电商带货,抖音、快手等平台开始通过自营小店,或者与传统电商平台合作来寻求红人经济的变现渠道;淘宝直播登上手机淘宝第一屏,其 DAU(Daily Active User,日活用户)迅速突破千万。2019 年是 5G 元年,微信公众号也首次尝试直播带货,以短视频内容打造获取超高流量的社交平台。在国内,大批兴起的 MCN 机构开始重视网红的孵化,配合各平台推广获取收益,使直播带货成为一种席卷全民的力量。

3. 爆发期(2021 年至今)

随着 5G 网络的普及和短视频的流行,直播带货进入了爆发期。疫情期间,大量的线上购物需求更为处于行业风口的直播带货增添了一把火。直播带货在消费者生活中的地位越来越重要,逐渐成为人们购物的主要方式之一。截至 2023 年底,我国职业网络主播数量已达 1 508 万人,主要短视频平台,如抖音、快手、微博、B 站等,日均短视频更新量近 8 000 万,日直播场次超 350 万场。

直播带货的玩法多样,主流是"秒杀"模式、达人模式、店铺直播等。

"秒杀"模式也被称为是饥饿营销,它利用消费者的"贪便宜"的心理,再加上像"优惠仅限今天,过时不候;秒杀款库存只有 20 件,拼手速的时候到了;机会不多,先到先得"等话术,激发用户的购买欲。此外,主播和品牌方合作的方式可以帮助商家带来产品销量的突破,比如主播掌握核心产品的价值,从中拿出一定数量的产品,用低价来回馈粉丝,进行限量销售,既为直播间的粉丝谋取了福利,也达到了商品的销量翻番。

达人模式是指商家通过与网红、明星等达人合作,利用他们的知名度和粉丝基础进行商品推广和销售。达人通过直播或短视频的形式,展示和使用商品,吸引观众关注并促进购买。这种模式的核心在于达人的专业形象和影响力,能够有效地提升商品的曝光度和信任度。

店铺直播也被称为实地直播,一般是主播走进原产地进行现场直播,产品大多都是一些水果、农产品。直接到产地进行直播带货,可以做到现采现发,产品会足够的新鲜。其次,消费者通过直播间也可以看到产品的生长环境,进一步增加客户的信任感,如果产品足够好的话,无形之中会增加消费频次,助推成为回头客。最后,就是这种产地实地直播的方式性价比是很高的,不仅品质有保证,而且省下了中间渠道赚的差价,两全其美,商家卖得省心,粉丝买得放心。

目前淘宝系店铺更注重店铺直播,价格是王道,更依赖产业链驱动;而其他平台,如抖音、快手等,更注重多元化直播,商品是王道,同时更依赖达人的人设驱动。

二、直播带货的重要元素:"人""货""场"

(一)人:主播的人格魅力和专业能力

"人"主要包括两类:一是带货的"主播",二是购货的客户。主播是直播中的核心人物,他负责展示和介绍产品,与观众互动,解答疑问。主播的形象、沟通能力、销售技巧和产品知识对吸引观众和促成交易至关重要。如果一个主播通过长期的内容创作能够与粉丝建立深度信任关系,就能够使他们在推荐产品时具有较高的说服力,客户会更愿意相信他们推荐的商品。

好的主播通常能够决定进入直播间的流量是否能够停留下来。他们不仅需要具备良好的口才和表达能力,还要拥有一定的专业知识和亲和力。一个优秀的主播能够通过生动的产品展示和互动,引导用户的购买行为。主播的个人魅力、专业性和与观众的互动频率,直接影响着直播的效果和产品的销售。以头部带货主播李佳琦为例,他之所以广受欢迎取决于几个方面的特征:一是个人魅力。李佳琦以其亲切、活泼、幽默和真诚的形象吸引了大量粉丝。他的直播风格轻松愉快,观众感觉像是在与朋友聊天,这种互动方式让他拥有了一大批忠诚的粉丝。二是专业能力。李佳琦在成为主播之前,曾在欧莱雅担任专柜彩妆师,拥有丰富的美妆业务经验和专业知识。他对产品的熟练度和专业基础使得他在推荐产品时能够做到公允中立,帮助消费者快速排雷,建立了"听李佳琦没错"的信任感。三是公平公正的推荐。李佳琦在推荐产品时敢于直言不讳,对好的产品会大力推荐,对不好的产品会直接批评。这种毒舌风格帮助消费者避免了一些不必要的消费陷阱,增强了观众的信任感。基于他与用户建立的良好信任关系,在 2018 年双十一当天,他在淘宝直播间创下了 5 分钟卖出 1.5 万支口红的奇迹;在 2019 年双十一当天,李佳琦直播间观看人数有 3 583.5 万;2024 年双十一,李佳琦又拿下首个销售日的销售冠军。

从用户的营销行为来看,用户从过去的主动消费变成了直播间的被动消费。用户基于视频能够更加全面地了解产品和服务,解决了直观体验的信息差。所看即所得,这是与传统营销不一样的地方。此外,由于直播中主播和用户可以直接互动,加强了主播与用户的交互,这也使用户得到个性化体验。

(二)货:产品选择与供应链管理

在直播带货中,"货"是核心载体。最终决定停留下来的用户能否购买,主要取决于商品知名度、性价比等方面的要素。优质的产品是吸引用户和促成交易的关键,选择合适的产品不仅要考虑市场需求,还要关注产品的展示效果和使用性。产品的独特性和高质量是提升用户购买欲望的重要因素。在直播过程中,产品的细节展示、使用效果演示和优惠政策,都是影响用户购买决策的关键因素。

供应链管理也是直播电商成功的关键环节,一个高效的供应链系统能够确保产品的及时供应和配送,提高用户的购物体验和满意度。商家需要注重库存管理,物流配送和售后服务,通过优化供应链流程,降低运营成本,提高服务质量,增强市场竞争力。

直播电商实现了"去中间商"的流程,拉近了产品原产地的目标。过去商家需要采购,把货存进仓库,然后商家寻找中间商或者代理与客户对接。而现在这一过程被略去,同时商家可以用视频来代替原来的图片展示,以一个更真实和直观的方式展示产品。所以不管是货品的展示还是货源的供应商,直播电商都拉近了货品与客户的距离,缩短了客户的决策时间。

(三) 场：平台选择与直播环境

直播电商中的"场"主要指直播的平台和环境,它决定直播间获取流量的多少。一个用户是否愿意进入直播间取决于场景搭建是否有吸引力,因此商家选择合适的直播平台是成功的第一步。不同的平台拥有不同的用户群体和技术优势,商家需要根据自身品牌定位和目标用户选择最合适的平台,如是选择淘宝直播,还是选择抖音或快手等。

不同于传统的货架和卖场,直播带货的场变成了"千里眼"和"顺风耳",去掉了场地和时间的限制。依靠技术和设备的升级改革,商家通过手机直播可以在任何时间任何场景展示产品,具有很强的时效性。

直播环境的布置直接影响观众的观看体验和购买决策。一个良好的直播环境应具备专业的设备、良好的灯光、清晰的画质和舒适的背景布置。通过打造一个高品质的直播环境,商家可以提升直播效果,增强用户的观看体验和参与感。此外,稳定的设备连接和专业的技术支持也是确保直播顺利进行的关键因素。

总体来说,直播电商作为一种新兴的购物模式,以其独特的优势迅速发展,成为商家拓展市场的重要手段。在这一过程中,人、货、场三大要素发挥着至关重要的作用。商家只有深刻理解并灵活运用这三大要素,才能在激烈的竞争中脱颖而出,实现商业目标和价值的最大化。通过优化主播团队、提升产品质量和优化直播环境,商家可以为用户带来更优质的购物体验,赢得更多的市场份额和消费者信任。

第三节　直播营销的优势和特征

直播营销是一种营销形式上的重要创新,非常能体现出互联网视频特色。对于广告主而言,直播营销有着极大的优势。

第一,在某种意义上,在当下的语境中直播营销就是一场事件营销。除了本身的广告效应,直播内容的新闻效应往往更明显,引爆性也更强。相对而言,一个事件或者一个话题,可以更轻松地进行传播和引起关注。

第二,能体现用户群的精准性。在观看直播视频时,用户需要在一个特定的时间共同进入播放页面,但这其实与互联网视频所倡扬的"随时随地性"背道而驰。但是,这种播出时间上的限制,也能够真正识别出并抓住这批具有忠诚度的精准目标人群。

第三,能够实现与用户的实时互动。相较传统电视,互联网视频的一大优势就是能够满足用户更为多元的需求。用户不仅仅是单向的观看,还能一起发弹幕吐槽,实现社交属性,甚至还能动用民意的力量改变节目进程。这种互动的真实性和立体性,也只有在直播的时候能够完全展现。

第四,深入沟通,情感共鸣。在这个碎片化的时代里,在这个去中心化的语境下,人们在日常生活中的交集越来越少,尤其是情感层面的交流越来越浅。直播这种带有仪式感的内容播出形式,能让一批具有相同志趣的人聚集在一起,聚焦在共同的爱好上,情绪相互感染,情感共鸣,形成良好的氛围。如果品牌能在这种氛围下做到恰到好处的宣传,其营销效果可以四两拨千斤。

第五,高转化率。直播带货的核心优势在于其高转化效率和实时互动性。一个直播间可以同时展示多个产品,主播通过实时互动讲解,增强观众的购买欲望。此外,直播带货的投放简单,能够带动自然流量转化率提升近60%。提前预告和福利活动也是吸引和留住观众的有效方法。此外,直播带货的特点是绕过了经销商等传统中间渠道,实现商品和消费者直接对接,可以较大幅度降低商品价格。直播带货具有互动性强、亲和力强和消费黏性强的特点,为消费者提供了更好的消费体验,同时也为质量有保证、服务有保障的产品打开了销路。

第四节　直播带货的营销策略和流程

成千上万的主播通过直播平台,借助产品介绍和特殊的销售技巧,成功吸引了大量消费者。要在直播带货中取得成功,需要掌握一些有效的直播营销策略,当然也要符合整合营销传播的基本流程。

一、确定目标受众、掌握流量

新媒体的营销运营中,由于用户群体分散,且营销活动都在线上进行,公司是无法提前了解和接触到目标用户的。在新媒体平台运营中,最重要的是要掌握"流量",流量是互联网所有营销的前提。

新媒体流量,通常是指通过新媒体平台(如微博、微信、抖音等)产生的用户访问量或信息传播量。这个概念类似于传统媒体中的发行量或收视率,只不过新媒体流量更侧重于数字表现和传播效果。一个平台能否获得足够的流量往往取决于以下几个因素。

（1）内容质量。优质、有趣、有料的内容往往更能吸引用户关注，从而产生更多的流量。

（2）推广力度。通过各种方式进行推广，如广告投放、社交分享等，可以有效提高流量。

（3）话题热度。热门话题往往能引发大量用户关注，从而带来更多的流量。

（4）用户行为。用户的使用习惯、访问路径、停留时间等都会影响流量的多少。了解并优化用户行为，有助于提高流量。

（5）用户增长分析。用户增长能够直观反映当前关注该公众号的粉丝数量的增长趋势，它包括以下四个部分：一是新关注人数，即新媒体平台在某一时间段内增加的新的用户数量；二是取消关注人数，即在某一时间段内丢失的用户数量；三是净增关注人数，即公众号实际增加的关注用户数量；四是累积关注人数，即该公众号当前所拥有的用户总量。

（6）用户属性分析。用户属性分析主要从用户的性别、语言、地域和终端等方面进行分析，包括以下内容：一是性别和语言分析，统计男女性别比例和主要使用的语言，指导微信运营人员在制作图文消息时使用合适的语言；二是地域分布分析，了解用户主要来自哪些地域，从而进行地域化的内容推送；三是终端类型分析，分析用户主要使用哪些终端访问新媒体平台，优化适配不同终端的用户体验。

二、选择合适的公域或私域平台

互联网平台上的流量又分为公域流量和私域流量两种。公域流量是指商家直接入驻平台实现的流量转换，如拼多多、京东、淘宝等电商平台，以及内容付费平台的流量。公域流量具有以下特点：一是共有性，公域流量不属于单个企业，而是被多个商家共同使用；二是付费性，公域流量通常需要付费购买，且价格会随着时间推移而上涨；三是平台依赖性，商家需要依赖平台分配的流量进行营销和销售。

私域流量是指从公域（如互联网）或其他平台引流到自己私有的领域（如官网、客户名单）、朋友圈，以及私域本身产生的流量。私域流量可以进行二次以上链接、触达、发售等市场营销活动，属于企业私有的经营数字化资产。私域流量具有以下特点：一是私有性，私域流量属于企业私有，可以重复利用；二是低成本，相比公域流量，私域流量的获取和利用成本较低；三是可控性，企业可以自主控制和管理私域流量，制定用户规则。

对于直播带货来说，商家可根据产品的情况选择适合带货的公域或私域平台，也可同时选取几个不同的新媒体平台进行直播活动。公域平台中企业需要借助第三方的流量资源完成直播，而私域平台则可以通过专业的企业级直播平台发布信息。每个平台有自己的调性和粉丝群体。选对了平台，基本就可以锁定一个大致有效的目标客户群体。

三、制定直播带货计划

这主要还是从"人""货""场"三个方面来制定直播带货计划。

　　人设打造策略：以主播的性格、才艺、颜值等特征为基础，打造一个具有明显差异化的人设，展示产品的亮点，戳中观众的购买点，在直播中展示个性特点，提升观众的认知度和好感度，吸引更多的观众购买产品。主播可以通过塑造独特的形象、使用特定的口头禅或表情等方式，树立自己独特的品牌形象。与此同时，企业要与知名 KOL（Key Opinion Leader）或网红合作，借助其影响力扩大产品的曝光度。通过邀请 KOL 与自己进行联合直播、合作推广等方式，吸引更多观众的关注与购买。

　　产品选品策略：直播带货的第一步是选取具有市场潜力的产品。合理的产品选品策略能够吸引更多的关注和购买欲望。在选取产品时，要考虑产品的市场需求、竞争情况和消费者口碑等因素，充分提供具有竞争力的产品。在直播前，主播要对产品进行全面了解，并准备好相关的产品资料、案例和优惠活动。同时需要提前规划好直播的内容和演讲稿，确保直播过程能够流畅地进行。突出产品优势，讲好品牌故事。在推销产品时，要着重强调产品的独特优势和差异化价值。同时，讲好品牌故事，让观众了解品牌的理念、发展历程和产品背后的故事，从而提升品牌的认知度和好感度。

　　商品展示技巧策略：商品的展示方式直接影响到销售效果。主播可以通过多角度展示、演示产品使用方法以及分享产品的优点等方式，增强观众对商品的认知，更好地推动购买行为。在直播过程中，主播要清晰地展示产品的特点和功能，通过讲解和示范让观众了解产品。可以结合实际应用场景，展示产品在解决问题和满足需求上的优势。

四、选择适当的营销技巧

　　除了人、货、场的关键因素之外，在营销的过程中还有些具体的技巧需要掌握。

1. 塑造专业人设和专家形象

　　如前文所述，主播人设是直播带货中最重要的因素之一，而把自己的人设打造成一个专业的形象会对营销起到重要作用，因为很多人在下重要决定的时候都愿意参考专家的意见。比如，李佳琦精心打造的人设就是一个美妆领域的专家。在李佳琦的直播间，客户经常会听到化妆、护肤方面专业知识的讲解：什么叫点状遮瑕，什么叫片状遮瑕，粉饼和散粉的区别是什么，等等。诸如此类的知识性内容，恰好是观众需要，会愿意有更多耐心聆听的。而主播讲解此类内容的过程，就是在建立观众心智中专家形象的过程。另外在讲解时，既要有专业名词术语，又要通俗易懂，这样既能显得专业水平高，又能用大白话让客户听明白问题以及解决方案。

2. 话术技巧运用策略

　　直播带货中的话术技巧非常重要，它能够加强主播与观众之间的互动，提高购买转化率。主播可以通过情感化的言辞、制造紧迫感、细致地解释产品功能等方式，引发观众的兴趣和购买欲望。

　　比如，李佳琦的话术归纳起来就是"找到痛点＋放大痛点＋引出产品＋提升价值＋降低门槛"。他在推荐一款化妆品时，首先会说：很多女生脸上长痘（找到痛点），如果采用一般的水杨酸产品，特别容易烂脸，国际品牌也是如此(放大痛点)。欧莱雅奶盖水来了(引出产品)，给大家推荐一款水，是欧莱雅专门研发的，适合于所有女生(提升价值)。淘宝天猫店 280，佳琦直播间 226 买一瓶送一瓶再送一个面霜给大家(降低门槛)[①]。

另外他还会用到明星效应来促使用户下单。比如，"我没办法拥有某明星的车子、房子、容颜、名气……但至少我可以凭我自己的努力，拥有一支同款的口红、帽子、面霜……"等，"或许用了明星同款，我也能更漂亮一些……那样也更容易成功，赚更多的钱……"实践证明，明星同款的话术总是能够屡试不爽，让用户很快下单。

3. 促销活动策略

直播带货与团购活动结合，能够形成购买的集体氛围，刺激消费者的购买欲望。主播可以通过设置团购折扣、限时特价等方式，吸引更多的观众参与，提高购买转化率。

优惠券是直播带货中常用的促销手段，能够刺激消费者的购买行为。主播可以通过发放优惠券、设立满减和满赠等促销活动，吸引观众购买产品，并给予一定的价格优惠。

运用饥饿营销，创造紧迫感。在直播过程中，可以设置一些限时促销活动，如打折、赠品等，来刺激观众的购买欲望。同时，要提醒观众抓住优惠时机，增加购买的紧迫感，促使观众尽快下单。比如，李佳琦直播间的商品是逐步上架的。A 商品备货可能有 1 万套，但是第一次上架只上 1 000 套，等秒光了再上几千套，再秒光，再上……这样的好处有两个：一是人为营造了上架一款，短时间秒光的火爆氛围；二是调动了用户"抢"的心态。"抢购""稀缺""过时不候""数量有限"，这些都是在唤醒人的大脑中关于安全的本能，"怕失去""怕错过"的优先级，远远高于"这个东西到底对我有多大用""这个东西到底划算不划算"这类的理性思考。

4. 合理定价

直播带货的产品定价要合理，既要考虑产品的成本和市场竞争，又要符合观众的消费心理。比如，李佳琦作为淘宝直播的头部网红，能够与品牌方进行压价，确保直播间产品的价格具有竞争力。品牌方通常会将价格压到五折左右，并签署保价协议，以保证直播间的核心竞争力。他在卖咖啡时，会对比 7 - 11 便利店的价格；卖大牌化妆品，他会对比线下专柜的价格…… 这些参照物，都是同款商品在现实中价格比较贵的地方。通过有图有真相的展示，能够体现出他的直播间的巨大价格优势。

5. 与用户互动、建立信任

与观众的互动是直播带货的核心内容之一，也是建立用户忠诚度的关键。主播可以通过与观众进行问答互动、抽奖等方式，加强与观众的互动，提供售前售后服务等措施，提高观众的参与度和购买欲望。销售过程中建立信任是非常重要的。主播可以分享产品的相关证书、用户评价和品牌故事，让观众感到产品的可信度和品牌的价值。同时要保持真诚、友善的态度，与观众建立良好的关系。李佳琦在直播中会分享个人使用感受，真实评

---

① 抖音之账号"张振有点料"：《干货，李佳琦四步销售方法话术》，2021 年 1 月 8 日。

价产品优缺点,建立"男闺蜜"般的信任感。这种真实的评价方式让消费者更容易接受推荐的产品。

此外,李佳琦还会押上自己的信用。在遇到好货时,他会向客户推荐这个是"李佳琦自用款"。"自用"的背后,是敢于押上自己的信用给产品担保,敢于拿出自己的皮肤健康给产品担保,让观众更容易将主播看作与自己同一立场。这样消费者更容易相信主播的描述。

6. 多种趣味实验演示

除了真人演示之外,李佳琦直播间还有多种趣味实验,来展示与产品核心卖点相关的特性。比如,用洗面乳打泡泡,然后在打出的泡泡上放一枚硬币,泡泡不塌,说明泡泡的密致细腻;又如,在粉饼上滴一滴水,水珠不会渗入粉饼,甚至粉饼下水不会散掉,说明粉饼的隔水性好(不容易被汗水冲掉);再如,粘钩吊哑铃+一桶纯净水,说明粘钩超强的承重能力等。这些实验能够增加客户对产品的进一步信任。

7. 善表达:讲故事,做类比,讲场景

会讲故事、做类比、讲场景,可以让营销的说辞更有影响力。人人都爱听故事,销售讲故事会让客户更容易接受。但销售的故事讲得好不好,客户愿不愿意听很重要,更重要的是所讲的故事要与推进销售有关,要与正在推荐的产品的核心卖点有关。

比如,李佳琦想说一款护肤水对皮肤的修复能力很强,他讲了这样一个故事:那个国家古代皇室出外打仗负了伤,就会回来泡在这种水里去养伤……用神奇的皇室疗伤用水做出来的护肤水快速地激发了客户的好奇心。

而做类比同样可以简单、快速、有效地让客户知道产品的特色。例如,李佳琦说:这就是化妆棉中的爱马仕……立刻让观众"get"到了这款化妆棉的特点——在同类商品中处于高端位置。

描述场景也更容易促成客户下单。比如,李佳琦卖驱蚊贴时会说:小朋友晚上出去玩,把这个贴在袜子上,可以避免蚊子咬小腿……他卖帽子时会说:如果你下楼买菜的时候懒得化妆,戴上这个帽子就好了……通过讲述的场景,调动了客户的想象力,促成最后的转化下单。

8. 多平台矩阵同步直播、多品牌跨界合作

注册多个平台账号,利用不同的平台矩阵多平台同步直播,这样可以扩大观众的范围,增加销售机会。同时要根据不同平台的特点,灵活调整直播内容和互动方式,以适应不同观众群体。

直播带货的跨界合作能够吸引更多的关注和购买意愿。通过与其他品牌、明星或知名人士的合作,可以借助对方的影响力和资源扩大自己的观众范围,并提高品牌认知度和销售额。李佳琦直播间通过直播IP的线下延伸,如奈娃家族咖啡店,实现了线上线下经济的融合。这种模式不仅提升了品牌形象,还激发了消费者的兴趣和参与度。

五、对直播带货营销效果的评估

如同整合营销传播注重营销后的评估和未来规划一样，直播带货也需要在每一场营销活动之后检测结果，调整指标和行为，为市场提供反馈。

（一）评估维度

对直播带货的效果评估可以从以下几个方面进行。

1. 销售额和销售量

这是最直观的指标，直接反映了直播期间商品销售的金额和数量。对于带货账号来说，观看人数固然重要，但更重要的是要看转化产出。因为光有人但是不成交，平台很可能会减少推荐流量。因此，直播间能否挣钱主要取决于转化产出。

2. 观众人数和互动量

它包括观看直播的总人数、同时在线的最高人数，以及观众的点赞、评论、分享、提问等互动情况。这能反映直播的吸引力和观众的参与度。而一场直播的观看人数直接决定了成交额度。影响一场直播的观看量（场观）的因素如下。

首先，直播间的类型和内容会影响观看量。例如，颜值主播在前一个小时应有 1 000 场观（一场直播的总观看人数），第二个小时 800，第三个小时 500，一场完整的三个小时直播下来，应该有 2 300 场观。而对于才艺主播，他们可以通过才艺表演持续吸引观众，观看量可能会更高。

其次，直播间的互动和内容质量也是影响观看量的关键因素。抽奖、送礼物等互动方式可以吸引更多观众参与，增加直播间的热度。背景布置、设备质量以及主播的吸引力也会影响观众的停留时间，从而影响场观数量。

最后，不同类型的直播间在线人数和场观的比例有所不同。例如，超级 IP 或干货课堂的直播间，在线人数和场观比例可能在 1∶5 以内，因为这些直播主要依靠粉丝的忠诚度和停留时间；而卖货直播间或娱乐表演的直播间，在线人数和场观比例可能在 1∶10 到 1∶20，因为这些直播更多地依靠系统推送和观众的兴趣。

它还包括粉丝增长数，也就是直播后品牌或主播的粉丝数量增加情况，它意味着直播对吸引新用户的效果。当然，如上所述，人数的多少并不与销售额密切相关，还是需要获得转换量，才能最终成为销售额。

3. 用户留存率与活跃度

用户留存率是指在特定时间段内，开始参与直播带货活动的用户，在后续时间段内仍然保持活跃或继续参与的比例。这个比例通常按日、周、月等时间单位来计算，以评估直播带货活动的用户黏性和长期效果。用户留存率反映了观众对直播内容的黏性，留存率越高说明直播内容越受欢迎。

用户留存率可以分为"新增用户留存率"和"第 N 日用户留存率"。

新增用户留存率：在统计周期内（如一天），新增用户中至少参与过一次直播带货活动的用户数与新增用户总数的比值,再乘以 100%,得出百分比形式。

第 N 日用户留存率:表示在新增用户开始参与直播带货活动后的第 N 天,仍然参与活动的用户占当日新增用户总数的比例。例如,第 1 日留存率(次日留存率)就是新增日之后的第 1 天仍然参与活动的用户数除以第 1 天新增的总用户数。无论是新增用户还是第 N 日留存用户,都有可能在将来购买商品。

4. 客户满意度

直播带货的客户满意度是指消费者在直播购物过程中对产品、主播、平台等方面的整体满意程度。影响直播带货客户满意度的主要因素包括以下几个方面:(1)直播内容的吸引力。直播内容是否有趣、丰富、实用,是否符合消费者的需求和口味。(2)主播的个人魅力,它包括主播的形象、口才、专业知识和互动能力等。(3)产品的质量和价格。产品质量是否可靠,是否与宣传一致。产品的价格是合理,是否与产品品质相符合。(4)售后服务。商家和电商平台提供的售后服务是否及时、有效、可靠,等等。

直播带货过程中存在一些常见问题,如虚假宣传、货不对板、原价虚高、过度饥饿营销等,这些问题都会影响消费者的满意度。

5. 品牌曝光度

直播带货的品牌曝光度通常是通过多个数据指标综合评估得出的。直播带货的品牌曝光度与直播的曝光量紧密相关,曝光量可以通过以下公式计算:

$$曝光量 = 观众人数 \times 直播时长 \times 平均观看时长$$

这个公式考虑了直播过程中的总观众人数、直播内容的总时长以及每个观众平均观看的时长,从而反映了直播内容的广泛传播和受众的持续关注。除了曝光量外,直播带货的品牌曝光度还受到其他核心数据指标的影响。这些指标如下。

人气指标:如总观看人次(PV)、总观看人数(UV)、最高在线人数、平均在线人数等,这些指标反映了直播间的流量规模和人气情况。

互动指标:如互动率、增粉率、加团率和人均观看时长等,这些指标体现了观众对直播内容的参与度和喜爱程度。

商品指标:如商品的点击人数、曝光率和点击率等,这些指标反映了观众对商品的兴趣和购买意愿。

交易指标:如 GMV(交易总额)、客单价、转化率等,这些指标直接关联到直播间的变现能力和品牌曝光度的实际效果。

因此,在实际操作中,直播带货的品牌曝光度需要综合考虑以上多个数据指标,并结合具体的直播内容和市场环境进行评估。通过不断优化直播内容、提升观众互动和购买意愿,以及加强品牌宣传和推广,可以有效提升直播带货的品牌曝光度。

6. 商品退货率

较低的退货率表明商品符合消费者预期,直播对商品的展示和介绍准确有效。直播带货的商品退货率通常以百分比形式表示，计算方法是退货数量除以总销售数量，再乘以 100%。

$$退货率的计算公式为：退货率 = (退货数量/总销售数量) \times 100\%$$

退货率反映了在总销售量中，有多少比例的商品被退回。这一指标对于评估直播带货的效果、商品质量以及消费者满意度具有重要意义。

值得注意的是，随着直播电商行业的飞速发展，部分直播平台的商品退货率居高不下，甚至高达 80%。这暴露出直播电商领域在商品质量、售后服务等方面存在的问题，需要电商平台、主播及监管部门共同努力，加强供应链管理、商品品质把控及售后服务体系构建，以降低退货率，提升行业信誉度和可持续发展能力。

7. 投入产出比(ROI)

对比直播带货的成本投入与产出，评估经济效益。直播带货的投入产出比(ROI)计算公式如下。

$$ROI = 成交金额/投入金额$$

ROI(Return on Investment)指的是投资回报率，即企业从一项投资活动中得到的经济回报，通俗地说，就是所获得的收益和投入成本之比。

在直播带货的场景中，ROI 的计算方式略有不同，因为直播带货通常被视为一个阶段的营销行为，而非长期投资经营行为。因此，投资总额的概念可能不太适用。但可以通过以下方式计算 ROI。

成交金额：指直播带货期间实际成交的销售额。

投入金额：包括广告费用、主播费用、产品成本、运营成本(如电费、场地费等)等所有与直播带货相关的投入成本。在计算 ROI 时，应确保所有成本和收入数据准确无误。ROI 的结果通常用百分比表示，可以直观地反映直播带货的投入产出效率。

除了 ROI 外，还应考虑其他指标，如利润率、转化率等，以全面评估直播带货的效果。

8. 观看时长

直播带货的观看时长非常重要，因为它直接关系到直播的效果和后续的转化率。观众观看直播的时间越长，说明直播内容越吸引人，越能留住观众，从而增加转化率。观众在直播间停留的时间越长，他们对产品的兴趣和信任度越高，从而更容易产生购买行为。因此，观看时长越长，转化率通常越高。

但是直播带货时长的计算不仅包括实际直播的小时数，还需要考虑直播的有效性和互动性。有效直播时长是指直播过程中观众的实际参与度和互动情况，包括观看人数、互动人数和打赏金额等可量化指标。只有满足一定标准的直播时长才能被认定为有效直播时长。

不同阶段的商家直播带货时长的安排建议如下。

新商家：一般建议直播时长为 2—4 小时。这个阶段主要是试播，测试商品和直播间的各项指标。这个阶段的主播和其他人员配备通常不完备。主播的直播精神状态一般在 2 小时后开始下滑，因此 2—4 小时的直播时长较为合理。

上升期的商家：直播时长一般在 8—12 小时。此时商家的直播商品已经确定，直播间人员基本稳定，直播经验逐渐成熟。可以通过排班制度来拉长直播时长，例如让 2—3 位主播轮流直播，每班 2 小时。

成熟期的商家：直播时长可以达到 16—24 小时。此时商家直播间的一切商品和人员都比较稳定，可以按照日不落直播间进行设计，以期获取更多的利润。

（二）评估工具和方法

1. 数据分析工具

这主要是用来收集各种用户数据，分析用户的购买潜力。在直播带货过程中，不断收集、分析和优化数据是非常重要的。主播可以通过数据分析了解观众的兴趣和购买行为，并根据数据结果进行优化，提高购买转化率和销售额。在抖音、快手等平台中都提供有后台数据工具，分析观看人次、平均在线人数、观众停留时长等数据。在国内也有一些专业的数据公司或软件可以分析各种用户后台数据，比如飞瓜数据、抖查查、蝉妈妈、新红数据等。

2. 商家的 ROI 计算

ROI(Return on Investment)即投资回报率，计算公式为：ROI＝（销售收入－成本）/成本。通过计算 ROI，可以评估单场直播带货获得的直接经济效益。

3. 用户反馈收集

通过对互联网上的观众的评论、评价等进行分析，了解观众对直播内容的满意度和建议，从而进一步优化直播内容和运营策略。

第四节　案例分析："央视 Boys"一场有品位、有颜值、有担当的直播带货

大规模的直播带货起源于新冠疫情后的中国。2020 年 5 月 1 日，在新冠疫情肆虐期间，为拉动经济，提振内需，中央广播电视总台策划了一场由央视四位主持人为主播，联合了国美，一起在国美、拼多多、京东、抖音等多个平台，开启以"为美好生活拼了"为主题的专场直播带货活动。这是中国主流媒体的第一次直播带货，同时也获得了巨大的成功。当天直播观看人数就达到 2 000 万，直播销售额超过 5 亿人民币，并获得了很好的社会反响。

我们还是从"人""货""场"三个方面来分析一下这场直播带货的特点。

一、主播人格魅力——主播形象的蜕变

这次直播带货的主播是"央视 Boys"，也就是央视四大男主持人康辉、撒贝宁、朱广权、尼格买提。在人们的固有印象中，央视主持人通常是严肃正经的形象。但最近几年，为了让自己更时尚和更具网感，以迎合年轻人的风格，央视主持人也转变了画风，一改平时端庄严肃的形象，带给年轻受众不少惊喜。在整场直播中，四个人各有人设，独具特色，让网友大呼看了一场搞笑的综艺节目。

1. 押韵狂魔朱广权

朱广权老师素有"押韵狂魔"之称，这次他的段子依然非常惊艳，无论是介绍人还是产品，绝妙小金句源源不断。比如在撒贝宁带货时，朱广权让大家欢迎："下面我们第一个上架的，是草原最美的花，火红的撒贝宁。"比如康辉出场推荐咖啡机时，朱广权搓搓小手兴奋地介绍："他们俩左青龙右白虎，现在我们中间站着'小松鼠'，给大家讲讲咖啡苦不苦。"在介绍智能电烤箱里的内置摄像头功能时，朱广权大加称赞："它不光是个电烤箱，还能让你在网络世界里信马由缰，它可以让你拍完了照，发朋友圈。它的所有功能特别适合像小尼这样的，一年就下两次厨房，挑一次没糊的照片晒给外行。"在推荐方太水槽洗碗机时，朱广权一开始就戳中大众的痛点："吃饭吃到开胃，洗碗洗到心碎。"然后顺势介绍了洗碗机的三个功能："你以为它是水槽，其实它是洗碗机，你以为它是洗碗机，实际上它是净化机，你以为它是净化机，其实它是三合一。"这些段子符合他一贯脱口成章、诙谐幽默的形象，让客户在了解产品功能的同时还能够品尝文化大餐。

2. 活蹦乱跳的撒贝宁

撒贝宁的人设是综艺感十足、脑洞大开、左窜右跳、插科打诨，成为整个团队的搞笑担当。

推荐产品，撒贝宁总能用"胡说八道"的功力为产品演绎出"别致"的新功能。比如九阳破壁机，他说，它不仅可以打蔬菜水果，还可以洗尿布和小件的袜子，还可以打芝麻糊和核桃酥，这是像康辉老师这样中老年人使用的保健神器。用《今日说法》的风格推荐"四无小风扇"，撒贝宁刚开始一脸严肃："亲爱的观众朋友们，欢迎收看《今日说法》，产品质量是每个人最为关注的问题，当一件产品拿在手里的时候，需要注意和检测哪些问题？今天我们请到了几个当事人和受害者(指着'康朱尼'三人)，来谈谈他们的看法……""你们以为它是电风扇吗？其实它还是一个吹风机，它能保持我们良好的仪容；你们以为它是个吹风机吗？其实它还是一个刮胡刀，你安上九阳破壁机里的刀片，就可以在夏天刮胡子……"在卖电冰箱的时候，介绍完冰箱的保鲜功能后，撒贝宁说："做美容的朋友，也可以把脸放进冰箱里的保鲜区保鲜，15 分钟，效果非常好。"最后公布两队的成绩，撒贝宁是这样总结的："今天的这个活动其实没有输赢，输的一定是病毒，赢的一定是我们的团结一心。"撒贝宁的总结非常符合年轻观众的口味，吸引了大批年轻客户驻足直播间。

3. 怼言大师康辉

康辉,《新闻联播》主持人,因为曾在央视主持人大赛做评委纠正撒贝宁"怼"字的发音,加之有段时间在《新闻联播》中花式怼美国,网友送他一称号"当代怼言大师"。他在直播中塑造了一个温文尔雅又相对苛刻的"大师"人设。

比如,每次另外3人念手牌广告的时候,康辉都会站在一旁认真听,不时还会纠正3人的发音错误,以至于3人有时候还有点小紧张,遇到拿不准的发音还要跟康辉确认一下。

整场下来,康辉的带货风格温文儒雅,同时又不失调皮可爱。比如介绍咖啡机时,他朴素又文艺:"我们这个咖啡机,它很纯粹,它就是个咖啡机,咖啡中的战斗机。有一句很文艺的话叫'喝一杯咖啡是为了跟生活相遇',我们今天喝了这一杯咖啡,是为了跟更丰富美好的生活相遇。"提到咖啡店的咖啡很贵,一杯需要二三十元时,康辉老师说,为什么咖啡店卖那么贵?因为这就是生活。总之在直播中,所有的不如意,理由都是"这就是生活"。卖空调的时候,活脱脱的一个中年"养生辉"上线:5月5号就是立夏,此时心胜于夏,干木之气防心火烧,赶紧买台空调凉一凉。"为了生活的理想,也是为了以后理想的生活。"这是康辉最后的总结。

整体而言,康辉的稳重、苛刻的大师形象为他赢得了中年高知男性的客户群体。

4. 广告鬼才尼格买提

四人中年龄最小的尼格买提,他塑造的是轻松、活泼、惹人喜爱的温柔大男孩人设。他擅长烹饪,厨房做饭是一把好手,因此由他来推荐厨具驾轻就熟,广告打得毫无痕迹。比如他往破壁机里倒酸牛奶准备搅拌时,边上的撒贝宁立马假装往旁边一跳,说道"你溅了我一身啦!"尼格买提迅速接上:"溅了你一身,溅的也是蒙牛纯甄酸牛奶。"行云流水般地口播了当晚的一个品牌小广告。在试用双立人菜刀时,尼格买提切了一段蓑衣黄瓜,效果连他自己都震惊,尼格买提脑瓜子一转,说道:"为什么我能切得这么好?因为我用了双立人菜刀。"在推荐"四无小风扇"时,尼格买提不但表示了自己对学生们的关怀,还把自己主持的节目名称融入其中:"我最关心的是因为高考推迟,在炎热夏季要考试的考生们,我希望一个小小的电风扇,能够给你忙碌的学习加一些清凉,能够为你打开一扇扇难以挑战的大门,为你实现一次次的《开门大吉》,祝你走上人生的《星光大道》,开启美好的'尼好'人生。"

央视 Boys 四人内容像说相声,即使在卖场卖货,也毫无违和感。有颜、有料、有趣、有才、有文化品位,各种金句和段子翻飞,使得这场直播收获了一众网友的好评。

二、货:高品质的承诺及足够权威的官方信用背书

一是产品自身品质可靠。央视 Boys 在这次直播带货中主要推销的产品包括华为、海尔、美的、海信、莱克等知名品牌的产品。这些产品涵盖了电子产品和生活家电等多个品类,具备优秀品质,值得信赖。比如荣耀30S和华为P40系列手机,这两款手机在2020年4月就是破纪录的销售商品,本身就具有较高知名度。而央视 Boys 的此次直播带货,虽然带货量不大,但是有1600万人在线、上亿人口的观看,使这两款手机的知名度进一步

上涨。

二是有官方平台背书。直播带货最终的重点是"货"，在于最终拿到的产品的品质。官方直播带货带给人们的一方面是新鲜感，另一方面是足够权威的官方信用背书。人们之所以在直播中会下单，很大程度上是出于对主播和品牌的信任。2020 年 5 月的这场直播以家用电器和数码 3C 产品为主。这类商品，比零食、美妆、洗护用品的品质门槛高，价格相对较贵，需要的信用背书等级也更高。但即使单价相对高昂，售卖情况依然火爆，甚至有些商品还在解说阶段就秒空，究其原因，央视平台信用背书功不可没。

央视平台发挥公信力作用，央视主播自带网红感召力，互联网平台做技术和流量支持，这种协同作战的形式，在将来或许还会有更多的场景去展现。

三、场：一场"综艺"的直播

与固定坐在镜头前"怼脸"卖货的直播间不同，这次直播，央视将场地挪到了一个国美卖场门店里。四位主持人在现场自由走动，介绍展示产品，直播的镜头多角度切换，看着更像是一个综艺节目。

"权来康康，撒开了买"直播的场地选在国美商场的门店，它空间够大，有各种家居电器，是更有沉浸感的场景。四个人不像往常的主播那样坐在镜头前被"怼脸"，而是在直播间里更随意地交谈和介绍产品。现场就是一个家居厨房，陈列了冰箱、洗衣机、橱柜、刀具、餐具等各种等家电家具，现场还可以做饭、洗碗、用微波炉、做咖啡，让用户觉得倍感温馨。四位 Boys 在这里插科打诨，饶有生活气息，围绕着这个厨房，一会儿卖咖啡机，一会儿卖破壁机，一会儿卖刀具，确实给用户带来了对"美好生活"的期待。

更值得一提的是四位 Boys 的控场能力。虽然这只是一个临时搭建的厨房，但央视Boys 似乎已经把它当作自己的家，对各种物品信手拈来，在环境中游刃有余。虽然他们不像专业带货主播那样对选品和直播节奏了如指掌，但在环境中的游刃有余使他们最大限度地发挥了自己的控场能力，使得整个直播像一台综艺节目一样好看，紧紧抓住了用户。几位主持人一边卖货一边卖艺。这场主题为"为美好生活拼了"的直播是央视新闻携手国美零售发起的家电直播盛宴，这是一场有品质、有品位、有颜值、有言值的直播带货，更是一场国嘴级的超强"TALK 秀"！

疫情之下，互联网经济迎来了飞速发展的机遇期，在线直播同线下物流相结合，形成以消费者为中心的"泛零售业"，成为经济发展的新亮点。直播带货代表着数字经济的新生态正以无法阻拦的力量步入新时代。中商产业研究院发布的《2024—2029 年中国直播电商行业市场分析及投资风险趋势预测研究报告》显示，2023 年中国直播电商用户规模为 5.4 亿人，同比增长 14.16%[①]。中国社会科学院财经战略研究院的报告显示，2024 年

---

① 中商产业研究院：《2024—2029 年中国直播电商行业市场分析及投资风险趋势预测研究报告》，2024 年 9 月 11 日。

图 14‐1　央视 Boys 带货现场

1 月至 11 月,全国直播电商零售额为 4.3 万亿元,电商直播用户规模达到 5.97 亿人[①]。直播带货改变的不只是经济,还有人的思维和习惯。直播经济借助发达的物流网络,打破了传统零售的地域限制。人们在感受新经济的同时,也开始拓宽视野和思维,形成文化"新生态"、演艺"新业态"。

> 📑 思考题

　　1. 直播带货最重要的三个要素是什么? 请具体阐释一下,并结合具体的直播带货案例来分析一下这几个要素。

　　2. 在直播带货的营销策略和流程中,你觉得最重要的流程是什么? 请阐述原因。

精讲视频

---

　　①　社科院财经战略研究院:《直播电商 4.3 万亿规模撬动消费新增长》,转引自《新京报》,2024 年 12 月 27 日。

第十五章　内容营销

第一节　内容营销的定义和特征

一、内容营销的定义和特点

内容营销是一种互联网时代的营销策略，企业通过精心制作、分享和传播有深度、有价值的内容，向用户传递信息以达成营销目标。它要求营销者深入了解目标用户的需求，创造与目标用户共鸣的内容，避免单调、机械或赤裸裸的商业宣传，以含蓄、巧妙和实用的在线内容吸引用户，并通过恰当的渠道进行有效传播，从而与用户建立信任，提供价值，最终与用户建立长期的关系。它是为适应用户自主接收信息的一种互联网商业生态。

让内容做到隐蔽而不赤裸裸，巧妙生动而不机械和单调，是内容营销的宗旨。内容营销的形式比传统媒体营销更加多样化，包括文字、图像、音频、视频等形式。含蓄、巧妙和实用是内容营销的三大特征。

第一，内容营销的"含蓄"原则意味着其内容要尽可能去商业化，减弱赤裸裸的商业营销信息。通过有情节、有趣味的故事吸引消费者，让消费者通过真正对内容感兴趣从而引发对产品的兴趣。

第二，内容营销之"巧妙"原则意味着在线内容应该避免简单、机械的说教，须将品牌或产品信息润物细无声地融进消费者感兴趣的内容形式中，化有形为无形，让消费者吸收了商品信息却没有感到被"营销"。

第三，内容营销的"实用"原则意味着在线内容应为消费者提供有价值的信息。传统营销突出宣传卖点，而内容营销强调实用价值。实用价值是在线内容持续吸引消费者的关键所在。

二、内容营销与传统广告营销的区别

内容营销作为互联网诞生以来兴起的一种新型营销手段,已经逐渐取代了传统广告在某些领域的主导地位。在传统营销生态中,无论是媒体广告、媒体宣传或推销活动,往往具有强行推介的特征,且其投入往往与营销业绩成正相关。只要企业有投入,或多或少地总有一些消费者被触动或说服。一般而言,投入越大,业绩越高。而互联网营销则不同,企业投入与业绩回报之间似乎缺少关联性,这一特点让习惯了传统营销思维的企业不知所措。由于互联网是一种消费者自主接收信息的新型媒介,在互联网上,像传统营销那样的强行推介未必有效,营销主要依靠内在的吸引力来影响消费者,这就需要营销者提供能够真正打动用户的内容,营造与用户相同的价值观,建立用户信任,与用户获得长久共鸣。

具体来说,互联网内容营销与传统广告有以下区别。

(1)核心理念的差异。传统广告往往以产品为中心,强调产品的特点和优势,通过硬性的推广手段来吸引消费者的注意。而内容营销则更注重与消费者的情感连接,通过提供有价值、有趣、有深度的内容来吸引消费者的兴趣,从而建立品牌形象和忠诚度。

(2)传播内容的不同。传统营销往往依赖于所谓的"品牌轰炸"或"商品轰炸",以此激发消费者的购买冲动。而内容营销却另辟蹊径,它通过提供切实可行的解决方案,帮助用户解决实际问题,从而逐步建立用户对品牌和产品的信任。当这种信任积累到一定程度,用户便会自然而然地选择购买。值得注意的是,内容营销中提供的解决方案并非完全独立,它们往往是产品不可分割的一部分,甚至构成了产品的核心,它通过解决方案来展现商品的价值,进而推动品牌的发展。

(3)传播方式的区别。传统广告主要依赖于电视、广播、报纸等传统媒体进行传播,这些媒体具有传播范围广、覆盖人群多的特点。然而,随着互联网的普及,传统媒体的受众逐渐分流,传播效果受到挑战。而内容营销则主要通过社交媒体、博客、视频平台等新媒体进行传播,具有互动性强、传播速度快、成本较低等优势。

(4)消费者体验的不同。传统广告往往以单向传播为主,消费者只能被动接收信息。而内容营销则更注重与消费者的互动,通过提供有趣、有深度的内容来吸引消费者的参与和讨论,从而提升消费者的体验。这种互动性的提升有助于建立更紧密的消费者关系,提高品牌忠诚度。

(5)效果评估的差异。传统广告的效果评估往往依赖于收视率、点击率等单一的指标。然而,这些指标并不能全面反映广告的实际效果。而内容营销则更注重对消费者行为的深入分析,通过数据分析工具来评估内容的效果,如转化率、用户留存率等。这种精细化的效果评估有助于企业更准确地了解消费者的需求和偏好,从而优化营销策略。

三、内容营销的优劣势

(一) 内容营销的优势

内容营销的优势如下。

(1) 增强品牌认知度和形象。通过发布高质量、有深度的内容，企业能够展示其专业性和行业领导力，从而增强品牌在目标受众心中的认知度。例如，可口可乐的成功很大程度上来自对内容营销的运用，它挖掘品牌背后的文化价值，通过一系列引人入胜的广告和营销活动，不断传递出"快乐、分享、美好"的永恒主题，让消费者更加了解可口可乐的品牌理念。

(2) 建立信任。有价值的内容有助于建立与潜在客户之间的信任关系。当消费者感受到企业提供的内容对他们有所帮助时，他们更可能对该品牌产生信任感，进而转化为忠实客户。比如美国房屋租赁公司爱彼迎 Airbnb 通过分享用户的真实入住经历和故事，成功吸引了大量用户，增强了用户对品牌的信任和好感度。用户故事是连接品牌与消费者之间情感的桥梁，分享真实、有情感温度的故事能够更好地触动消费者的心灵，使消费者产生共鸣和信任。

(3) 促进销售和转化。内容营销能够引导潜在客户了解产品或服务，激发他们的购买欲望。通过提供详细的解释、案例研究或优惠活动，企业可以促使潜在客户转化为实际购买者。比如，红牛饮料成功的关键就在于将品牌与极限运动紧密结合。它通过赞助各种极限运动赛事、制作精彩的极限运动视频和图片，成功地将品牌与极限运动文化融为一体，不仅吸引了大量极限运动爱好者，还树立了红牛作为能量饮料领导者的品牌形象。将品牌与特定的文化或兴趣点相结合，能够产生强大的品牌共鸣和忠诚度。

(4) 成本效益高。相比于传统的广告投放方式，内容营销的成本相对较低。企业通过创作高质量的内容可以在长期内获得稳定的流量和潜在客户，实现成本效益最大化。同时，优质的内容会自动转发，带来精准流量，拉动用户的增长。

(5) 塑造产品价值。通过内容营销塑造一个故事、一种情感以及一个人物形象等，让用户看到内容之后产生共鸣和认同感，从而可以深化品牌的价值。比如，耐克品牌从一开始就将自己定位为创新、高性能和高品质的运动装备提供商。通过与顶尖运动员合作，耐克不断强化其"Just Do It"的品牌精神，鼓励人们超越自我，挑战极限。耐克还积极参与社会活动和环保事业，体现其社会责任，实现了与用户的价值观共鸣。

(二) 内容营销的劣势

内容营销的劣势如下。

(1) 需要投入大量时间和精力。创作高质量的内容需要投入大量的时间和精力。企业需要定期更新内容以保持其新鲜度和吸引力，这可能会分散企业的资源和精力。

(2) 难以衡量效果。尽管内容营销可以带来许多潜在的益处，但其效果往往难以直接衡量。例如,企业可能难以确定哪些内容导致了销售增长或品牌认知度的提升。

(3)需要专业知识和技能。内容营销需要具备一定的专业知识和技能,包括内容创作、SEO优化(Search Engine Optimization,是指通过分析搜索引擎的排名规则,了解搜索引擎如何进行搜索、抓取网页以及如何确定特定关键词的排名的技术)、数据分析等。如果企业缺乏这些技能,可能会影响内容营销的效果。随着内容营销的普及,越来越多的企业开始采用这种策略。这使得在海量内容中脱颖而出变得更加困难,需要企业不断创新和优化内容。

第二节　内容营销的重要载体——短视频

一、短视频的发展历程

内容需要有恰当的传播方式。在前文中我们阐述过,文字、图像、视频、音频等不同的传播载体各有优劣,而在互联网时代,用户更愿意相信"有图有真相"的图像或者视频。中国互联网络信息中心(CNNIC)发布的第54次《中国互联网络发展状况统计报告》显示,截至2024年6月,我国网民规模近11亿人,其中短视频用户占比超过95%,显示出短视频在互联网用户中的广泛普及①。

短视频是近年来随着智能手机的普及和移动互联网的快速发展而崛起的新的节目形态。5G时代到来以后,由于互联网带宽的进一步拓展以及传输的稳定,短视频被业界认为是互联网领域的风口,并极大地冲击了传统媒体的发展。短视频的时长一般在20分钟之内,大部分时长在5分钟以内,主要依托移动智能终端传播,适宜在社交媒体平台分享。相比传统长视频,短视频的信息密度更大、收视成本更低、传播速度更快,几十秒到几分钟的视频内容填补了用户的碎片化时间,契合了用户单位时间获取内容信息密度更高的诉求。短视频已经成为移动传播时代媒体创新报道的重要手段和途径,成为当前信息传播的重要发展趋势。从2017年开始,短视频在国内呈现快速发展的状态。短视频由于内容精炼、形式多样、传播迅速,因此不仅改变了人们的休闲生活方式,还推动了文化产业和数字经济的创新发展。此外,短视频平台的用户黏性高,互动频繁,如快手平台每日短视频与直播的互动次数累计达到100亿次。

短视频也成为内容营销的重要载体。它是"视频"和"互联网"的结合,同时兼具二者的优势:具有电视短片的优点,如感染力强、形式内容多样、创意新颖等,又有互联网营销的优势,如互动性、主动传播性强,传播速度快,成本低廉等。短短3—5分钟讲述一个故事,将企业产品或理念不动声色地植入视频内容中,构建企业形象,塑造主人公人设,打动

① 中国互联网络信息中心:第54次《中国互联网络发展状况统计报告》,2024年8月。

用户的心，不知不觉中促成了用户的消费行为。例如，2019 年感恩节前夕，一条短视频《有人在偷偷爱着你》，通过普通人生活艰辛的几个场景，恰如其分地植入 999 感冒灵产品。随着故事情节反转，普通人的艰辛生活最终换来了幸福场景，应验了短视频中"生活不易，但总有人在偷偷爱着你"的主题和理念，让用户不知不觉中将感冒灵与"珍惜生活"的理念产生关联并激起深度共鸣，塑造了 999 感冒灵关爱生活的企业形象，并与用户建立了长久的关联。这就是内容营销"润物细无声"的作用。

二、短视频营销的特点和优势

短视频营销的特点和优势如下。

（1）用户基础庞大，互动性强。国内的短视频平台，如抖音、快手、B 站等，拥有庞大的用户群体，且用户活跃度高，这为品牌提供了广阔的营销空间。2024 年，抖音的总用户数量已超过 8 亿人，日活超过 7 亿人，人均单日使用时长超过 2 小时，大部分人每天刷抖音时间会超过 3 个小时[1]。快手 2024 年平均日活跃用户数为 3.95 亿，平均月活跃用户数为 6.92 亿[2]。今日头条在 2024 年拥有 3.8 亿月活用户数，[3]等等。而且在这些平台中，很多用户是高黏性的忠实用户。短视频内容会比较有效地影响忠实用户并激发他们的购买行为。

（2）内容形式丰富。短视频内容多元化，涵盖搞笑、娱乐、生活、时尚、教育、科技等多个领域，能够满足不同用户的兴趣需求。2018 年的一项研究发现，娱乐、时政、情感、社会四类主题尤为受到用户青睐，在 9 大短视频平台 2017 年 7 月至 2018 年 6 月每月综合播放量 TOP10 的短视频中，娱乐类短视频占比 26%，时政类占比 28%，情感类占比 13%，社会民生类占比 16%[4]。消费者对短视频的类型要求越来越多元化，这也一定程度上推动了营销内容的设计和发展。

（3）植入场景，打造好感。从营销的角度来看，短视频的营销有两种。一种是将产品或企业自然地融入视频场景中，也就是所谓的"软广"，可起到润物细无声的作用，增强消费者的好感度。如情感类视频中植入 DR 钻戒的广告，或小米公司通过介绍员工日常工作生活短视频来增加用户对企业文化的了解和好感等。另一种是直接通过视频展示产品的卖点，这是所谓的"硬广"。它与传统营销广告的差别不大。在互联网时代，"软广"所获得的传播效果明显要好于后者，而这也是内容营销与传统广告营销的最大区别。

（4）传播速度快。短视频营销也很容易引发病毒营销。用户在关注视频的同时往往会传播视频，通过受众主动自发地传播企业品牌信息，视频就会带着企业的信息像病毒一

---

① 《2024 年抖音运营最新全攻略》，抖音官网。
② 《快手科技 2024 年投资者日：以用户为导向，借助 AI 赋能实现高质量增长》，新华网，2024 年 9 月 16 日。
③ 《中国 TOP20 新闻资讯 APP 用户画像》，脉脉网，2024 年 8 月 21 日。
④ 黄鹂：《什么样的短视频是好的短视频？》，《新闻战线》2018 年 9 月。

样在互联网上扩散。传播既精准又快速。

（5）营销成本低。传统的广告营销主要依靠广播、电视、报刊等主流媒体，而内容营销主要依靠互联网媒体。与传统营销相比，短视频的入驻门槛和制作成本都大大降低。无论是个人还是企业，都可以轻松制作和发布短视频内容。一些短视频社交平台还提供了免费注册账号的功能，使得商家能够以极低的成本进行销售宣传。无论是大品牌还是中小型企业都能够受益于这种低成本、高效率的营销方式。

（6）可形成传播矩阵。由于传统媒体广告成本高昂，因此企业最多选择一种或者两种媒体来打造广告营销。而互联网传播由于营销成本低，企业可选择多个短视频发布平台来打造营销矩阵。在多个短视频平台上运营不同的账号，发布相似内容，实现品牌和产品的全方位推广，形成矩阵式的覆盖，从而提升品牌的知名度和用户黏性。比如 2019 年中央广播电视总台在"新中国成立 70 周年庆典活动"的报道中，用电视直播阅兵完整过程，在央视新闻公众号中截取阅兵中的精彩短视频片段进行同步展示，在"央视新闻"微博上发布观众热点议题和评论，形成多管齐下的新媒体运营矩阵，起到了意想不到的传播效果。

第三节　内容营销的步骤

由于内容营销的发布载体大多数也是社交媒体平台，因此，内容营销的步骤与社交媒体平台的营销步骤有很多相似之处。但是内容营销更侧重于内容的设计和制作，而社交媒体营销更加注重平台的搭建。

一、确定目标受众

与其他任何营销模式一样，内容营销也必须在一开始明确目标受众。目标受众是什么群体？他们的兴趣和需求是什么？他们经常访问什么媒体平台？这些问题能够帮助媒体创建有针对性的内容，以吸引潜在客户并满足他们的需求。以云南薇诺娜化妆品品牌为例，它们精准地进行了用户定位，产品定位从一开始的"化妆品"赛道到"问题护肤"再到"敏感问题护肤"赛道，目标群体一步步缩小。但这也反而带来了他们在敏感问题肌肤这个领域的深耕，将自己的产品做出了千亿市值。

二、制定内容策略

制定一个有效的内容策略是内容营销的关键。内容策略应明确制作和发布内容的目标、受众、内容类型、发布平台、传播方式、发布频率等。这将帮助品牌确定内容营销计划的明确的方向和目标。另外，可以从以下几个方面提升内容质量。

一是确定关键词和话题：通过关键词和话题的研究，确定目标受众感兴趣的内容，并在文章中合理地使用关键词,提升引擎的排名。

二是提供有价值的信息:内容应具有独特的创意、深度的信息和无形的价值;或者具有实用性,能够解决受众的问题或满足其需求。

三是制作多媒体内容:通过图像、视频、音频等多媒体形式制作内容,可以更好地吸引受众的注意力,并提升内容的吸引力。

四是编写吸引人的标题:标题是吸引受众点击的重要因素,给受众留下第一印象,标题如果能够联系某一个场景,就会给人带来深刻印象。凉茶品牌王老吉以前的广告语叫作"健康家庭,永远相伴",并没有给人留下深刻的印象,但将广告语改成"怕上火,喝王老吉"之后,一下子场景就清晰了,使其年销售额从原来的 200 万上涨到 200 亿。

五是发布有规律的内容:内容营销需要不断更新优质内容,保持受众的关注和参与度。可以使用博客文章、社交媒体帖子、电子邮件营销、视频、播客等不同类型的内容来吸引潜在客户。比如,特斯拉用内容教育市场,推广创新产品。它通过一系列详细的博客文章、视频和白皮书,向消费者展示其电动汽车的独特优势和创新功能。特斯拉的内容营销不仅有效地教育了市场,还成功地吸引了大量对创新科技感兴趣的消费者。

三、找到合适的内容载体

如前所述,短视频就是一种非常合适的内容载体,企业通过短视频平台进行产品推广和品牌宣传,可利用其庞大的用户规模和大量的用户使用时间。短视频同时兼具"视频"和"互联网"的特征,因此兼具二者的优势,不仅具有电视短片的优点,如感染力强、形式内容多样、创意新颖等,又具有互联网营销的优势,如互动性、主动传播性强,传播速度快,成本低廉等特点。因此,短视频平台成为品牌营销的重要渠道。

短视频矩阵营销更是会带来"1+1>2"的效果。它是指企业通过在多个短视频平台上运营不同的账号,利用不同平台的特点和用户群体,实现品牌和产品的推广。这种营销方式是通过在多个平台上发布相同或相似的内容,形成矩阵式的覆盖,从而提升品牌知名度和用户黏性。

短视频矩阵营销的优势如下。

覆盖广泛:短视频平台拥有庞大的用户基数,且用户年龄、兴趣等多元化,可以满足品牌对不同目标用户群体的覆盖需求。

传播迅速:短视频具有短平快的特点,能够快速吸引用户关注并传播,让品牌在短时间内获得大量曝光。

互动性强:短视频平台提供了丰富的互动功能,如点赞、评论、分享等,可以激发用户的参与热情,增强品牌与用户互动和黏性。

数据精准:短视频平台能够提供详细的数据分析功能,帮助品牌了解用户的行为习惯、兴趣偏好等信息,为后续的营销策略的制定提供有力支持。

四、创建营销场景

营销专家张琦说："做品牌有个五定模型：锁定一类人群，切准一个场景，解决一个痛点，讲好一个故事，做好一场传播。"[1]场景已经成为现代营销尤其是互联网营销不可或缺的元素。只有明确了场景，才能做出针对特定群体的解决方案。比如，几家著名的咖啡品牌各自使用场景都不相同。雀巢咖啡针对的是在火车、飞机上需要迅速冲泡的人群，能够为消费者提供便捷的场景。星巴克从 1971 年成立时其卖点就不是咖啡，而是办公室、家以外的第三空间——为都市白领经营打造的一个社交空间和生活方式。瑞幸咖啡靠朋友圈和小程序引流，通过咖啡引来一群年轻用户，再根据这类年轻人的特点卖周边产品和其他服务，包括卖烘焙产品和品牌周边产品等。

五、选择合适的发布渠道

常见的发布平台包括官方网站、社交媒体平台、视频网站等。可以通过跟踪和分析数据，了解不同发布平台的效果，选择适合产品的目标受众的发布渠道。在选择内容营销发布渠道时，应注意以下事项。

明确目标受众：这个其实是在流程的一开始就需要了解的。了解目标受众的特征和偏好是选择合适渠道的关键。如年轻受众可能更倾向于在社交媒体和短视频平台上获取信息，而专业人士则可能更关注行业媒体和自媒体平台。

评估平台影响力：选择具有一定影响力和知名度的发布平台，能够提升内容的曝光度和可信度。权威新闻网站、知名自媒体平台和社交媒体大号等，都拥有庞大的用户群体和高度的用户黏性，有助于扩大内容的传播范围。如我们之前分析过不同的社交媒体平台拥有不同的调性，会吸引不同的用户群体，自媒体账号和社交媒体账号也同样可以成为具有不同影响力的发布平台。

考虑内容匹配度：发布渠道的内容风格和定位应与企业的品牌形象和价值观相符。例如，如果品牌强调专业性和权威性，选择行业媒体和自媒体平台可能更为合适；如果品牌注重年轻化和时尚感，社交媒体和短视频平台可能更具吸引力。

关注传播效果：选择具有传播效果监测和分析功能的渠道，能够及时了解内容的传播效果，为后续策略调整提供数据支持。专业的发布平台或媒介公司能够提供详细的传播数据和分析报告，帮助评估内容的传播效果。

预算考量：不同的发布渠道费用不同，企业需要根据预算情况和传播需求选择合适的平台。在预算有限的情况下，可以优先考虑性价比高的渠道，如自媒体平台和社交媒体小号等；在预算充足的情况下，则可以选择影响力更大的权威媒体和知名平台。

多渠道组合：为了提高内容的传播效果，建议采用多渠道组合的策略，搭建传播矩

---

① 　张琦：《认知破局》，北京联合出版公司 2023 年版，第 107 页。

阵。将内容发布在多个不同类型的媒体平台上,可以覆盖更广泛的受众群体,增加内容的曝光度和传播范围。同时,不同渠道之间可以相互引流和互动,形成协同效应。

注意合规性:在选择发布渠道时,还需要注意平台的合规性和发稿要求,确保内容符合平台的规定和法律法规要求,避免违规发布和不良后果。

六、讲好营销故事

商业的背后是人性,对于企业而言,好的营销要学会讲好故事。美国著名学者罗勃·康克林在《处世奇术》一书中曾经这样说过:"如果你希望某人为你做某些事情,你就必须用感情,而不是智慧。谈智慧可以刺激他的思想,但是谈感情却能刺激他的行为。"[1]比如水中贵族百岁山的广告,就是以著名数学家笛卡尔和瑞典公主克里斯丁的故事为蓝本拍摄的。广告中,这瓶矿泉水是可以穿越古今时空,探索记忆的媒介和信物。这种浪漫也延续到了现实,从而俘获了用户的心。如今,百岁山的瓶装水销量已经跃居国内前三名。

人们都天生对故事感兴趣。每一个品牌的爆火,背后传达的都是不同品牌的生活方式和价值理念在人群中的广泛传播。成功的品牌都喜欢用故事来包装自己的产品。卖品牌故事是比卖产品更好的营销方式,也是抢占消费者心智最有效、最持久的工具。

七、衡量成果

衡量内容营销的成功是非常重要的。需要使用分析工具来跟踪内容营销活动的效果,并评估投资回报率。衡量内容营销成果的主要指标包括以下几个方面。

网站流量:通过分析网站的访问量、独立访客数等指标,可以了解内容营销对网站流量的影响。网站流量包括以下指标:独立访问者数量(Unique Visitors),指访问网站的独立用户数量,每个独立用户只被计算一次,不考虑其访问次数;重复访问者数量(Repeat Visitors),指同一用户在一定时间内多次访问网站的数量;页面浏览数(Page Views),也称为PV,指用户浏览的页面数量,每次用户请求一个页面,都会增加一个PV;每个访问者的页面浏览数(Page Views per User),指每个访问者平均浏览的页面数量;具体文件或页面的统计指标,包括页面显示次数、文件下载次数等。

受众参与度:受众在社交媒体的阅读量,粉丝点赞、评论、分享等互动行为,可以反映内容在社交平台上的受欢迎程度和传播效果。通常来说,点赞和分享数代表了用户对内容的喜爱程度,而评论则代表了用户对于平台的黏性。点赞、分享与评论通常呈现正相关。

潜在客户的转化率:通过跟踪表单提交、电话咨询等转化行为,可以评估内容营销在潜在客户转化方面的效果。

品牌知名度:通过监测品牌在搜索引擎中的排名、媒体报道等,可以评估内容营销对

---

[1]　转引自张琦:《认知破局》,北京联合出版公司2023年版,第105页。

品牌知名度的提升效果。

会员价值：通过分析注册用户、留资数据等，可以评估内容营销在吸引潜在客户和促进销售方面的效果。

总之，进行内容营销需要制定一个清晰的目标和策略，创建有价值的内容，选择合适的发布渠道，推广内容并衡量成果。通过不断优化和改进内容营销计划，可以提高企业的品牌知名度和销售量，并建立持久的客户关系。

第四节　案例分析：星巴克的内容营销战略

星巴克诞生于 1971 年，目前它已经在全球拥有 82 个市场，超过 32 000 家门店。虽然它是专业的咖啡烘焙商和零售商，但一直致力于发展成为一家与众不同的公司：在传承经典咖啡文化的同时，关爱伙伴，为顾客提供不同的星巴克体验。星巴克制定了一套强大的内容战略——侧重于讲故事，强调真实性以及为顾客提供价值。这些既符合其品牌形象，又能吸引目标受众。通过了解和应用星巴克的内容战略原则，企业可以在创建有吸引力和有效的内容方面学到宝贵的经验。

一、注重了解目标受众

星巴克对自身和受众都有清晰的定位，这有助于其制定营销战略。星巴克将自己定位为注重品质、营造舒适氛围的咖啡店，营造出一种"慢生活"的感觉，这使它与竞争对手形成了差异化竞争。星巴克的目标群体定位是注重享受、休闲和崇尚知识的城市白领，他们尊重人本位且富有小资情调。星巴克的品牌定位是一种体验式经济，它通过视觉的温馨、听觉的随心所欲、嗅觉的咖啡香味等元素，让顾客在星巴克体验到典型的美式文

图 15－1

化。星巴克的价格定位是"多数人承担得起的奢侈品"，同时针对不同国家进行了本土化的调整。它迎合了从咖啡爱好者到寻求舒适工作空间的学生和专业人士等不同受众的需求。

二、营造吸引人的内容

星巴克注重产品创新：它从口味、包装到销售渠道都不断创新，例如推出季节限定咖啡和与食品搭配的销售策略。

持续推出高品质的创意内容：星巴克在其网站、博客和社交媒体账户上提供与咖啡、可持续发展和生活方式相关的内容，例如有趣的视频、精美的图片和引人入胜的故事等。

提供实用的有价值的内容：星巴克深知通过内容为顾客提供价值的重要性。公司提供有关咖啡冲泡技巧的教育内容，推广使用其产品的食谱，并分享有关可持续发展和健康的小贴士。星巴克为顾客提供有价值的内容，把自己定位为咖啡界的专家，从而提高了顾客的参与度和忠诚度，并提供了超越单纯推广产品或服务的价值。

提供高品质的视觉内容：在当今的数字时代，视觉内容在吸引客户方面发挥着至关重要的作用。星巴克会与顶级摄影师、插画家和设计师合作，为社交媒体平台提供独特而精美的视觉内容，比如，从高质量的产品照片到咖啡制作过程的幕后花絮小视频等，都以展示其产品和创造欲望感的高质量视觉效果为特色，更加吸引用户。

三、学会讲故事

星巴克擅长用讲故事的方式与受众建立联系。该公司分享有关其咖啡采购过程、所支持的社区以及所创造的体验的故事。例如，星巴克从葡萄酒的品尝方式中获得灵感，提出"地理即风味"的概念，通过讲述咖啡豆的产地、历史、工艺等信息，引导消费者区分不同咖啡的风味。这种产品故事营销方法不仅让消费者了解咖啡的独特之处，还增加了产品的吸引力。星巴克还通过制作短剧来讲述品牌故事。例如，《我在古代开星巴克》这部短剧集合了恋爱、创业、穿越等多个当下爆火元素，通过幽默和创意的方式传播品牌文化。通过讲述这些故事，星巴克与顾客建立了情感联系，唤起了顾客的信任感、真实感和忠诚度。

四、用真实性和透明度增加用户信任

星巴克重视其内容战略的真实性和透明度。星巴克公开宣传自己的做法、举措和挑战，增进受众对它的信任，这种透明度还延伸到公开处理客户的反馈和关切，并对任何不足之处承担责任。企业可以采用这种方法，将其流程、价值观和与客户的互动透明化。真实性可建立可信度，它有助于品牌与客户建立真正的联系。

星巴克非常注重用户的体验。从用户走进门店的那一刻起，顾客会被友善的咖啡师和温馨的氛围所吸引。公司投资培训员工，提供个性化服务，确保顾客感受到自己的价值和重要性。此外,星巴克利用技术提升顾客体验,如手机点餐、奖励计划和星巴克应用程序,通过优先考虑顾客满意度,培养顾客的忠诚度。

星巴克积极参与社会责任和可持续发展项目,如实施回收计划、推广道德采购咖啡豆,并通过"星巴克基金会"和"为美国创造就业机会"等项目支持当地社区。这些努力吸引了具有社会责任意识的消费者,提高了品牌声誉。

星巴克推出了会员计划和星享卡等优惠活动,吸引忠实顾客。通过会员制度,星巴克能够更好地了解顾客需求,提供个性化的服务和优惠,进一步增强顾客的忠诚度和信任感。

五、广泛利用数字和社交媒体平台

其一,星巴克广泛利用 Facebook、Twitter 等社交媒体进行品牌形象宣传,通过社交媒体平台展示其品牌形象和价值观,例如分享关于可持续发展、社会责任和公益活动的内容。他们通过发布有关环保、公平贸易和社区支持等方面的信息,树立了一个积极的品牌形象。

其二,通过社交媒体与顾客互动,回复他们的评论和提问,提供个性化的服务和建议。还鼓励顾客通过社交媒体分享他们在星巴克的体验,例如上传照片、标记位置或使用特定的主题标签。这种互动有助于增强顾客的忠诚度和参与感。

其三,利用社交媒体发布促销和优惠活动。星巴克经常在社交媒体上发布促销和优惠活动的信息,例如限时优惠、新产品推出或特别活动。它还会与合作伙伴(如音乐人、艺术家和慈善机构)合作,通过社交媒体平台宣传和推广这些合作活动。

其四,发布广告。星巴克利用社交媒体平台的广告功能,针对特定的目标受众进行广告投放。它会根据用户的兴趣、地理位置和行为等信息,精确定位潜在顾客,并展示相关的广告内容。

通过以上的社交媒体营销策略,星巴克公司能够与顾客建立更紧密的联系,提高品牌知名度和顾客忠诚度,并吸引更多的顾客到店消费。星巴克的移动应用程序和奖励计划也证明了以移动为重点的举措在提高顾客参与度和忠诚度方面的重要性。

六、与用户建立情感联系

星巴克掌握了与顾客建立情感联系的艺术,旨在与目标受众建立有意义的、真实的联系。星巴克分享能引起顾客共鸣的故事、经历和价值观,培养社区意识,鼓励用户生成内容和客户反馈,通过建立情感联系以培养品牌忠诚度和拥护度。

比如,星巴克的一位咖啡师了解到老顾客在等待肾脏移植,便亲自做了配型测试并且成功移植。一位门店女员工为鼓励患癌症少女勇敢与病魔作斗争,将自己剃成了光头。员工认同公司的道德观念和价值之后,心甘情愿地通过每一次服务为顾客提供完美的咖啡体验,而每一次体验的背后又都是一段足以称道的故事。他们从生活与情境出发,塑造消费者的感官体验及价值认同。年深日久，星巴克逐渐成为都市里追求精致生活的中产阶层的集散地，一杯咖啡、一台电脑、一本书，在惬意的环境中可以打发一天的时光，也能点燃人类最微妙的情感。有人说，星巴克咖啡的价格中，有一半是消费者在为内心虚幻的感受埋单[①]。

七、鼓励用户参与内容制作，提升用户归属感

星巴克在其社交媒体平台上展示顾客的照片和故事，促进社区意识和用户参与。星巴克利用数字和社交媒体平台来吸引顾客和扩大影响力，鼓励用户创建吸引人和可分享的内容。比如，星巴克通过社交媒体的力量，鼓励用户创作并分享自己的星巴克体验，利用 UGC 内容在社交网络上形成病毒式传播，有效扩大了品牌的影响力和覆盖范围。星巴克还鼓励用户参与创意营销活动，例如，它曾经发起了一项回收利用咖啡塑胶杯的活动，用户可以在咖啡塑胶杯里种植小植物，并通过二维码扫描教程进行操作。这种活动不仅环保，还增加了用户的参与感和品牌忠诚度。此外，星巴克还利用咖啡杯涂鸦文化，让用户自己 DIY 咖啡杯并在官方网站和社交媒体上展示，调动了用户的积极性，增强了品牌文化的传播。用户生成的内容展示了真实顾客对品牌的喜爱和认可。

▤ 思考题

1. 内容营销与传统广告营销的区别是什么？与传统广告营销方式相比，内容营销有哪些优点？
2. 你认为短视频营销的优势有哪些？请举例说明。

精讲视频

---

① 中视国广：《看星巴克如何讲品牌故事法则》，2014 年 5 月 8 日，https://www.douban.com/note/349867226/?_i=0709550J3mvp8l。

第十六章　粉丝社群营销

第一节　粉丝社群营销的概念

"粉丝"一词来源于英语的 FANS,指的是针对娱乐、体育这些行业的个人、栏目或流行趋势的支持者,是一种带有浓厚感情色彩的忠诚现象。传统工业时代,粉丝仅存于娱乐、体育等极少数特殊行业,但在互联网时代,粉丝这种带有强烈情感色彩的品牌态度越来越流行,而粉丝社群则成为私域营销的一种重要方式。

粉丝社群营销是指通过社交媒体等渠道,将具有共同兴趣、需求的用户聚集在一起,形成社群,并利用这一平台进行产品或服务的营销活动。这种营销方式的核心是与用户建立情感链接,提高用户黏性,注重与用户的互动,通过与粉丝的互动和合作,实现品牌知名度和美誉度的提升,从而实现营销目标。

一个社群为什么会存在?

首先,社群是以共同利益为中心的强交互形态。成员之间的交互是依靠共同利益来维系的,也就是群成员的共同兴趣。例如,各种运动、乐器爱好者社群,或各种通过共同经历、共同隐私、职业诉求等建立起的社群等,究其根本,是存在共同利益。通过共同利益的标签,非常小众的兴趣爱好者也能找到社会存在感。有了社群成员的互相认可,随之而来的日常交流也就自然出现了,这样就形成了强交互。

其次,社群可以节省信息获取成本。在这个信息爆炸的时代,个人的信息筛选成本十分高昂。而社群是基于兴趣爱好和共同利益所产生,便成为一个半定制型的信息过滤器,个人从社群中获取有效信息的效率将非常高。比如一位资深豆瓣用户的电影评分,往往能反映一部分豆瓣用户的偏好,这大大节省了信息的过滤成本。

最后,为用户提供弱中心化的表达渠道。社群是一个弱中心化、较为扁平的组织,个人话语权与在其他组织中的话语权相比大大提高。正是如此,每个人都能成为信息渠道,每个人的观点都能获得相应的反馈及重视，个人权利在社群圈子中得到充分体现。因此，在共同规则下自由交流、高频的内部互动成为一个社群的日常状态。

在互联网环境下，信息传播的主导权从传统信息权威者转到了消费者手里。消费者在信息内容创作、传播、搜索和接收等环节掌握了主导权，因此掌握了话语权。过去的那套以大众媒体广告和公关为中心的营销思维已经失效。企业只有调转方向，积极拥抱粉丝，并与他们互动，创造融洽的合作关系，才能够借由粉丝的力量来传播品牌。

第二节　私域流量和公域流量

一、私域流量和公域流量的定义

私域流量，是指企业在自己拥有和掌控的平台上产生的流量，这些平台可以包括企业自己的网站、App、小程序、公众号、朋友圈、微信群等。企业在自己拥有完全支配权的账号或平台上所沉淀的粉丝、客户和流量就属于自己的私域流量，企业可以直接触达并多次利用。私域流量的本质在于，企业对这一类流量具有较高的所有权和掌控权，能够更自由地进行管理和运营。

公域，即公共领域，指对所有用户开放的平台，如百度、抖音等搜索引擎和社交媒体平台。与私域流量相对应，公域流量是指企业在外部平台上获取的流量，这些平台可以是搜索引擎、社交媒体、第三方应用等，比如常见的抖音、快手、B站等公共社交媒体上的流量则属于公域流量。公域流量的特点在于相对较低的所有权和掌控权，企业需要在这些平台上竞争获取用户的注意力。与私域流量相比，公域流量上建立的用户关系相对较为薄弱。用户在外部平台上的关注可能更多基于瞬时的兴趣或需求，难以实现深度的用户黏性。

粉丝社群营销是一种典型的私域流量营销。粉丝社群是由一群对某个品牌、明星、产品或者服务有着共同兴趣和热情的人组成，他们通过社交媒体、线上论坛、线下聚会等方式聚集在一起，形成了一个紧密的社群。在这个社群中形成了一种类似契约的关系和对品牌忠诚的共同情感，便于进行营销行为和活动。

如今，私域和公域的概念被广泛应用于商业领域。根据网经社电子商务研究中心的报告，2023年，中国私域电商市场规模已高达5.8万亿元，年增长率达28.88%。由于私域流量用户忠诚度高、经济便利，将公域流量引向私域流量，成为许多企业或个人的重要营销策略。

二、私域流量的优劣势

相比较起公域流量，私域流量有着以下不可比拟的优势。

1. 对流量的所有权和掌控权高

私域流量主要来源于企业自身的数字平台，因此企业对这一类流量的所有权和掌控权相对较高。这种高度控制使得企业能够更加精准地进行定制化运营,满足目标受众的需求。而公域流量则受限制于外部平台的规则和算法,企业对其所有权和掌控权相对较低。

2. 形成深度的用户关系

由于私域流量多是通过用户主动关注、注册、订阅等方式获取的,因此企业能够建立更深度、更紧密的用户关系。这种关系的建立有助于提高用户的忠诚度,从而为企业带来更稳定的收益。具体来说,用户关系体现"高互动性""高忠诚度""高影响力"和"高性价比"的特点。

(1)高互动性。在粉丝社群中,用户可以通过点赞、评论、分享、转发等方式进行互动,形成庞大的信息流。这种高度的互动性使得社群成员能够积极参与讨论和交流,增强了社群的活跃度和凝聚力。用户只有成为归属感强的粉丝,才会帮助企业传播品牌,才会进一步消费而为企业创收,最终为企业创造价值。而要造就粉丝,内容的互动应当遵从三个原则,即"含蓄""巧妙"和"实用"。

(2)高忠诚度。粉丝社群中的成员对自己所追随的品牌、明星、产品或服务有着极高的忠诚度。他们会不断购买、推荐和宣传这些事物,为自己所喜欢的事物赢得更多的支持和认可。

(3)高影响力。粉丝社群中的成员可以通过自己的行为和言论对其他人产生影响和引导作用,形成一种社会力量。这种影响力可以帮助品牌、明星、产品或服务获得更多的关注和认可,提高品牌知名度和美誉度。

(4)高性价比。近年来,私域流量因为性价比高而快速增长。随着公域流量成本的持续攀升,企业获客难度日益加大。行业报告显示,近年来,即便是头部互联网平台,每个新客的获取成本也呈现出显著增长趋势。与传统的广告投放和依赖第三方平台的推广方式相比,企业或个人通过私域渠道可以随时、多次直接触达用户,减少中间环节,以较低的成本维护和增长用户群体,从而使老顾客在私域产生复购。他们的转化率往往高于新用户,性价比极高。

3. 数据获取更全面

在私域流量中,企业可以更全面地获取用户数据,包括用户行为、偏好、购买历史等信息。这些数据对于精准的营销和个性化服务提供了有力支持。同时,企业还可以收集和分析用户数据,更好地理解用户需求和市场变化,为产品开发和营销策略提供依据。

私域虽越来越火,但并非所有的私域运营都能达到预期效果,有的甚至沦为"无效私域"。在具体实践中,私域流量往往存在以下几个方面的问题。

一是用户信任较难获取。营销工作最核心的要素就是以高品质的内容和服务获取用户信任,需要不间断地与用户保持密切联系,并不断提供高品质内容。很多群主在售卖商品时都要经过自己的精心挑选,甚至使用,确保商品品质合格;还要随时回复客户在群里提出的各类问题，及时反馈各种吐槽，应对各种麻烦局面，否则难以获得消费者的关注和信任。

二是需要主动做好内容运营。群主在社群里不仅仅是被动回复信息，更需要主动设置一些议题和内容，比如有关产品的介绍以及相关的服务，做好内容营销。而且这些内容还必须要新鲜、好看、有含金量才有可能保持社群的流量。一旦内容跟不上，社群很可能就立刻成为"无效私域"。

三是内容需要与多平台协同合作。好内容是一切的基础，但是好公域流量平台也必不可少，否则单纯的社群运营就是一个过于封闭的系统。做好私域社群也需要几个公域流量平台的配合：一方面是获客平台，比如从头条、抖音、小红书和各类自媒体账号中不断获得流量和高品质的内容；另一方面可以开设社交电商平台，便于完善社群裂变的形式，比如会员在粉丝社群看到好物以后可以去相关电商购物平台直接拍货，促成成交。

第三节　粉丝社群营销的步骤

粉丝社群一旦建立，表明企业有了一批核心用户和忠实顾客。但建立社群容易而维护不易，一旦没有做好内容策略和用户管理，社群极容易变成"死群"。若希望社群能够长久具有生命力，持续不断吸引客户进入并将他们转化为忠实粉丝，需要在以下几个方面重点投入。

一、明确品牌目标与定位

首先，品牌需要明确自身的核心价值主张，确定为什么用户应该关注和参与你的社群。这可能是基于产品特性、品牌故事、独特服务或对某一兴趣领域的深入探索。同时，了解并定位目标受众，通过分析用户画像（年龄、性别、兴趣、消费习惯等），可以更精准地制定内容策略和互动方式，以满足特定用户的需求和期待。例如，白酒粉丝社群"酣客公社"已成为首屈一指的中年粉丝群体和中年企业家粉丝群体。其产品定位是匠心、情怀和温度感，其社群口号为"和靠谱的人，喝靠谱的酒"，打造酣客粉丝们的心灵家园。其社群成员为作为企业家的中年白酒极客。该社群不仅卖白酒，还研究各种白酒制作方法和分享品酒体验，共创品酒活动，形成"有酣客、共远行"的共同理念和文化。

二、吸引粉丝加入

做好一个私域平台首先需要有粉丝。一开始的粉丝大多数是从公域平台中获得。将公域平台中的流量引入私域平台中，是很多粉丝社群的通用做法。首先需要通过自媒体、百度、微博等平台积累粉丝，建立社群，在吸引用户关注后，留住用户，让他们继续关注社群。可以通过定期发布有价值的内容、及时回复粉丝留言和评论、举办线上活动等方式增强粉丝参与感和黏性，并继续将粉丝转化为顾客或忠实用户。

三、制定内容策略

内容是吸引和保持用户的关键。品牌应致力于在社群中创造独特、有价值的内容，包括教育性内容、娱乐元素或用户故事分享，以激发用户兴趣和参与度。保持内容更新的频率和质量一致。通常来说，在一个社群中应该每天至少更新一次内容，合理安排发布计划，确保用户能够定期收到有价值的信息，同时避免过度轰炸导致的信息疲劳。比如互联网时代的内容运营商与服务商"罗辑思维"就是依靠社群运营壮大的，罗辑思维最初定位为一档读书思考类节目，注重内容的深度和广度，通过高质量的内容吸引用户。罗振宇以其每日"有料有货有态度"的理念，每天早上 6 点 20 定时向群里播出一条 60 秒的语音内容，逐渐形成了忠实和稳固的粉丝群体。加上其内容选题丰富多样，涉及人生态度、历史、政治、教育、思维方式等多个领域，目前罗辑思维估值已经过亿。

四、设立人工引导

每个活跃的社群群体都拥有领袖式的成员，他们通常是早期核心成员，拥有较强的表达欲望，在社群中拥有较大话语权。他们对于社群的拉动和引导作用十分巨大，企业运营社群时应联合拉拢这类领袖进行示范引导，让社群不偏离最初的定位及主题轨道。还可以邀请一些关键意见领袖（Key Opinion Leader）或品牌代表与用户进行实时互动。另外，用户对社群领袖的信任也决定了对品牌的信任。比如罗辑思维，其最核心的大 V 其实还是罗振宇本人。罗振宇作为节目的灵魂人物，早年曾担任中央台节目制片人，拥有丰富的媒体行业经验和活动能力。他的专业素养和互联网思维使得罗辑思维得以成功创办和运营。现在罗辑思维已经构建了一个顶级的微信社群。

五、建立活动引导

活动不仅是一个宣传拉新、增强成员黏性、激活活跃度的有效手段，还是一个引导社群主题的有效方式。活动的参与情况也可体现社群内部黏性的强弱，同时可以不断引导品牌产品话题。比如，可以发起具有吸引力的主题挑战赛，鼓励用户创造并分享与品牌相关的活动，提高品牌曝光度，定期举办抽奖、优惠券发放等活动，吸引用户关注和参与，建立会员制度，为忠实用户提供专属权益，增加用户黏性等。比如，互联网创新服务平台正和岛利用其高端人脉网络，邀请行业领袖和专家定期进行分享，通过组织线下沙龙、论坛和研讨会等活动，为企业提供定制化咨询服务，满足企业成员的特定需求，促进了商业智慧的交流与合作。这些活动不仅增强了成员之间的互动，还提供了面对面交流的机会，进一步巩固了社群的凝聚力，增强了成员对社群的认同感和归属感。

六、设定引导规则

很多社群是抱着做专业社群的美好愿望而诞生，但最终这些建立的社群不是因为一言不发而沦落为"死群"，就是纯粹在灌水聊天，成为闲聊八卦的聊天室，这些都是群内缺乏引导的表现，因此设立一定的引导规则至关重要。

比如在社群的出入口应做筛选，社群内部的行为规范应做统一，为几个管理人员分别设定不同角色分工等。例如，在加入社群的门槛方面，时下流行的进群门槛一般有四种制度。一是付费制，交钱入场，简单粗暴。比如 Costco 的入会制度就是交纳一定数额的美金。二是邀请制，这主要来自一些较为高端的社群，为了防止与社群理念不相符合或无意购买核心产品的不相干人群入场，对社群带来一些干扰和负面影响，通过朋友邀请的方式邀请一些意见领袖和大 V 免费入群，利用他们的口碑和人脉帮助企业宣传推广。三是申请制，通过邮件、问卷、一对一私聊等方式邀请靠谱合适的会员入群入场，这一方面可以考察客户入群的决心，进而直接培养一批忠实客户，也可以将没有诚意的客户筛除出去。例如，美国保健品美乐家就采用客户申请入群的方式，提升了会员的整体质量。四是审核制，通过自我介绍、朋友圈和一对一私聊的方式来进行审核，将符合条件的会员邀请入场。这些方法可筛掉一些不太诚心也没有购买意愿的粉丝，节省企业筛选成本，提高效率。比如，用户在申请成为 B 站会员时，必须回答 B 站设置的 100 个问题并有一定程度的正确率才能够被邀请成为 B 站会员。这样，成为 B 站会员的人必定是对其有一定的了解并且认可 B 站的理念，将来成为忠实粉丝的概率也会加大。

七、做好社群维护

由于社群中客户的流动量很大，因此需要时时做好运营，防止客户流失。首先要及时反馈社群内客户的提问，给予他们满意的结果，收集并利用用户反馈来优化内容策略和服务；其次，要经常设置一些有趣的内容，发起用户的话题讨论，建立积极的社区氛围。另外还可以通过群内红包来激活沉睡群友，促进更多的用户加入互动。适当的时候可以采用公众号转发量评比、让客户参与问卷调查等方法，激励客户产生更多的深度互动。在这方面，小米公司堪称企业典范。小米公司自创业开始就颁布了一条规定，公司内的任何人从领导到员工都是客服，都必须在社群内与粉丝持续对话，随时解决粉丝提出的任何问题。小米公司的总裁雷军还曾经假扮员工进入粉丝社群中，与用户沟通，了解用户对小米产品的各种意见。

八、控制社群规模

社群规模的控制非常必要，需要根据社群的实际情况和不同发展阶段来制定合理的规模控制策略，以保证社群的健康发展和成员的活跃度。

首先，社群规模过大可能会导致情感分裂和活跃度下降。社群的核心是情感归宿和价值认同,随着社群规模的扩大,成员之间的情感联系可能会减弱,导致活跃度下降。数据显示,90%的用户在不足 20 人的小群里更活跃[①]。此外,大规模社群难以过滤有价值的信息,可能会导致高价值成员沉默或离开,影响社群的整体价值。

其次,社群规模的控制需要考虑维护成本和投入产出比。扩大社群规模需要更多的资源和精力投入,如果相应的投入产出比无法支撑社群的长期维护,可能会导致社群的崩溃。例如,伏牛堂霸蛮社曾尝试举办一场 50 万人的线上发布会,但最终只有 7 万人参与,结果导致管理失控,最终影响了品牌形象。

最后,社群规模的控制应根据社群的成长阶段和定位来决定。不同阶段的社群需要不同的管理策略。例如,学习性质的社群可能需要更严格的规则来保证讨论的质量和价值,而娱乐性质的社群则可以相对宽松一些。此外,社群裂变活动虽然可以快速扩展社群规模,但也需要合理控制,避免过度膨胀带来的负面影响。

九、客户数据的分析与优化

作为私域流量的粉丝社群,其与公域流量的营销价值最大的不同就是容易掌握用户数据,从而为营销的发展提供坚实的依据。粉丝社群可利用数据分析工具,如粉丝画像和购买表现报告等,了解社群中的用户行为和偏好,从而优化内容策略,对不同的内容形式、发布时间、互动方式等进行营销结果测试,调整运营策略,形成持续优化的闭环,不断提升社群运营的效果。

通过以下方法可以有效评估和优化社群客户数据,提升社群的运营效果和用户满意度。

一是分析社群的活跃度。通过分析社群中用户的互动情况、发帖量、评论数等数据,了解社群的活跃度。当社群活跃度较低时,可以通过举办线上线下活动、发起话题讨论等方式来提高社群的活跃度。

二是分析用户留存率。通过分析用户的留存时间、留存率等数据,了解用户的留存情况。当用户留存率较低时,可以通过提供有价值的内容、激励用户参与互动等方式来提高用户留存率。

三是分析转化率。通过分析社群中用户的转化率、转化路径等数据,了解转化情况。当转化率较低时,可以通过优化社群的内容、提供更好的服务、发放优惠券等方式来提高转化率。

四是分析新增人数和退群人数。新增人数是指一定时期内社群内增加的人员数量,退群人数是指一定时期内社群内减少的人员数量。通过分析新增人数和退群人数,可以了解社群的发展趋势和运营质量。新增人数多代表社群生命力强,退群人数少说明用户

---

① 《复制决定着社群的规模》,连连网,2024 年 1 月 15 日,https://global.lianlianpay.com/article_train/16-92012.html。

满意，反之则需要调查和处理用户不满意的问题。

五是分析净增长人数。通过新增人数减去退群人数得到净增长人数，可以分析社群处于上升阶段还是下滑阶段。净增长人数低时，需要将提高新增人数和降低退群人数的方法相结合。

六是积极利用数据工具进行分析。利用社群管理工具、社交媒体分析工具等数据工具，社群管理者可以更准确地了解社群运营的效果和用户的行为，以优化社群运营策略。

第四节　案例分析：小米的粉丝社群营销

小米公司作为一家知名的智能手机制造商，它的成功很大程度上来源于其对社群营销策略的探索和管理。它没有花一分钱广告费能将一个新品牌手机一年卖 100 万部，主要是有效借力了社群营销，这在传统的销售渠道中是不可想象的。

小米的社群营销策略主要体现在以下几个方面。

一、通过创建社区直接触达用户

小米从创立之初便十分重视与粉丝的互动，它创建了专属的线上社区——小米社区。小米主要通过三个办法调集粉丝：运用公域平台微博获取新用户；运用自己的私域平台论坛维护用户活跃度；运用微信来做客服。

在小米创业初期，其团队就有一项硬性规定——全员客服。也就是从合伙人到产品经理和开发工程师，全部都要在社区论坛和微博上直接面对用户，随时接受用户的意见和建议。在这样的规定下，小米公司从领导到员工都是客服，他们持续与粉丝对话，解决粉丝提出的各种问题，让粉丝们觉得自己是被重视的。包括雷军本人，也随时在社群中与客户互动，第一时间解决米粉们提出的各种问题。雷军作为一名著名企业家，他在公众领域最知名的标签却不是企业家，而是一个"Are you OK"的梗。这来自 2014 年，他在一场海外发布会上的几句向用户问好的英语寒暄。"Are you OK"成为他的一个代名词，也成为他作为平易近人企业家的一个典型象征。正是有了这样接地气的领导者和这样的平台，小米成功地将品牌信息在粉丝中快速传播。

现在，小米社区不仅仅是一个交流平台，更是品牌与用户之间的重要纽带。小米的最新产品、活动和促销优惠等内容都是在其社群平台上发布。通过这几个平台，粉丝可以讨论产品、提出建议、参与活动，形成了一个紧密联系的用户群体。

二、让用户做决定、参与产品开发和公司治理

创始人雷军曾经说过：用户是最好的老师，只要读懂了用户要什么，产品体验就会明

显上一个台阶①。因此，小米公司尊重用户的每一个意见，用户一直都在深度参与小米的产品决策。员工们会及时回复用户的留言评论，根据用户反馈改进产品和服务，一旦确认用户的意见有价值就马上修改。

比如，小米的功能更新是根据用户投票结果决定的，小米的系统铃音也是用户选择的。开发 MIUI 时，让米粉参与其中，他们提出各种建议和需求，由工程师改进。如今小米的用户已经多达数亿，他们当中有各行各业的专业人士，也有极具用户社区影响力的代表，他们的意见有些比内部的报告都更为见微知著，一针见血。

小米认为，企业的管理是股东、管理者、员工和用户共同参与的结果。让用户以合适的方式真正有效地参与到产品建议、业务讨论等事务中，是公司始终以用户为中心、和用户共创公司的一种模式探索。当用户不再仅仅是用户，而成为公司事业的共同参与者时，他们会对公司产生强烈的参与感，这种感情绝非一般的品牌忠诚度可比。依靠这种方法，小米成功地把每一个忠实用户变成了自己的宣传者，也成为公司治理中一支非常重要的力量。

三、线上线下活动强化品牌认同

小米通过创办多种形式的社区、社群，如"科技发烧友""校园俱乐部"等，聚合大量的小米粉丝和产品爱好者。这些社群至今仍然是小米粉丝的主要力量。

小米团队在社群中定期发布创意内容，如搞笑视频、用户故事、幕后花絮等，增加粉丝的兴趣和互动。小米在社群中设立各种奖励机制，通过积分、徽章、限量版产品等方式，奖励活跃用户，激励粉丝积极参与社区活动。定期举办线上活动，如新品发布会、线上直播、问答互动等，并发放相应福利，让粉丝感受到品牌的活力和亲和力。小米通过试水会员制社交电商，引入"晋升机制"，帮助用户从"小白"变成"达人"。用户可以选择成为会员或进入推手团的团队，参加培训并开始拉新，这种模式增强了用户的参与感和归属感。小米有品通过"付费会员＋自研品牌"的配合策略，以较低的价格吸引用户开通 UP 会员，聚焦于商品优惠和深度服务，这种策略有助于锁定核心用户，提升用户满意度和忠诚度。小米还通过设置微信公众号抽奖活动来激励用户参与。例如，用户关注小米微信公众号后可以参与抽奖，奖品包括小米手机等产品。此外，还有通过微信公众号"小米之家"或搜索小程序"小米 Lite"参与的抽奖活动，这些活动通常需要用户登录账号，并且每名用户最多可中奖一次。这种抽奖活动不仅能增加用户的黏性，还能促进用户之间的口碑传播。小米还尤其重视线下活动，成立了"米粉俱乐部"，定期组织线下的"爆米花"活动。

四、极度宠粉，与用户交朋友

小米公司创始人雷军认为，在小米心目中，米粉不只是简单的小米产品使用者，而是

---

① 雷军：《小米创业思考》，中信出版社 2022 年版。

与小米共同成长的伙伴，要分享共同的理想，认同相同的信念①。雷军本人也是放下身段，融入用户，把用户当作朋友而不是上帝。小米公司认为，只要真心实意对待用户，用户一定能够感受得到。

2017年底，小米公司做出了一个反常规的举动：拿出1.5亿元人民币，以"无门槛，无套路"的现金券的方式在小米商城上直接发给了用户。用户在领到100元代金券后，不需要"满减"，没有"限定品类"，可以在小米商城上直接花，甚至连邮费都能替代。这次活动口碑极为"炸裂"，用户从来没有见过这样的活动，给予了小米巨大的好评。

2022年小米11发布之前，雷军在微博上表示，粉丝们2021年有什么新年愿望可以留言，他会选几个有趣的帮助大家实现。最后，通过从6万多条愿望中进行筛选，雷军公布了三位幸运米粉的愿望，其中一条最为亮眼的愿望竟然是"让粉丝当一天雷总"。

2024年11月，有网友在小米集团合伙人卢伟冰的微博下留言抱怨："定制色十几天了还没发货，让雷总拧螺丝去。"该条评论发出不到一小时，"客服"雷军上线，转发并回应称"我马上去催一下"。网友纷纷为雷总的服务点赞："这客服可以！"②

2024年10月，在小米SU7车发布后不久，"雷军称将推出小米驾校"登上热搜，网传培训费用为1 999元，将对小米的车主朋友们开放小米公司内部的高级驾驶培训、赛道驾驶培训、漂移培训三类课程，引起网友热议③。

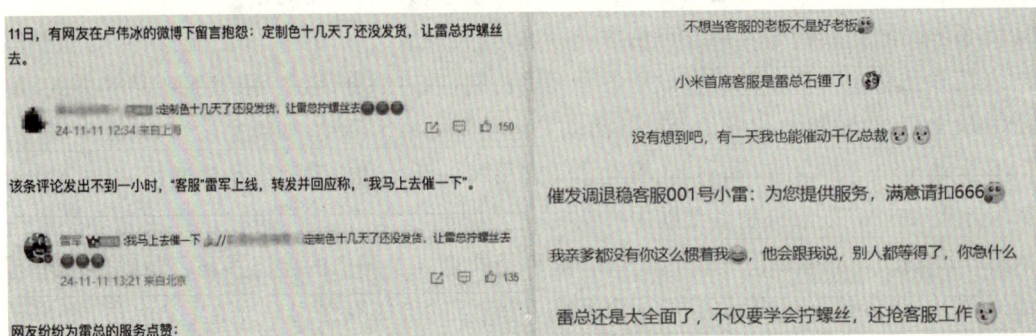

图16-1

怀着一颗真诚的心，用接地气的方式去无限接近粉丝，极度宠粉，这就是小米的独特的社群营销方式，也是其成功的重要原因之一。

五、饥饿营销

饥饿营销是指商品提供者有意调低产量，以期达到调控供求关系、制造供不应求的

---

① 雷军：《小米创业思考》，中信出版社2022年版。
② 《热闻｜"我马上去催一下"，雷军"当客服"上热搜，小米双11销售额破319亿》，齐鲁壹点，2024年11月12日。
③ 《雷军将推出小米驾校培训费1999元？王化回应》，《济南时报》2024年11月6日。

"假象",维持商品较高售价和利润率,并维护品牌形象、提高产品附加值的营销策略。具体手段包括有意识地压缩产量,严格控制生产规模,使其低于市场容量的一定比例,通过断货的方式引发市场上的"饥渴效应",从而提升人气,吸引消费者眼球。其最终目的是为了获得最大利润,并通过这种策略维护品牌形象,提高产品的附加值。

小米公司也擅长用"饥饿营销"的方式,制造市场供不应求的局面,从而提高产品的售价和附加值。

一是通过社群和社交网站营造气氛。小米手机早在上市之前,就已经在网上引发各种热议,发布会、微博、网站、媒体等都已经成为小米手机的传播工具。比如在 2011 年 8 月以前,中国尚无网站直销智能手机,最普遍的销售方式还是店铺销售。而小米公司率先开始官网直销并推出了手机社交工具——米聊和"米聊论坛",在短时间就获得了大量的人气。小米爱好者可以在米聊论坛上反馈所有有关小米产品和服务的问题,小米团队甚至让用户参与手机系统开发,并打出"用互联网的方式打造一款最符合中国人使用的手机旗舰"。这些都为手机的销售铺垫了氛围,营造了气氛。到 2012 年 10 月底,百度搜索"小米手机"相关关键词约 2 160 万个,谷歌搜索已经达到 1.39 亿,这极大地激起了用户的兴趣,让很多人尤其是参与小米制造的用户觉得自己非买一部小米手机不可。

二是适当控制产量。小米手机 1S 控制销售量在 20 万台左右,几轮的销售量总共控制在 500 万台左右。但每次发售后小米产品都供不应求。不过,饥饿营销也需要商家提前预知市场容量和需求情况,而且要保证产品或服务必须具有不可替代和复制的独特性。如果产品质量不过硬,只是一味吊起消费者的胃口,会使一部分消费者对产品失去耐心。小米公司也是提前通过粉丝数据预知了市场的容量和需求量,才通过饥饿营销的方式一举获得成功。

三是限时抢购。让消费者必须在规定时间内完成抢购,从而增加了产品的稀缺性和抢手性。小米手机 1S 的首轮开放正式购买限定于 2012 年 8 月 23 日上午 10 点,结果开放后不到半小时所有的小米手机就售罄。截至 2012 年 10 月 10 日,500 万台小米手机在每次开放购买后的十分钟左右就售罄。小米通过控制产量使得市场始终处于供不应求的状态,避免了库存积压带来的压力,维持了产品的高附加值。

六、大数据分析

小米公司通过多种方式挖掘数据,包括用户行为分析、社交媒体数据挖掘、产品使用反馈、市场调研和大数据分析技术等。这对小米公司了解用户需求和行为模式、识别用户兴趣和爱好、构建用户画像和行为预测模型、进行精准的广告投放都有着极大帮助。小米公司对大数据的应用主要体现在以下几个方面。

一是用户行为分析。小米公司通过用户行为分析来挖掘数据,这包括用户在其应用和设备上的各种操作数据,如点击次数、浏览时间、使用频率等。小米公司的数据分析团队会将这些数据进行清洗和分类,确保数据的准确性和一致性。接着,他们会利用数据挖掘技术,建立用户画像和行为预测模型。这些模型可以帮助小米公司更好地理解用户需求,提供个性化的产品推荐和服务,同时也为营销策略和广告投放提供精准的数据支持。例如,小米公司根据用户反馈,分析用户的操作习惯、使用需求等信息,丰富了 MIUI 操作系统的功能,提高了用户体验。与此同时,小米公司还通过大数据技术对产品的外观、功能等方面进行创新设计,如设计出更符合人体工程学的手机外观,以及更贴心的功能设置,从而满足用户的个性化需求。

二是社交媒体数据挖掘。社交媒体是用户表达观点和分享体验的重要平台,小米会监测和分析用户在微博、微信、抖音等平台上的评论和互动。这些数据不仅能够反映用户对小米产品的真实反馈,还能帮助小米发现市场趋势和潜在问题。通过自然语言处理和情感分析技术,小米可以从海量的社交媒体数据中提取出有价值的信息,从而调整产品设计和市场策略,提升用户满意度。

三是产品使用反馈。小米公司会通过多种渠道收集用户在使用产品过程中的反馈信息,包括用户评价、在线问卷、客服记录等。这些反馈数据能够帮助小米了解用户在使用产品过程中遇到的问题和需求,从而进行产品优化和改进。此外,小米还会通过分析这些反馈数据,识别出产品的亮点和不足之处,为后续的产品研发提供数据支持。

四是广泛的市场调研。小米公司会定期开展市场调研活动,通过在线问卷、电话访谈、线下座谈等方式,收集用户对产品和服务的意见和建议。这些调研数据能够帮助小米了解市场需求和竞争态势,从而制定更为精准的市场策略。此外,小米公司还会结合市场调研数据和其他数据源,进行综合分析,形成全面的市场洞察报告,为企业决策提供数据支持。

五是广泛应用数据分析技术。大数据分析技术能够处理海量的数据,通过数据清洗、数据集成、数据建模等过程,提取出有价值的信息。小米的数据分析团队会利用大数据平台和工具,对数据进行深度挖掘和分析,识别出潜在的市场机会和风险。此外,小米公司还会利用机器学习和人工智能技术,对数据进行智能分析和预测,从而提升数据挖掘的效率和准确性。

六是注重数据隐私和安全。在进行数据挖掘的过程中,数据隐私和安全是小米公司非常重视的一个方面。小米公司会严格遵守相关法律法规,确保用户数据的安全和隐私保护。小米公司会采用先进的数据加密技术和访问控制措施,防止数据泄露和滥用。此外,小米公司还会定期进行数据安全审计和风险评估,确保数据挖掘过程的安全性和合规性。

七是数据挖掘技术的持续创新。为了保持在数据挖掘领域的领先地位,小米公司不断进行技术创新和研发。小米公司会引入最新的数据挖掘技术和工具,如深度学习、自然语言处理、图像识别等,提升数据分析的深度和广度。此外,小米公司还会与学术机构和行业伙伴进行合作,共同探索数据挖掘领域的前沿技术和应用。通过持续的技术创新,小米能够不断提升数据挖掘的能力和水平,为企业的发展提供强大的数据支持。

　　小米公司通过在各种渠道所获得的用户数据和用户反馈,展开对用户大数据的深入分析和有效利用。这些优势不仅为小米公司赢得了全球用户的认可和信赖,同时也使小米公司在全球科技市场中保持了领先地位。

📝 **思考题**

　　1. 粉丝社群属于私域流量还是公域流量? 它在营销方面有什么特点?

　　2. 在粉丝社群营销的步骤中,你认为哪些是比较重要的步骤? 有哪些需要注意的环节?

精讲视频

第十七章　会员制营销

第一节　会员制营销概念

一、会员制营销的概念和分类

会员制的存在已经有 400 年左右的历史了。早在 17 世纪的欧洲,当时的封建贵族为了将自己与平民区别开来,就建立了各种封闭性的俱乐部,这算是会员模式的早期雏形了。会员制营销又称"俱乐部营销",是指企业以某项利益或服务为主题将人们组成一个俱乐部形式的团体,开展宣传、销售、促销等营销活动。顾客成为会员的条件可以是缴纳一笔会费或荐购一定量的产品等,成为会员后便可在一定时期内享受到会员专属的权利。

互联网时代,展开会员制营销的企业通过发展会员,提供差别化的服务和精准的营销,提高顾客忠诚度,长期增加企业利润。其中,会员卡是会员进行消费时享受优惠政策或特殊待遇的"身份证"。

会员制营销大致可以分为以下几类。

一是免费会员模式。用户获取会员身份,并不需要额外花钱。这种会员模式门槛低,覆盖广,经常被设计成成长型会员模式。我们最常见的就是"积分制",即根据顾客累积的消费行为,来区分不同的会员等级和权益。

二是付费会员模式。用户需要花钱获取会员身份,而且是限时的。这种会员模式门槛较高,主要针对一部分黏性高、要求高、复购高,且有一定消费力的用户。这又可以细分为付费购买消费资格(比如 Costco、山姆会员店等),以及付费购买权益(比如京东 PLUS、天猫 88VIP 等)。

三是成长型会员模式。会员等级根据用户的消费行为、积分累积或其他活动参与度来提升,等级越高,享受的权益和优惠越多,常见品牌有支付宝、小米等。

四是储值会员模式,尤其在理发店、餐饮店、健身房、培训机构等服务行业居多。这种模式虽然也要花钱,但比较特殊,和付费会员模式有着很大区别。储值会员模式本质是一种消费金预存行为,钱还是顾客的,只是提前预存在商家这边,预存的目的是为了返现、折扣等价格优惠,而非为了某种权益或服务额外支付溢价。这其实更像是某种"免费会员"。现实中,商家经常会把上面的几种会员模式进行"打包组合",设计出更多花样的会员规则。

会员制营销主要以会员为营销对象,各种各样的俱乐部有自己独特的服务内容,其服务有一定共性,往往对加入俱乐部的人施加一定的限制条件。同时,俱乐部也会给会员一些优惠或者福利,比如打折或提供一些更高级的服务等。会员是自动加入俱乐部的,但一旦加入,就和俱乐部之间建立一定的契约联系。会员和俱乐部有一定的共同目的,如社交、娱乐、科学、政治、社会活动等,同时还能够保持一种相互渗透、相互支持的结构性关系,不仅有交易关系,更有伙伴关系、心理关系、情感关系等作为坚实基础,而这种关系是竞争对手无法轻易染指的。

二、会员制营销的价值

无论形态如何,会员制营销的价值都可以归纳为三类:(1)效率价值,即通过数字化管理提升运营效率;(2)效益价值,即扩大并锁定顾客未来的消费份额;(3)品牌价值,即提升品牌黏性和用户传播。

(1)效率价值。这是会员制营销的基础价值。很多企业和品牌对消费者进行线上化、数据化的区分,做精细化的分层运营,这样可以带来很大的效率提升。特别是传统线下商家,以前没有消费者运营的概念,更没有线上客户关系管理(Customer Relationship Management)体系。通过会员制模式的建立,一方面可以把消费者进行区分,让企业把有限的资源投入到能产生更大价值的顾客身上,提升转化和产出,另一方面,在线化工具的使用释放了一大批劳动力资源,同时对大量会员数据的积累、分析,可以帮助企业做出更科学、高效的决策。

一般来说,零售企业在消费者申请会员卡时要求其填写个人资料,这样就可以收集到大量会员的基本情况和消费信息。企业可以明确自己的消费群体,了解和掌握企业顾客群的特点,对客户进行分层,更进一步进行消费分析。同时,会员制提供了企业与顾客的沟通渠道,便于企业及时了解消费者的需求变化,为改进企业的经营和服务提供客观依据。

(2)效益价值。这是会员制营销的当下价值。通过会员福利、优惠券等方式,刺激会员的消费力,通过消费习惯的养成和品牌信任度的加强,拓宽消费品类,提升单客消费金额。通过对会员的日常维护和服务,既可以提升信任,还可以增加与客户的接触和品牌曝光,加深品牌记忆。通过会员权益的绑定,以及在会员心智上不断种草,可以提升用户的迁移门槛,使会员不易离开。零售企业通过与顾客建立良好的关系,可以使顾客产生归属感,从而培养顾客的忠诚度,降低开发新顾客的成本,提升企业竞争优势,树立企业品牌。

(3)品牌价值。这是会员制营销的长期价值。会员制如同建立了一扇"门"。一开始,这道门是商业规则和制度,到最后,这道门是品牌在消费者心中的位置。制度的"门"

脆弱，品牌的"门"坚固。通过会员制，可以筛选、培养那些超级用户，让他们在反复消费和与品牌互动的过程中提升对品牌的黏性和忠诚度。今天的商业环境和逻辑已经发生了翻天覆地的变化。流量红利结束、新消费品牌崛起、新消费渠道出现，给商业行为和模式带来极大挑战。而会员制恰恰是解决用户关系和经营效率问题的法宝。一切会员制的终点，都是通过品牌来锁定用户，以获得长期、稳定、重复的现金流。

总体来说，会员制营销符合整合营销传播的理念——以客户为导向，满足客户需求，围绕客户做好产品和服务。但相比较起其他的营销方式，会员制也有它自身的弱点：

一是成本较高。建立和维护会员体系需要投入大量的人力和物力。

二是管理复杂。会员制营销需要企业建立完善的会员管理系统，包括会员注册、会员积分、会员等级、会员优待等方面，这需要企业具备相应的技术和管理力量，并不断优化和调整。这对于一些小型企业来说可能是一项巨大的挑战。

三是需要不断地创新和改进服务，以不断满足会员的需求和提高会员的忠诚度。如果会员服务不到位，可能会导致顾客流失，影响企业的长期发展。

四是需要建立良好的企业文化。会员制营销需要企业建立良好的企业文化，包括企业价值观、企业形象、企业信誉等方面，这对于企业的长期发展至关重要。

第二节　会员制营销的应用领域

虽然会员制营销的底层逻辑是普适的，但在不同行业、企业则有着不同的形式和内容。这里，我们以更具代表性的"付费会员模式"为例，看一下它在**实物零售、数字化产品、服务行业和消费权益平台**四大领域的实际应用特点。

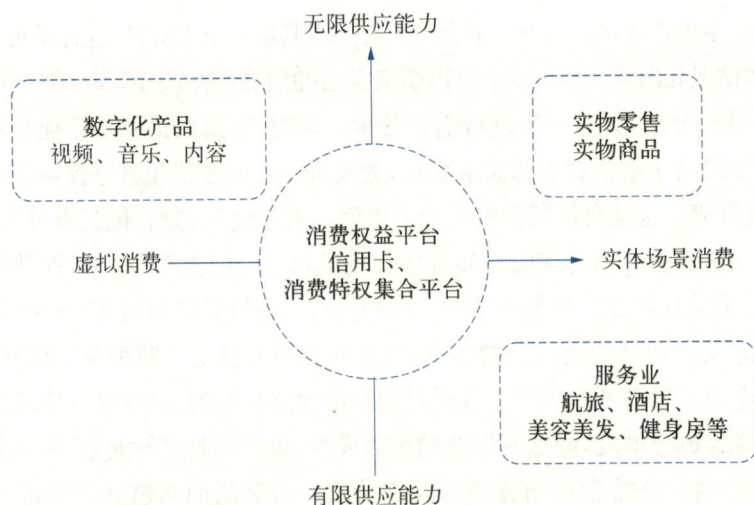

图17-1　"付费会员模式"运转流程图

一、实物零售领域

付费会员制往往具有"二次付费"的属性。会员身份和商品购买的行为是分离的。消费者需要经过两次付费,第一次为会员身份买单,第二次为商品买单。这种付费会员又可以根据线上线下场景、会员身份是否成为消费资格来进一步分类。比如 Costco、山姆会员店、麦德龙等仓储会员店,就属于线下场景,且需要会员身份才具有消费资格;而像银泰365 等属于线下场景,但会员和非会员都可以消费,会员能享受更高权益。在线上,京东 PLUS 会员、天猫 88VIP 会员、亚马逊 Prime 会员等与线下银泰 365 类似,都不具有消费门槛的约束。但也有一类付费会员电商,其顾客需要先成为会员,才享有消费或被服务的资格。

二、数字化产品领域

对于一些数字化产品,比如常见的视频网站、云盘、在线工具等,消费者只有一次付费行为。在这种情况下,购买了会员身份就等同于购买了线上商品的使用权益。这种会员身份也是限期的,但根据一次性购买会员市场的不同,可以享受到不同的折扣。通过这种激励方式,企业可以获得更多现金流,并更长时间锁定用户。虽然数字化产品的边际成本为零,理论上企业只要为会员无限提供标准化产品就可以了,但精明的企业,在标准化产品的基础上,还会对会员权益进行细分,根据会员的实际需求和消费能力进一步分类,从而实现更高回报。比如百度网盘推出了普通会员和超级会员,在空间容量、传输速度和其他功能服务上都有较大差异。同时数字化产品会员的捆绑销售也是比较常见的模式,用户一次可购买多个产品的会员身份,享有更多的权益和优惠,比如爱奇艺的黄金 VIP 会员绑定了喜马拉雅会员,星钻 VIP 会员绑定了京东 Plus 会员等。

三、服务行业

服务行业由于受到场地、设备、人员和时间的限制,商家在服务供应上是有限的,但每个顾客的消费空间存在弹性,因此这些行业往往利用会员制来衡量和区分客户的身份和消费能力。如美容美发、健身房、线下培训机构等,通常会把"储值会员模式"和"成长型会员模式"相结合。目的就是让你多存钱、快消耗。那些储值多、消耗快的成员,所享受的会员权益更高。另外一些行业的会员如酒店和航空行业,也是如此。会员的消费行为决定了他们的会员等级和权益。住酒店的次数越多、坐飞机的次数越多,对应的会员等级就越高。这个会员等级就是消费能力的体现。

四、消费权益平台

信用卡服务平台是我们最常见的一种消费聚合平台。无论是付费办理还是免费办理,都可以获得一种会员身份。而信用卡提供的会员权益不是独立的、静态的,而是一个动态的"消费权益包"，包括了各类合作消费场所的诸多权益，比如酒店、商场、餐厅、航空出行等。这种信用卡的会员制，本质上是对第三方消费权益的整合，信用卡除了支付功能，更多是提供了一个平台，用于商家和消费者的链接。同时，消费者的信用卡使用行为也会被认为是一种成长过程。用积分的形式进行累计，使用越多，积分越多，相应的等级就越高，权益就越多。除了信用卡之外，还有一些付费会员制的消费聚合平台，比如环球黑卡、骑士卡等。对于这些聚合平台，只有首先付费成为会员，才能享受平台所提供的权益。

第三节　会员制营销的具体流程

在会员制营销的流程方面，最重要的是要设计一个合理的会员体系。这包括根据自身产品特性和营销需求来选择合适的会员模式，并根据会员模式来设计会员权益。

常见的会员模式包括上面提到的免费会员、成长型会员、付费会员和储值会员等不同模式。在确认会员模式后，通常会设计三个操作流程：会员分层、会员权益、等级规则/数量。

会员分层通常根据"二八法则"，即按照活跃度、消费能力等因素将会员分成不同层级，划分出20％的高价值用户与80％的普通用户。由于"二八法则"显著，且毛利润高，大多数品牌会将免费会员模式和成长值会员模式结合使用。最常见的例子是支付宝会员模式。支付宝的会员模式是免费的，会员等级根据成长值评定，而成长值又根据消费规模评定，该模式"二八法则"非常明显，毛利润高。

会员权益是设计会员所属的等级所能享受到的各种优惠、服务或特权。会员权益的设计在商业运营中起着至关重要的作用。企业应根据客户的不同需求和偏好，提供个性化、专属的优惠和服务，以增强客户对品牌的忠诚度。常见的会员权益包括积分累计、专属优惠、生日礼物、免费试用、专属客服、会员活动等。会员权益应与会员等级挂钩，等级越高，享受的权益和优惠越多。这有助于精准划分用户层级，提供个性化的服务和营销策略。例如，通过消费金额、频率等指标划分用户等级，实施差异化服务。

一个完善的会员体系，还包括等级规则/数量的合理设计。

在此基础之上，企业还需要合适的会员营销软件，有效执行会员制营销策略。通过收集和分析数据，不断调整和优化服务，提升会员的消费体验和忠诚度。与此同时，企业还需要一个强大的数据库来记录和分析会员的数据，这些数据可以被广泛应用于各种营销活动中，帮助企业更好地了解客户需求，提供个性化服务。利用CRM系统等技术手段，建立完善的会员管理系统。通过标签化管理，实现精细化的用户运营。技术手段的应用可以提升会员体系的效率和用户体验。

第四节　案例分析：Costco 如何靠会员费赚翻全球

Costco（开市客），起源于 1976 年在美国加利福尼亚州圣迭戈成立的 Price Club，是全球第一家会员制仓储批发卖场。2009 年，Costco 一跃成为美国第三大、世界第九大零售商。2020 年 7 月，它位列福布斯全球品牌价值 100 强第 79 位、世界 500 强第 33 名。到 2024 年，它在全球品牌价值 500 强中排名第 26 位，美国 500 强中排名第 11 位[①]。

在这个零售业日新月异的时代，Costco 以其独特的商业模式、卓越的会员服务体系及品质坚守，在全世界经营 870 多家卖场，分布遍及 14 个国家及地区，全球持卡会员高达 1.28 亿以上，续费率更高达 91%。毋庸置疑，Costco 不仅是仓储批发卖场的领导者，也是值得所有零售商、超市行业从业者深入研究的优秀案例。

Costco 的成功，离不开它独特的会员制模式。它是属于"实物零售"会员制的典型。这种模式不仅在美国取得了巨大成功，还引发了国内一些商业超市的羡慕。然而，类似的会员仓储模式在中国是否适合拓展，可能是我们需要研究的另外一个议题。

一、会员费是收入的主要来源

要想成为 Costco 的会员，消费者的第一个体验是先付费，不然就无法在 Costco 购买。Costco 并不以销售商品赚钱，而是通过会员费来获取利润。这与如今互联网流行的"羊毛出在猪身上"的商业模式非常相似。

Costco 的会员分为执行会员和非执行会员两种。执行会员需要每年缴纳 120 美元的年费，可以享受消费总额 2% 的返现（最高 750 美元）和部分保险优惠；非执行会员只需缴纳 60 美元的年费，除了可以进场购物，还能额外带人进去。庞大的会员群体每年所缴纳的会员费高达 Costco 总利润的 70%，可以帮助公司覆盖许多营运及管理成本，从而能提供更价低质优的商品回馈广大会员，整个商业模式得以形成正向循环。

付费有两大好处。从消费者的角度来看，会员费让人产生了一种"我想进店的前提是我要成为店铺的一部分"的感受。这笔会员费就成为消费者的"沉没成本"。如果消费者选择付费，那么出于"一致性"原则，他就会为付费找出理由，为成为会员找一个借口。从商家的角度来看，通过收取一定金额的会员费，将目标客户精准锁定在中产阶级而不是全部人群，这样不仅容易提高服务水平，对会员的数据监测也会相对更简单一些，从而运营效率也会更高。

2018 年，达特茅斯学院塔克商学院的学者研究发现，那些经常来仓储会员店的消费

---

① 来自百度百科对 Costco 的介绍。

者，每人的消费额会增加 5%，在店内采购的时间会增加 15%①。根据 Costco 的财报披露，2020 年财年，其美国、加拿大门店的续卡率达到 90%，全球付费会员达到 5 810 万。可以说，Costco 确实有大量的忠诚用户，而且是花了钱才成为会员的那种。

二、拥有超低价的产品

围绕着消费者喜欢占便宜的心理，Costco 设计了整个价格战略，按照它的使命陈述，它就是要"为会员以尽可能低的价格提供最好的产品和服务"。通俗地说，一旦成为它的会员，就可以放心买他们的质优价廉的产品。它用最优的性价比赢得了全球观众的心。这些战略包括以下内容。

第一，任何一个品类的商品只有两到三个选择，所有 SKU（最小存货单位，Stock Keeping Unit）加在一起只有 4 000 多个，不让用户因为选择而头痛。为了在价格上更具竞争力，Costco 进一步精简采购品类，将所有货品从 3 万个减少到 3 800 个，且每个品类通常只有 2—3 种可选产品，这就省去了顾客面对琳琅满目的商品时的选择烦恼。由于有限的商品选择和庞大的会员群体，Costco 的年库存周转率超过 12 次。这意味着只用 30 天，Costco 就能将其库存商品全部售出，并及时将货款结算给供货商。而相比之下，沃尔玛的库存周转天数通常保持在 45 天左右。与普通商超相比，在相同消费者数量的情况下，会员制企业每样商品的进货量更大，从而在供货商处获得更高的议价能力。

第二，任何商品毛利率不超过 14%，如果要超过，需要董事会批准，Costco 创立以来还没有发生过商品毛利率超过 14% 的现象。从价格的角度看，因为 Costco 对传统品牌的加价率不超过 14%，对自有品牌 Kirkland Signature 的加价率为 15%（其商品销售的毛利常年保持在 11% 左右），所以其价格常常惊人的便宜。Costco 的 DNA 就是要给消费者"最可能的低价"，并获取公平回报。

第三，Costco 挑选的每个产品类别都采用大容量包装，这样供货商将商品运送到门店后，可以直接用叉车将其放置在货架上，省去了额外的分拣工作，从而减少了人力成本。门店同时也充当仓库的角色，由此降低了仓储成本，从而能够通过降低毛利率的方式回馈给顾客。

第四，凭借庞大的供货量和极短的结算周期，Costco 在供货商面前拥有极高的议价能力。这不仅让它们能够要求供货商以低于行业平均水平的价格供货，还能促使知名品牌为其定制产品。在进货价的基础上，Costco 仅增加极低的毛利率进行销售。Costco 的毛利率长期保持在 11% 左右，远低于沃尔玛的 25%。根据历年的财报数据，Costco 每年的运营成本加上税费总额大约占销售额的 10%，这与它们的毛利率相当。也就意味着，Costco 通过销售商品所赚取的利润，几乎全部用于补贴日常运营的开支。这一策略实际

---

① 《看懂 Costco：传统实体店如何让会员"邪教般"忠诚？》，人人都是产品经理，2021 年 9 月 2 日，https://www.woshipm.com/marketing/5115269.html。

上也体现了会员零售制的核心理念：不是通过销售商品本身来盈利，而是将会员费作为主要的利润来源。随着 Costco 门店数量的扩张，单个 SKU 的供货量也在不断增加。如今，Costco 在全球范围内拥有 871 家门店，单个 SKU 全年的销售额高达 5 942 万美元，这一数字远超过山姆会员店的 1 533 万美元。

三、自有品牌追求卓越品质

传统零售商超的选品对质量要求往往没有那么严苛，大量 SKU 下，每个品类会上线超过 10 个品牌。消费者在店内挑选他们所需的商品，产生的销售数据将指导后续的新品上架和旧品淘汰。这种选品方式的容错率相对较高，即便消费者对某品牌的商品不满意，也不会对门店的短期营业额和顾客回头率造成太大影响。

然而，对于需要付费入场的会员零售店而言，每个品类的选择被压缩到仅有 2—3 个品牌，选品的成功与否直接关系到门店的收入和会员的满意度。因此，会员零售店的采购部门需要精准捕捉目标客户的喜好，然后主动为他们寻找最优质、最合适的产品。

Costco 采用的是一种精细化的选品管理模式。Costco 内部会对不同品类组建采购团队。每个团队的负责人通常是由内部经验丰富的员工晋升而来。他们分为两类：一类是对采购商品有深刻理解，能洞察未来消费趋势的人；另一类是在采购领域拥有丰富经验的专家。他们负责选品原则的制定。除了负责人，Costco 还为团队配备了 100 多名高薪的买手，并将每一件单品的选择、追踪和调整任务明确分配给这些专业人员。在 3 800 个 SKU 的商品库下，每位买手仅负责不到 38 个产品，因此他们能够更加专注和细致地分析市场趋势、查询并分析顾客的消费记录，记录每个单品的销售情况，从而更精准地确定哪些产品可以上架或进行调整。此外每个买手每年还需要负责 3—15 个品类的更新。根据网上的反馈来看，Costco 许多产品的上架周期只有 2—3 周，许多畅销产品和季节商品只上一次，这既增加了购物者的新鲜感，也增强了 Costco 的市场适应性和竞争力。

Costco 的这种精选供应模式后来被盒马鲜生借鉴并改良为"买手制"。盒马鲜生聘请了国内外十几位经验丰富的买手，前往商品的核心产区，挑选那些小众、有特色且品质有保障的产品，直接供应给门店。

经过多年积累，Costco 遍布全球的商品供应体系已经十分完善。目前，Costco 在全球各地拥有 871 家门店，覆盖了众多核心市场。

除此以外，每进入一个新市场，团队都会挑选并引入当地的优质供应商，不断丰富和完善其供应链体系。在采购团队的月度交流会上，每个买手还会分享自己挑选的市场上的热门产品，以供其他买手参考、引进。这一规模壁垒短期内难以被突破。

在向海外扩张的过程中，Costco 还建立了自有品牌。为了在竞争激烈的海外市场中脱颖而出，Costco 希望能够创建一个既复制海外品牌质量，又能够以更低的价格提供给消费者的自有品牌。对于会员制商店而言，自有品牌是其独特价值主张的核心。这些商店能够根据其市场定位和顾客的特定需求来定制产品，即便这些产品的利润率相对较低，也能通过大规模销售来实现利润的增长。因此，众多会员店纷纷推出自有品牌，以满足会员的期待并巩固其市场地位。1995 年，Costco 统一现有不同的自有产品的品牌为 Kirkland，其名称源自 Costco 原公司总部的地址。为了保障自有品牌的产品质量，通常 Kirkland 与全球各地的知名生产商建立合作关系，这些生产商往往也是市场上头部品牌的生产线。通过这种方式，Costco 确保了其产品在质量上与知名品牌相媲美，同时又保持了价格上的竞争力。

在全球范围内，Costco 的会员总量超过 1.06 亿人，其中有 5 810 万是付费会员。其会员各式各样。对于现在的会员来说，Costco 仍有一种"邪教"般的魔力。

思考题

1. 会员制营销目前有几种模式？它们各自适合什么样的用户？请分别举例说明。

2. 会员制营销有什么优势和缺点？你认为商家在什么情况下可以采用会员制的方式进行营销？

3. 请举出你身边一个会员制营销的案例，并分析它的成功或失败之处。

精讲视频

第十八章　路径营销

第一节　路径营销的概念和优势

一、路径营销的概念

路径营销是互联网时代的一种全新的营销思维。与过去大众媒体时代不同,在互联网时代,用户借助搜索引擎主动搜索信息。面对主动搜索的消费者,营销的一项新任务就是在其搜索路径上向他们营销。消费者搜索到哪里,企业就应该营销到哪里。路径营销通过分析潜在客户从初次接触到最终购买或转化的整个过程,识别并优化影响客户行为的关键环节,从而提升营销活动的针对性和有效性。路径营销的核心在于理解客户的购买决策路径,通过优化这些路径来最大化营销投资回报。

二、路径营销的优势

路径营销是一种全新的营销思维。如果说以大众媒体推广为中心的传统营销是主动"进攻"的话,那么路径营销就是因应消费者主动搜索而"防守"。互联网时代的企业,需要"攻防兼备"。

路径营销具有以下优势。

一是提高营销精准度。路径分析使企业能够更准确地把握客户在不同阶段的需求和行为特征,制定更加精准、个性化的营销策略,提升营销信息的触达率和响应率。

二是优化营销资源分配。通过路径分析,企业可以识别出营销过程中的瓶颈和低效环节,合理调整资源分配,将有限的营销预算投入到最能产生效益的地方,提高资源利用效率。

三是提升客户体验。路径分析有助于企业发现并解决客户在购买路径中可能遇到的障碍和痛点,通过优化购物流程、提升服务质量等方式,为客户提供更加顺畅、便捷的购物体验,增强客户满意度和忠诚度。例如,亚朵酒店在酒店大堂设立书吧,让客户在入住期间能够借阅图书。这种体验不仅直观呈现了酒店的人文价值关怀,还通过书籍的借阅和归还,建立了不同城市亚朵酒店之间的连接,吸引了大量常客。这种路径营销策略不仅缩短了用户与企业之间的距离,还提高了运营效率和客户满意度。

第二节　路径营销的类型

路径营销分为入口营销、搜索引擎优化和节点营销三种类型。

一、入口营销

消费者生活在现实世界里。当他们从现实世界登入互联网时,必然经过某些互联网入口。这些入口也是企业寻机营销、争取消费者的路径。在个人电脑中,第一入口就是浏览器、媒体播放器、游戏软件等应用程序。

1. App 入口

在手机和平板电脑中,所有的应用程序都以 App 的形式呈现。App 成为移动互联装置的入网接口。例如,许多消费者都有定期浏览 App 应用商店的习惯,通过浏览 App 应用商店的某些特定分类栏目,消费者可以发现并下载感兴趣的 App。因此,如何让消费者在浏览 App 商店时遇见自己的 App 并下载安装,是入口营销的一项重要内容。比如,杜蕾斯品牌本着这一路径营销思维,开发了"杜蕾斯 Baby"等 App,这些 App 被收录在苹果和安卓的各大应用商店供消费者浏览和下载。由于设计独到、趣味盎然,这些 App 常常被各大应用商店放到生活类分类排行首页,或编辑推荐栏,由此被大量下载。就此,杜蕾斯成功地在 App 这个移动互联网的第一个"入口处"吸引了消费者。

由于 App 是入口营销的重要一环,因此极少数资金雄厚的企业与手机商合作,在手机桌面上强制植入 App。而绝大多数企业只能是争取将品牌 App 收录到各大 App 的应用商店,并进入 App 分类排行和编辑推荐栏的显要位置,争取被消费者"发现"。同时,一些行业信息 App(如大众点评网)也是企业应当营销的对象。在这些消费者搜索的重要路径上,品牌和 App 的名字以及图标,也需要一目了然地显示其特色,以便于消费者识别和理解。

一个 App 就是一个企业或组织的代表。那么一个企业或组织如何利用自己的 App 来进行营销呢? 有如下营销模式。

一是基础推广模式。这是最基础也是最常见的营销模式,主要通过广告投放、应用商店推广、用户口碑传播等方式进行。广告投放可以通过各种广告平台进行,包括信息流广告、搜索广告等;应用商店推广主要是在各大应用商店增加曝光量,比如评论回复、官方推荐等;用户口碑传播则需要开发有竞争力的产品,赢得用户的高度认同。这种模式的优点在于受众广、效率高、操作简单,适合各种规模的 App 公司,但缺点可能包括推广周期长、难以控制推广效果等。

二是社交媒体营销。通过社交媒体平台如微信、微博、抖音等进行 App 的推广和宣传。这种方式可以通过互动、分享、裂变等方式进行传播,达到快速传播的效果。社交媒体营销的优势在于覆盖面广、传播速度快、互动性强,且可以针对目标用户进行精准推广;其劣势则在于需要长期的投入和维护,需要有足够的用户基础才能取得较好的效果。

三是事件营销。通过某些具有新闻价值的活动或事件,吸引媒体的关注和报道,从而提升品牌或产品的知名度。对于 App 营销来说,可以举办一些线上或线下的活动,比如比赛、抽奖、分享活动等,吸引用户参与,提高 App 的曝光度。事件营销的优势在于可以短时间内吸引大量关注,提高品牌知名度;其劣势则在于可能存在短期效应,需要持续投入和策划才能保持效果。

四是企业自有官网营销。通过搭建官网进行品牌的宣传,并对网页进行搜索引擎优化(SEO 优化),提升网页的排名和访问流量。

五是 KOL/网红营销。通过与具有一定影响力的意见领袖或网红进行合作,借助他们的社交媒体平台推广 App。这种方式可以快速吸引目标用户的关注,提高 App 的知名度。

六是口碑塑造营销。在百度、360、搜狗等搜索渠道建立百科或品牌词条,提升 App 的品牌形象。此外,在问答平台如百度知道、知乎等建立问答,提升品牌热度。

2. 二维码入口

二维码是由黑色小方格组成的矩阵图案,为消费者创建了一个超级便捷的互联网入口——只需要手机扫一扫,就可以直接接入官网、咨询平台、销售平台的入口。二维码最大的意义,就是引导用户从线下的现实世界无障碍地直达商家的移动版网站,直接看到商家预设的内容。这些内容可能是一个在线论坛、一个产品详情页、一个 App 应用或一项在线品牌活动游戏。所有这些原本需要消费者牢记的网址,需要在浏览器中一笔一笔地输入或到了应用商店搜索后才能触达,现在却简化为"扫一扫"就可以直达。

除了便捷外,二维码的另外一项意义就是为消费者提供丰富多样的互联网入口路径。凡是消费者留意之处,如公交车站或报刊的广告牌、餐饮店的餐桌、旅游景点观景的地方、产品实物或包装,都是企业可以设置二维码入口的场景所在。内容丰富的二维码设置场景极大地拓宽了互联网入口,推动了消费者上线的积极性。

拓宽品牌的互联网入口是互联网营销的重要基础。只有拓宽互联网入口,企业才能将消费者源源不断地吸引上线,后续才能够用 App 应用或在线游戏及其他办法吸引住消费者,才能展开粉丝互动或推动口碑扩散以及收集数据等来实现精准营销。所有的互联网营销,其第一步都是将消费者吸引上线,因此,拓宽互联网入口非常有意义。

二、搜索引擎优化

在实现 App 或二维码登录上网后，消费者的下一步行动往往就是通过搜索引擎搜索信息。经过搜索，消费者看到的可能是多达几百甚至几万个的搜索结果条目。毫无疑问，排在最前面的搜索条目最可能被搜索者关注，排在后面的则没有那么幸运。

在今天的搜索时代，搜索结果条目的排名对品牌产生重大的影响。即使产品品质十分过硬，如果没有出现在搜索引擎的前几页，也足以让消费者对其产品产生怀疑甚至失去信心。而搜索引擎结果页的排名并不固定。如果网页内容与某关键词高度相关、内容质量好、原创性高，那么这个网页就会在该搜索词的结果页上排名靠前，反之则排名靠后或没有列入排名。关注搜索引擎结果页，提升品牌在结果页的自然排名，是互联网时代每一个企业都应该思考的问题。

搜索引擎优化，是在研究搜索引擎算法规则的前提下，借助网页内容组织和其他相关元素，提升品牌关联网页在搜索引擎结果页自然排名的营销方式。而搜索引擎优化包含"选择搜索引擎""挖掘关键词""筛选关键词"三个步骤。

1. 选择搜索引擎

互联网发展到今天，搜索引擎已经多样化发展。搜索引擎不再只是 PC 时代谷歌、百度那样单一的通用型搜索引擎，而是发展出各种专业类别的搜索，比如图片搜索、视频搜索、地图搜索、学术搜索等。同时，搜索引擎还内置在各类门户和入口之中，淘宝、新浪微博、App 应用商店等都离不开搜索引擎。此外，在移动互联网时代，各类移动搜索引擎不再寄生于浏览器，而是以独立 App 的形式存在于手机和平板电脑的桌面。那么问题来了，搜索引擎不同，其搜索结果页的排名算法规则也不同，同一个词在不同的搜索引擎结果页上的排名可能也不尽相同。因此，优化搜索引擎的第一步就是要思考：我们应当优化哪个搜索引擎？比如，一家餐饮店在优化自己在做外卖的搜索引擎时，会考虑首选哪家？是美团还是饿了么？

对此，企业应调研客户的搜索引擎使用习惯，并基于此选定客户的一个或若干个主流搜索引擎作为优化的对象。比如，上海市浦东碧云国际社区是上海最大的外籍人士聚居地区，这里也聚集了上百家以外籍居民和外国游客为消费对象的餐饮休闲商家。一家位居于此的意大利风情酒吧希望能够吸引更多外国游客，经过反复调研，选取了外国游客青睐的"Around Me"搜索引擎。该搜索引擎由于收录了大量的生活类商家、友好的地图标注和大量有价值的消费点评信息而受到外国消费者的喜爱。在 Around Me 搜索结果页上的良好展现能帮助酒吧吸引更多的外国游客前来消费。

2. 挖掘关键词

在选定搜索引擎之后，我们需要挖掘潜在的客户的搜索词。"我们的客户会搜哪些关键词？"关于挖掘客户的搜索用词，企业可以有多种办法。值得注意的是要站在客户而不是企业自身的角度去分析搜索行为，不同的角度决定了搜索用词的不同。比如，客户不是专业人士,他们搜索的用词很可能不专业,包含很多口语化用词;其次客户关心的内容会经常改变,这也决定了客户的许多搜索用词会与时俱进。因此,企业应该留心一些突然冒出来的热门词汇,它们很可能就是客户会进行搜索的词语。

3. 筛选关键词

挖掘关键词,搜寻客户可能使用的消费用词,应该说,由此挖掘的每一个关键词组合都是一条搜索路径,背后都代表一群正在搜索的消费者,都有一定的优化价值。但是,优化需要企业付出人力、物力(如网页内容编写和组织等),这些都耗费成本和费用。如果优化的价值不及成本,优化就失去了意义。同时,优化的关键词太多,也会超出企业承受的极限。因此,关键词必须有所筛选和取舍。优秀的关键词让企业花费不大就能够引来大量客户,低劣的关键词使企业费了九牛二虎之力也带不来多少客户。因此,关键词筛选是极为重要的环节。许多企业忽视关键词筛选的重要性,随意取舍关键词,结果只能带来无效优化。

关键词的筛选主要有精准性、流行性和竞争性三项指标。

精准性指的是关键词精准契合目标客户的程度。目标客户是传统营销理论的一个词语,指的是品牌当前的主要销售和诉求对象。目标客户集中搜索的关键词无疑也应是搜索引擎优化的关键词。精准性涉及这样的几个具体问题:品牌的目标客户是谁?哪些搜索用词是他们主要的搜索用词?关键词应当保证与目标客户精准匹配。根据精准性来筛选关键词,具体应考虑以下四项要求。

首先,关键词应精准适配目标客户所在消费阶段的搜索需求。目标客户处在哪个消费阶段?是处于消费意识朦胧的初始阶段,还是已经有了清晰的消费意识、正在选择品牌的阶段?抑或是已经选好品牌,正在打听价格和零售网店的购前阶段?消费阶段不同,消费者关心的焦点和搜索用词也不同。因此,当企业依照市场分析锁定目标客户的消费阶段以后,关键词就应当精准反映该消费阶段的搜索需求。

其次,关键词应该精准适配目标客户所在的细分市场。目标客户来自哪个细分市场,就应该依据该细分市场特有的搜索习惯来筛选关键词。例如,某一家面向青少年的果冻企业,其品牌诉求对象是女生。当这家企业希望优化搜索引擎时,选择优化的关键词应优先考虑女生的搜索习惯。

再次,关键词应精准反映目标客户所在客户链位置的搜索需求。企业的直接销售对象是客户,但有些企业的品牌诉求对象却不一定是直接客户,而是客户的客户。这二者关心的角度不同,搜索用词也常有差别。比如英特尔公司的直接客户是各大电脑公司,但其品牌诉求的主要对象却定位在最终客户身上。当目标客户转而锁定在客户的客户身上时,优化的关键词也应该调整。

最后,关键词应精准反映目标客户特定决策角色的搜索需求。客户的购买决定可能是一个多角色人员参与的结果,而不是由单方面决定的。企业采购决策如此,家庭采购决策也往往如此。不同角色关心的内容不同,搜索词也往往有差别。这个时候,企业就应当思考,哪个决策角色是优化搜索引擎的主要诉求对象。

关键词筛选的第二个指标是流行性。流行性体现了关键词的热度,即有多少人或多少次来搜索这个词。流行性越高的词,则流量越高且优化价值越高。探索关键词的流行性可能需要依赖一些软件的辅助,不同的搜索平台,如谷歌、百度和淘宝等,消费者在它们上面搜索的习惯也不一样,因此需要有不同的分析软件;另外,消费者在不同的移动终端上的搜索习惯也不一样,移动搜索上的热词不一定是电脑搜索的热词。消费者在移动搜索上更倾向于使用口语化、动作化和直接化的用词。

关键词筛选的第三个指标是竞争性。竞争性体现了有多少个对手在与你竞争这个关键词的自然排名。竞争性反映了竞争的难度。关键词的竞争性强,说明这个词的争夺者众多,而如果企业本身并无突出优势,那么企业优化该词的难度就高,代价就大,所带来的成本也高。

关键词既是一条搜索路径,又是一条竞争跑道。要判断关键词的竞争性,企业应该看看这个词的搜索结果页上排名靠前的那些网站,从链接的网页内容上分析它们为什么排名靠前,需要经过怎样努力以及耗费多少人力物力才能超过他们。当然,这些分析都需要专业搜索优化公司的协助。

三、节点营销

有了顺畅的互联网入口和排名优先的搜索结果,企业就能够将消费者引导到诸如博客、官网、网店等节点上。所谓节点,指的是可能对搜索者产生重大影响力的网页或网站。它不同于我们之前提到的"互联网广告"等,这里的"节点"指的是一些关键的网站或关键节点,而"互联网广告"是针对所有的互联网网页和销售行为。"节点营销"是建设有吸引力和说服力的优质节点,在节点处向搜索者营销,引导搜索者成为客户。节点网页是否有吸引力,是否有说服力,关系到那些被搜索引擎引导过来的消费者能不能成为购买者,能不能最终转化为客户。

节点营销是路径营销的最后一级,其范围包括企业官网、销售平台、相关的知识媒介等。我们重点来阐释一下知识节点和销售节点。

1. 知识节点

在互联网时代,知识成为消费者的一个热门搜索节点,知识对消费者发挥着重要的引导作用。比如,百科知识平台就是一个重要的知识节点。当今国内流行的百科包括维基百科、百度百科、互动百科等。中文维基百科大约拥有几十万词条,百度百科和互动百科的词条高达几百万条。这些词条的内容几乎无所不包。由于百科词条内容具有相对较高的公信力和权威性,就使得百科的营销价值凸显。百科的企业词条在消费者心目中可能比企业官网更有公信力。不仅如此,百科还包括个人词条、产品词条、品牌词条等,是非常好的中转节点。

另外,知识类的社交平台也是一种重要节点。知识社交平台由于具有相对较高的公信力,当涉及一些比较专业的消费领域时,消费者会比较相信这些平台上的内容,从而产生对这类平台的依赖性,比如百度知道、百度新知、米饭网、医药行业人员常上的丁香网等。企业应该细心观察客户的知识交流行为,每一个有客户聚集的知识社交平台都是一个好的营销平台。

在知识社交平台上设计营销应遵循的原则是:营销者应该预先建立公信力,成为一个大家信服的"民间专家"。大多数知识社交平台都可以检索 ID 账号的发言记录,过去真诚的、专业的发言有助于积累账号的信用度和人气。在回答问题时要真诚、热情,不能弄虚作假,更需要谨慎。一旦被定义为"菜鸟"或者"营销号",则以后就很难折服别人了。其次,应遵循点到为止和潜移默化的原则,不应露骨地向消费者推荐某个品牌或产品。

例如,国内知识社交平台"知乎"是一家创立于 2011 年的社会化问答网站。作为一个真实的网络问答社区,知乎社区的氛围友好、理性。通过知乎,各行各业的精英们分享着彼此的专业知识、经验和见解。知乎上的问题五花八门,部分涉及消费或商业事务。一个消费者可能问有关身体保健的问题,另一个消费者可能询问 P2P 网络贷款方面的问题。虽然知乎上不宜直接和露骨地推广产品,但通过回答问题来解释与产品有关联的概念、观念或科学机理,也可以起到引导消费理念和开拓市场的作用。

2. 销售节点

消费者从搜索引擎开始,经过几个中间的节点,最后被逐步引导到销售节点。销售节点可能是产品销售页面,也可能是网站注册登记的页面,也可能是设置在官网的某个内页,或是设置在淘宝、大众点评这类电商平台的网商主页。如果说节点营销是路径营销的最后一级,那么销售节点营销就是这最后一级中的最后一环。

销售节点相当于传统的实体零售店。正如传统零售店需要精心规划、布置和装修一样,销售节点也需要用心企划和设计。在互联网环境下,消费者轻点鼠标就能转换电商,因此销售节点的吸引力和说服力十分重要。

销售节点的营销应该遵循三个原则:合理的内容规划、人性化的网页设计和打动人心的艺术观赏性。

合理的内容规划:内容规划是销售节点营销的第一个环节。销售节点应该提供什么样的信息内容和服务内容,消费者希望在此了解什么信息? 还会有什么疑惑? 这些问题都需要事先借助线下或线上收集到的消费者意见来获知,并在设计前由营销部门事先规划。不结合消费者的意见而仅凭自己的想象来盲目规划,会导致这一节点效能低下。

人性化的网页设计:企业应首先分析消费者的浏览习惯——消费者是如何浏览这一节点的? 许多网页设计者想象消费者在浏览网页时会仔细阅读文字,依照设计者的指引浏览、思考和领会页面内容,然而现实却未必如此。消费者很可能懒得花时间去仔细领会指引,并错过网页希望他阅读的一些重要内容。要避免这一现象发生,网页设计者应该追求人性化的设计，让网站主动去适应消费者习惯。"人性化"是一种用户体验，它让消费者不需要费心学习就能够自如体验。消费者经过几个中间的节点走到这里，不想思考或者不能思考了，网页的设计也应该尽可能简单，让消费者放松而获得体验。

《别让我思考》(*Don't Make Me Think*)这本书被人誉为"IT 人士必读书籍"。其作者克鲁格提出了"别让用户思考"的网页设计理念——如果你不能够做到让一个页面不言而喻，那么至少应该让它自我解释。让用户在看到界面时就能明白它的含义，而不需要花费精力进行思考。微信的创始人张小龙在设计微信的每一个环节时所秉持的理念也是：让傻瓜也能够会用。只有如此，才能够在这个节点尽最大可能地吸引所有的消费者。

打动人心的艺术观赏性：在电商网页设计极为同质化的今天，互联网上充斥着太多相似、雷同的网站。这个时候，只有具有艺术性的让人赏心悦目的网站能够在无形中拨动客户心弦，触动客户的购买欲望。

第三节　路径营销的重要特点——精准化和定制化

在互联网时代，消费者在网络上有着极大的选择权。有了路径以后，企业如何向消费者推送商业信息？只有当推介过来的信息恰好是消费者本人感兴趣的内容，消费者才会去积极阅读。要化解消费者的抵触情绪，营销推介就应该遵循精准营销的理念，先"猜你喜欢"，然后推介客户感兴趣的商业信息。如果企业单纯着眼于提升营销效率，扩大销售量，而不是维护客户关系，那说明还是传统的为了销售业绩而不顾一切的营销思维。

在每一个销售节点，企业应该向客户进行"精准营销"或"个性化推介"。精准推介不仅能够化解消费者对商业信息的抵触情绪，还能避免盲目的广告和推销，提高营销的成功率，也让有限的营销资源得到更高效的利用。但精准营销最大的意义在于维系紧密的、粉丝般的客户关系。在互联网时代，客户关系比利润更重要。互联网企业可以暂时不盈利，但却不能没有关系紧密的粉丝。在各种路径节点上盲目推销和广告，只会让客户向企业关上大门。

一、精准营销的基础：大数据及算法推荐

实现精准营销的重要前提是拥有消费者数据。拥有数据，依据大数据做出精准推介，把客户个人感兴趣的内容推送到客户面前，才能让客户感受到朋友般的用心，才能让客户敞开心扉，结成粉丝般的紧密关系。

利用大数据，能够更加精准地推出适应客户需求的小众产品。在工业化时代，企业推出适应特定细分市场需求的独特产品。市场细分得越小，产品适应客户需求就越好。但随着细分市场趋于小众化，这一主张越来越难以推行。在传统营销里，企业不容易精准把

握小众市场的需求信息,小众产品由于市场"零散"也不可能通过高门槛的大众媒体大肆宣传,消费者也因此无从知晓产品信息。

但在互联网环境下,小众产品的这个障碍得以克服。大数据使得企业能够更加方便地收集消费者的兴趣和想法,通过数据精准把握小众消费者的需求。比如,大数据可以自动识别个体消费者的身份,并记录、跟踪和分析他们的每一项行为数据。同时,社交媒体上的每一个人都拥有可以识别的个人账号。这意味着企业可以有办法识别个体消费者,并持续记录、跟踪和分析这个消费者在互联网上的各种行为数据,从而实现针对小众的"精准"营销、个性化推介,甚至更为极致的"一对一"定制化服务。

二、精准推介的规划和步骤

互联网可以帮助企业收集大量的客户数据,而如何将这些海量数据变成有条有理的精准推介,则需要一个详尽的规划。这类规划主要包含以下所述的客户群定义、客户群识别和方案策划三个步骤。

1. 客户群定义

精准推介的第一步是"定义",即定义一个目标客户群。消费者经常感受到电商在分析他们的个人喜好,并依此向他们进行精准推介,而后台操作流程却是电商在分析这一类目标客户群。比如说,电商最普遍的目标客户群是"高价值的客户"或"即将流失的高价值客户"。

2. 客户群识别

紧接在"定义"之后,精准推介的第二步是"识别",即识别前述所定义的目标客户。精准推介的识别是一种完全依赖于数据的"机器自动识别",识别关键在于找到所定义客户群的独特数据特征,并依据数据来自动识别。有时候还需要建立识别模型并依赖数据挖掘技术。企业需要为一个特定的目标客户群建立若干个识别模型,客户只要符合其中的一个识别模型,就被识别为这一类客户。

3. 方案策划

在"识别"客户群体之后,精准推介的第三步是"策划",即针对识别出来的客户策划个性化推介方案。例如,亚马逊筛选出可能喜欢某书的消费者,Target 超市筛选出本月新怀孕的顾客。而在此之后,企业就可以针对这些特定客户,专门为其定制个性化推介方案,并最终实施这一精准推介方案。

三、精准推介的四种模型

在上述三个步骤中,对目标客户群的定义和识别是精准推介的核心环节。通常来说,企业可通过以下四种模型来识别需要精准推介的客户。

1. 识别对特定商品感兴趣的客户

在精准营销的实践中,需要识别的客户最普遍的是对特定商品或业务感兴趣的客户,比如亚马逊要识别对某本书感兴趣的顾客。有以下几种识别方法：

首先，企业可以借助消费数据流。比如超市面对成千上万的客户，销售了上万种商品。超市的数据挖掘软件即可以从众多客户的海量消费记录中寻找关联关系。比如在一部热播的电视剧中，男主人公总是在佩戴墨镜的同时携带保温杯出镜，而在商场的数据中，发现购买了这款墨镜的客户同时也购买同一款保温杯。而书籍与狗粮的关系是缘于该书某页内容针对宠物饲养方法的独特见解。这些关联关系用人工的方法不可能发现，但却可以通过数据挖掘软件实时发现，让企业及时识别对特定商品感兴趣的客户。

其次，除了消费数据流，企业还可以依靠客户的点击数据流来识别客户。客户在网站上的商品收藏、浏览等一系列点击动作都可以作为数据索引，来判断该客户对某项商品的感兴趣程度。

再次，还可以依靠客户的行动数据流来识别对特定商品有兴趣的客户。比如在很多PRADA旗舰店里，每件衣服上都被安装了Frid码，当一位顾客拿起衣服走进试衣间时，这件衣服上的Frid会被试衣间的传感器自动识别。这时，这位顾客也会被系统认定为"对这款服装深感兴趣的顾客"。试衣间墙壁上的屏幕会自动播放模特身着这款衣服走秀的广告。看了这一广告，消费者自然就会下意识地想象自己穿上这款衣服的模样，也有那么几分模特范，因此也会不由自主地喜欢上这款衣服。PRADA的销售数据显示，这一精准推介大幅提升了顾客"痛下决心"的比例。

最后，还可以依靠输入数据流即人工的输入信息，比如搜索词等，来搜索特定客户。搜索词反映了消费者的兴趣和意愿，每一组特定的搜索词都代表了一群有特定兴趣的消费者。借助消费者在搜索引擎上输入的搜索词，企业可以发现和识别这些潜在客户。前文已经详尽探讨过如何挖掘和筛选关键词。谷歌、百度、淘宝都有专门的定向广告平台，这些定向广告平台基于企业选定的搜索词，专门向搜索该词的消费者定向投放广告。定向广告会出现在该搜索者浏览的网页上。而当别人浏览网页时，这些客户看到的是专为他们定向投放的其他广告。

2. 识别对特定人物感兴趣的客户

社交、交友行业是一个随着互联网而红火起来的行业。在互联网交友行业中，企业关心的是消费者对特定人物的兴趣。比如一些大型婚恋网站常常会依据消费者输入的征友条件，为征婚者识别、筛选出最优的人选。除此之外，婚恋网站还会依据专家系统，为那些有选择障碍的客户提供另一套精准推荐方案。美国最大的婚恋网站Eharmony发现，相当一部分征婚者都有"选择障碍"，希望婚姻专家为他们推选合适的配偶。为此，Eharmony调查了5 000多对美国夫妻，从他们的价值观、生活习惯和成长经历以及他们各自对婚姻的评价挖掘幸福婚姻的奥秘。依照数据挖掘的结果，Eharmony推出了婚姻专家系统。在这个专家系统的撮合下成就的婚姻，其幸福率从68%提升到82%。

3. 识别有特定统计特征的客户

以上的几类识别都是通过数据挖掘找到某项客户偏好与背景数据之间的关联，建立识别模型并识别有这一偏好的客户。但在现实中,这类数据挖掘需要大量的客户偏好数据,数据积累常常需要较长的时间。因此这种方法并不适合尚缺数据的新产品,也不适应商品快速更新的企业。这时候企业应该直接识别有特定统计特征的某一类客户,如孕妇、学生、高收入客户、高净值客户等,然后向这类特定客户精准推介企业认为适合他们的产品。

4. 识别有特定客户关系的客户

精准推介并不完全是互联网的产物。在互联网产生之前,传统的客户关系管理即开始重视精准推介。传统的客户关系管理依照客户的重要性和性质,将客户分门别类,比如分为高价值客户、高频客户、高潜力客户、即将流失的高价值客户等。随后企业再有针对性地展开精准推介活动。

在互联网上,企业如何通过大数据来识别一个即将流失的高价值客户? 首先,高价值客户可以用一段时间内的消费金额(Monetary)来识别,而"即将流失"这一特征,则可以通过比对该客户平时的消费频率(Frequency)与最近一次消费距今的时间(Recency)来识别。这三个基于消费数据流的识别变量被称为 RFM 识别变量。RFM 模型是一种根据客户的最近购买时间(Recency)、购买频率(Frequency)和购买金额(Monetary)来进行分群和分析的方法。这三个变量分别用 R、F、M 表示,每个变量都有一个数值,表示客户在该变量上的表现。数值越高,说明客户在该变量上越有价值。

RFM模型指标制定		
最近购买时间(Recency)	购买频率(Frequency)	购买金额(Monetary)
客户量>=20w+ 1-5	1-5	1-5
客户量=3-20w 1-4	1-4	1-4
客户量<3w 1-3	1-3	1-3

图 18-1 RFM 模型指标制定

通常,企业想知道谁是顶级顾客,就必须看看那些 RFM 得分最高的人。他们是价值最大的消费者,拥有最高的消费额和消费频率。企业必须竭尽全力让他们保持对品牌的亲密和忠诚。

但是,精准推介的最大问题是可能侵犯用户的隐私。精准推介是基于客户数据做出的自动化识别,只依赖数据的相关关系,而不追溯数据相关关系后面是否有因果关系。同时,精准推介对客户的识别也只是一种统计意义上的推断,这类识别并不完全精准,甚至会存在一定比例的错误,由此产生的错误可能会冒犯消费者。比如一个亚马逊用户在社交媒体上抱怨亚马逊网站一再为他推荐与同性恋相关的商品,虽然他对同性恋并没有歧见，但这样的"精准推介"仍然让他不爽。

以上这四种客户的识别模型，都须依据来自消费者的各种数据流，包括消费数据流、行动数据流、点击数据流和输入数据流。在这四种数据流中，消费数据流由客户过往的消费记录构成，行动数据流由客户地理位置和行动构成，这两种数据流主要采集自现实的存量客户。另外的两种数据流中，点击数据流由消费者的网页点击动作构成，输入数据流则由消费者或企业人工输入形成，这两种数据流还可能征集自潜在客户，不一定来源于现实客户。企业的精准推介只能依据自身的需要，用一种或多种数据流相互配合，才能最终达成理想的识别效果和精准的推介。

四、智能定制

智能定制是一种利用现代科技手段，根据个人需求和偏好，提供个性化、定制化产品或服务的过程。它通过先进的算法和数据分析，精准匹配用户的特定需求，提供独一无二的解决方案。与精准推介不同的是，智能定制主要应用于产品设计、生产和服务过程中，通过智能化技术满足用户的个性化需求。例如，智能家居系统可以根据用户的生活习惯和偏好，自动调整家居环境，提供定制化的服务和体验。

智能定制的本质是机器学习，也就是机器通过不断的学习去适应客户的个人偏好。单个的机器虽然学习能力弱，但借助互联网云计算能力，可将各个机器上传的数据汇拢起来共同挖掘和分析，找出其中的规律，系统即有能力更精准地分析消费者的个人喜好，最终直接为消费者设置偏好参数。到了这一步，智能定制流程就能够最终宣告完成。

智能定制可以用于多个互联网路径和入口。比如，借助产品内置的软件系统，企业可以自动探查客户的个人偏好，并自动为客户适配这一个人偏好；或者让消费者灵活自助下载软件包以更新调整产品状态。虽然客户买到的产品千篇一律，但运行一段时间后产品的内核、功能和性能就各不相同。比如，未来的音响可能会让发烧友买回去后选择下载各种软件包，以灵活定制个人喜好的音效模式，音响甚至会探查客户的偏好，将客户下载或播放音乐的记录上传云端并分析，发现客户最爱的音乐，然后每周为客户从网上自动下载5首音乐，同时抹掉10周之前下载而一直未听的音乐。客户使用得越久，这个音响就越聪明，定制下载就越贴心。

今天，大数据营销技术还在迅速发展中。在互联网环境下，企业可征集的数据量越来越大，也越来越庞杂。各种各样的数据，有的来自客户的消费记录，有的来自消费者的点击动作，有的来自客户的地理位置，合并在一起交叉分析，正在形成一个日益复杂、精准的分析系统。另外，新的、更复杂的数据种类还在不断生成中。例如，新出现的语义分析技术还可以读懂消费者在留言评论版、社交媒体上的发言，解读消费者各自对品牌和产品的看法。这样的消费者"表述流"数据，一旦和来自消费者的其他数据结合，能帮助企业更精准地读懂客户、识别客户，能够更好地为客户提供各种个性化服务。

第四节 案例分析：亚马逊的个性化推荐如何应对 ChatGPT 的挑战

亚马逊作为全球最大的电商平台之一，其成功不仅在于商品的丰富和价格的竞争力，更在于其卓越的个性化推荐和营销策略。通过大数据和机器学习技术，亚马逊能够为用户提供精准的购物推荐，从而增加销售量和用户忠诚度。在 AI 最新技术 ChatGPT 的影响下，亚马逊不断积极创新寻求出路，迎接更大的挑战。

一、大数据在亚马逊营销中的应用

亚马逊本身就是一家高科技互联网公司，它对于大数据和人工智能的使用驾轻就熟。它将大数据运用在选品、物流、客户服务和运营等各个环节，保证了商品的质量、提升了营销的效率、强化了用户服务，成功地吸引了大批忠实客户。

1. 选品和销售优化

亚马逊利用大数据分析客户的搜索行为和购买历史，帮助卖家发现潜在的市场需求。通过分析关键词搜索数据，卖家可以了解哪些产品受欢迎，从而选择热销产品进行销售。此外，亚马逊还提供了"增长机会"工具，为新品提供关键词推荐和优化建议，帮助卖家快速冷启动。这些举措节省了客户的路径寻找，直接获取最新最优质的产品，省去了不必要的麻烦和流程。

2. 物流和仓储管理

亚马逊通过大数据分析优化物流和仓储管理。系统记录客户浏览历史，将库存放在离客户最近的运营中心，加快订单处理速度。大数据驱动的仓储订单运营非常高效，订单处理、快速拣选、快速包装、分拣等过程都由大数据驱动，且全程可视化。

3. 为客户提供个性化服务

基于大数据的消费者行为分析和市场趋势预测，亚马逊可以为用户提供个性化的推荐服务和定制化产品。其个性化推荐系统建立在海量的用户数据基础上，他们分析用户浏览历史、购买记录、搜索行为等数据，以了解用户的兴趣和爱好。基于这些数据，亚马逊实现了以下个性化推荐。

商品推荐：根据用户的兴趣，亚马逊向其推荐相关商品。如果用户购买了一本健身书籍，他们可能会收到健身器材或营养补充品的推荐。

购买建议：根据用户的购物车内容和浏览历史，亚马逊提供购买建议。这有助于用户发现他们可能感兴趣但尚未考虑购买的商品。

提升用户忠诚度：亚马逊的个性化推荐不仅提高了销售量，还增强了用户对平台的忠诚度；同时，通过向用户展示他们感兴趣的商品，亚马逊能够提高销售转化率。用户更有可能购买被推荐的产品，从而增加销售额。

增加用户满意度：个性化推荐使用户更容易找到他们想要的商品，提高了购物体验的满意度，增强了用户对亚马逊的信任和忠诚度。亚马逊还定期查看用户的评价和反馈，倾听用户的声音，改进产品和服务，进一步提升用户体验和忠诚度。

促进重复购买：通过持续提供个性化的购物建议和优惠，亚马逊能够促进用户的重复购买行为，进一步提高了销售量。

4. 运营中心自动化

亚马逊运营中心采用人工智能和机器人技术，提高生产力约 25%。机器人与员工协作，采用先进的计算机视觉和 AI 系统，自动包装货物，缩短订单处理时间，支持更多当日达服务。

5. 市场趋势预测

大数据还可以帮助亚马逊捕捉市场趋势，预测未来的销售情况。例如，通过分析大量用户的评价和反馈，可以了解产品的优缺点和市场反馈，为企业制定产品改进和优化策略提供依据。可根据用户的购买行为进一步优化商品信息。

二、AI 在亚马逊营销中的应用

亚马逊商城全球首席执行官曾透露："我们正在经历人工智能转型，亚马逊团队的创新广度从未如此广泛。"目前，AI 已经被广泛运用到亚马逊公司的各个业务板块中，AI 和机器人正在重新定义电子商务。

1. 运营中心自动化和效率提升

亚马逊位于美国田纳西州纳什维尔的运营中心采用人工智能和机器人技术，提高了生产力约 25%。通过多层集装箱式存货系统 Sequoia，扩大了与机器人的无缝协作，可容纳超过 3 000 万件商品。在亚马逊纳什维尔运营中心每天处理的几十万个包裹中，机器人已可以分拣其中近 95% 的包裹，这有助于实现更快的送货。自 2012 年进入机器人领域以来，亚马逊至今已开发并在运营网络中应用了超过 75 万台机器人，业内估计 2030 年亚马逊的机器人数量会超过员工数量。

AI 和机器人技术的应用正延伸到"最后一公里"的配送中。借助"视觉辅助包裹提取"（Vision-Assisted Package Retrieval，简称 VAPR）方案，送货司机每次停车送货时，将不必再花时间读取标签或核对客户姓名地址等信息，只需寻找 VAPR 发出的绿光，抓起包裹就走。货车内的天花板装有摄像头和 LED 投影仪，会识别这个站点配送的包裹并在上面投射绿光。VAPR 将在 2025 年初被部署在 1 000 辆亚马逊电动送货车上。这一技术最早是在运营中心使用的[①]。

---

① 《直击亚马逊运营中心：人工智能与机器人重塑电子商务》，第一财经官方账号，2024 年 10 月 12 日。

2. 生成式 AI 辅助购物、卖货和服务

在利用通用人工智能改善用户和客户的体验方面,亚马逊正在经历一场非凡的技术变革。首先是亚马逊 AI 购物助手 Rufus,它是用亚马逊内部科学家开发的大语言模型(LLMs)来打造的,用生成式 AI 来帮助用户做购买决定。比如,用户问"给妈妈的礼物",Rufus 会在亚马逊产品目录中搜索并给出推荐。Rufus 也会向客户提出跟进的问题,比如说"告诉我你母亲有哪些兴趣"。一旦用户提供了相关信息,比如其母亲喜欢旅游,Rufus 便能提供更有用的推荐,比如会推荐一本关于旅游的书。

其次,亚马逊已在美国 App 和手机网站上推出"AI 购物向导"(AI Shopping Guides),帮助不是很了解某种产品的用户,向他们提供不同产品类型功能的关键信息,以及该类型中受欢迎的品牌和特点。比如,用户想买一台电视机,购物向导会提供"这是 OLED 或 QLED 等不同电视技术""室外电视或室内电视分别关注什么"等信息,使客户更容易找到自己需求的产品。"AI 购物向导"目前覆盖超过 100 种产品类型,今后覆盖的产品类型会更多。

亚马逊也用生成式 AI 向卖家提供营销和销售的协助。卖家只需提供一张产品图片和一小段文字等关键信息,亚马逊就可以帮助卖家用生成式 AI,来制作产品详细信息页面,节省卖家的时间、精力和费用。比如,帮望远镜卖家用 AI 生成一张在悬崖边用望远镜看星空的图片。至今,已有超过 50 万名卖家使用亚马逊生成式 AI 列表工具。亚马逊的 AI 工具还可以帮助卖家制作产品视频和面向不同用户的个性化内容。对于卖家销售什么、怎么销售,亚马逊还发布了面向卖家的 AI 工具 Project Amelia 测试版,AI 销售助理可以给出建议和信息,如 T 恤图案主题及库存情况。亚马逊的供应链优化团队还采用人工智能来升级预测模型,预测准确率提升 10%—20%。

3. 智能广告投放

亚马逊的广告投放系统运用 AI 技术,可以根据用户的购物历史、搜索行为和浏览习惯等信息,精准地投放广告。通过 AI 驱动的广告投放系统,亚马逊将广告精准投放到最有可能转化的用户面前。这种基于机器学习的广告投放不仅提升了广告的点击率,还显著提高了广告的转化率。这种智能广告投放方式可以提高广告点击率和转化率,为企业带来更好的营销效果。

4. 智能定价策略

AI 技术帮助亚马逊根据市场需求、竞争情况、消费者行为等因素,制定智能定价策略。这种定价策略可以动态调整价格,以最大化销售额和利润。亚马逊采用的推荐系统基于协同过滤(Collaborative Filtering)算法和深度学习模型。该系统通过分析用户的历史浏览和购买记录,向用户推荐可能感兴趣的产品。研究表明,亚马逊的推荐系统为其贡献了 35% 的销售额。

5. 智能库存管理

通过运用 AI 技术,亚马逊可以实现智能库存管理。例如,根据历史销售数据和市场

需求预测，自动调整库存数量和存储位置，以降低库存成本和提高物流效率。

另外，AI 还在一些其他领域发挥作用。比如版型洞察工具(FIT)：帮助服装和鞋类卖家管理尺码，减少退货率。生成式 AI 创建 Listing：卖家只需输入简单的文字、图片或 URL 链接，即可生成 Listing 的标题、产品介绍和五点描述，提升 Listing 创建效率。AI 创意工作室(AI Creative Studio)：为卖家提供动画、创意元素和 HTML5 动画等多种素材，支持图片和视频生成，帮助卖家在广告中展示创意内容。音频生成器：通过提交的 ASIN 生成语音脚本，卖家可以选择声音、语调和背景音乐，用于亚马逊 DSP 广告投放，等等。

三、利用大数据和 AI 进行精准营销的挑战与对策

AI 是把双刃剑。如前所述，大数据在精准营销中能起到无可比拟的作用，但仍然面临一些挑战和风险。亚马逊在运用大数据的同时也没有掉以轻心。

1. 数据安全与隐私保护

在利用大数据和 AI 进行精准营销的过程中，数据安全和隐私保护是关键挑战。亚马逊需要采取严格的数据保护措施，确保用户信息和隐私不被泄露。同时，要遵守相关法律法规，确保合法合规经营。

2. 数据质量与准确性

大数据的质量和准确性对精准营销的效果至关重要。然而，由于数据来源广泛、类型多样，可能存在数据质量不高、准确性不足等问题。因此，亚马逊需要建立完善的数据质量评估体系，提高数据准确性。同时，要不断优化数据收集和处理流程，提高数据质量。

3. 技术投入与人才培养

利用大数据和 AI 进行精准营销需要相应的技术投入和人才培养。亚马逊需要加大技术研发和创新投入，培养一支具备大数据分析和 AI 技术应用能力的人才队伍。同时，可以通过与高校和研究机构合作，共同推动技术进步和人才培养。

4. 应对 ChatGPT 的挑战

ChatGPT 出现以后，给亚马逊的个性化推荐系统带来了不小的冲击。ChatGPT 是一种基于自然语言处理技术的大模型，它能够根据用户的输入，给出几乎即时的、精准的回答。在商品推荐领域，ChatGPT 也有着巨大的潜力。用户可以告诉 ChatGPT 需要什么样的商品，它可以直接给用户进行推荐。这对亚马逊形成了巨大的挑战。不过，亚马逊正在积极应对，寻找新的增长点来巩固自己的电商地位。

首先，亚马逊继续加强自己在 AI 技术上的投入和研发，升级算法和模型，进一步精准其个性化推荐程度。其次，亚马逊利用自己丰富的用户数据和商品信息来优化推荐系统。通过深度挖掘和分析这些数据，亚马逊可以更加准确了解用户的购物需求和偏好，为他们提供更加精准的推荐。最后，亚马逊也正在考虑与 ChatGPT 合作整合，将自己的商品信息和推荐算法通过这些平台进行优化，为用户提供更加全面和个性化的购物体验。

利用大数据和 AI 进行精准营销是亚马逊取得成功的关键因素之一。通过深入挖掘大数据信息，结合 AI 技术应用，亚马逊可以实现精准的目标客户定位、个性化推荐和定制化服务。然而，在利用这些技术的同时，也要关注数据安全与隐私保护、数据质量与准确性以及技术投入与人才培养等问题。不断优化和完善营销策略，才能在竞争激烈的电子商务市场中保持领先地位。

思考题

1. 路径营销包括哪些类型？各自运用在什么场景下？
2. 路径营销的重要特点是什么？要实现这些特点需要什么样的条件？
3. 如何理解"AI 是一把双刃剑"？请你举例来说明这个问题。

精讲视频

图书在版编目(CIP)数据

整合营销传播:原理与实务/黄鹂著. -- 2 版.
上海：复旦大学出版社,2025.8. --(博学).
ISBN 978-7-309-17949-1

Ⅰ. F713.36

中国国家版本馆 CIP 数据核字第 2025V2X720 号

整合营销传播:原理与实务(第二版)
黄　鹂　著
责任编辑/张　炼

复旦大学出版社有限公司出版发行
上海市国权路 579 号　邮编:200433
网址:fupnet@fudanpress.com　http://www.fudanpress.com
门市零售:86-21-65102580　　团体订购:86-21-65104505
出版部电话:86-21-65642845
常熟市华顺印刷有限公司

开本 787 毫米×1092 毫米　1/16　印张 17.25　字数 367 千字
2025 年 8 月第 2 版第 1 次印刷

ISBN 978-7-309-17949-1/F·3108
定价:59.00 元